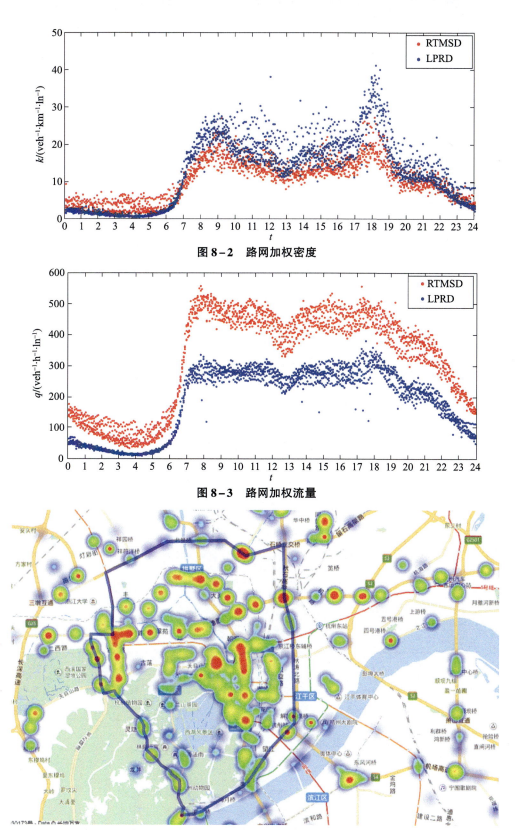

图 8-2 路网加权密度

图 8-3 路网加权流量

图 8-10 卡口点位分布（蓝线为限行区域边界）

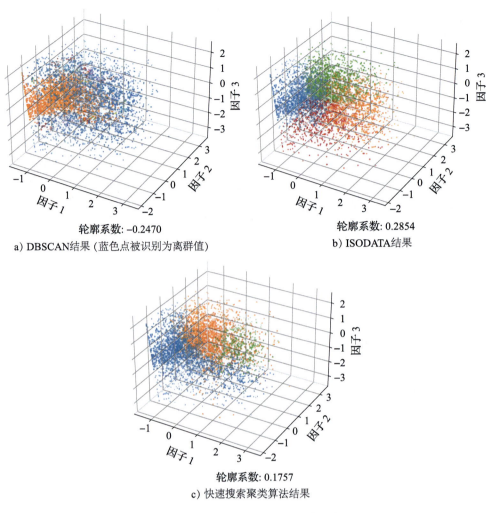

a) DBSCAN结果 (蓝色点被识别为离群值)

b) ISODATA结果

c) 快速搜索聚类算法结果

图 8-16　聚类分析结果及其轮廓系数

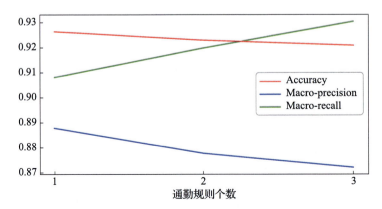

图 8-20　Accuracy、Macro-precision 和 Macro-recall 随通勤规则个数的变化趋势

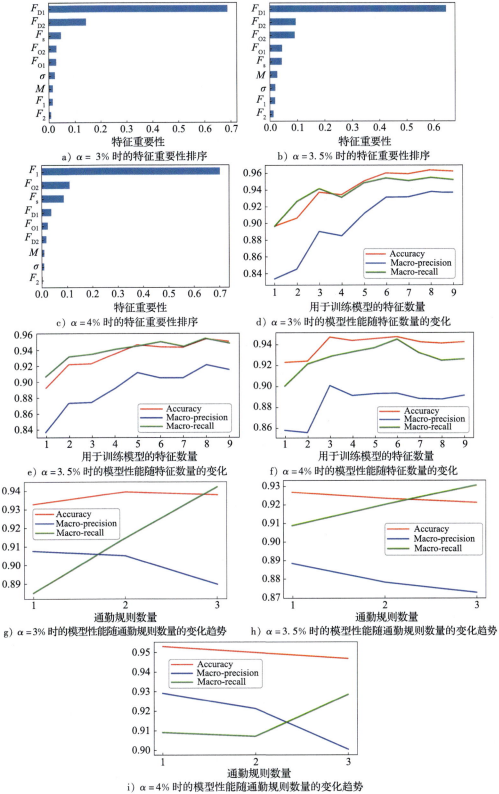

图 8-23 不同 α 下的通勤规则提取

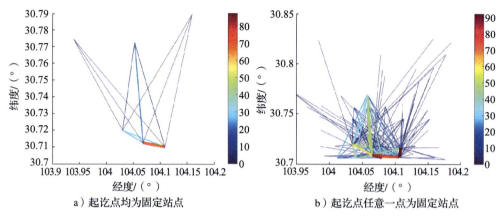

a）起讫点均为固定站点　　　　　　b）起讫点任意一点为固定站点

图 8-61　固定站点周边乘客出行 OD 图

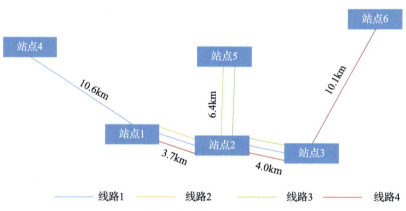

图 8-62　车辆行驶路径

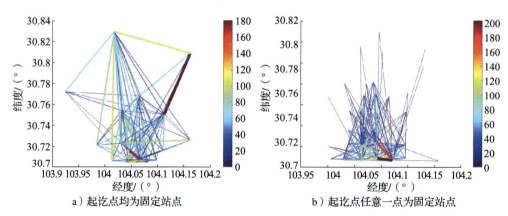

a）起讫点均为固定站点　　　　　　b）起讫点任意一点为固定站点

图 8-64　固定站点间乘客出行 OD 分布（$K=18$）

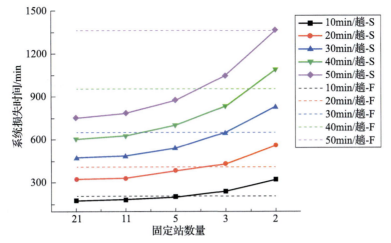

图 8-72　不同固定站点间距下的指标

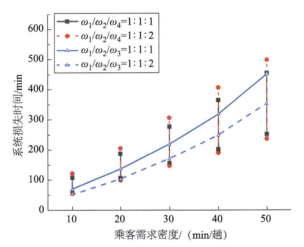

图 8-73　不同乘客出行偏好下的指标

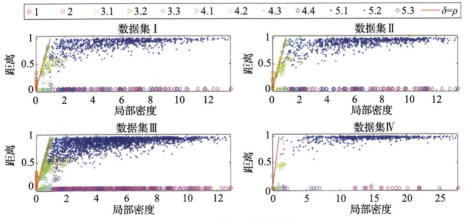

图 8-83　各数据集的决策图

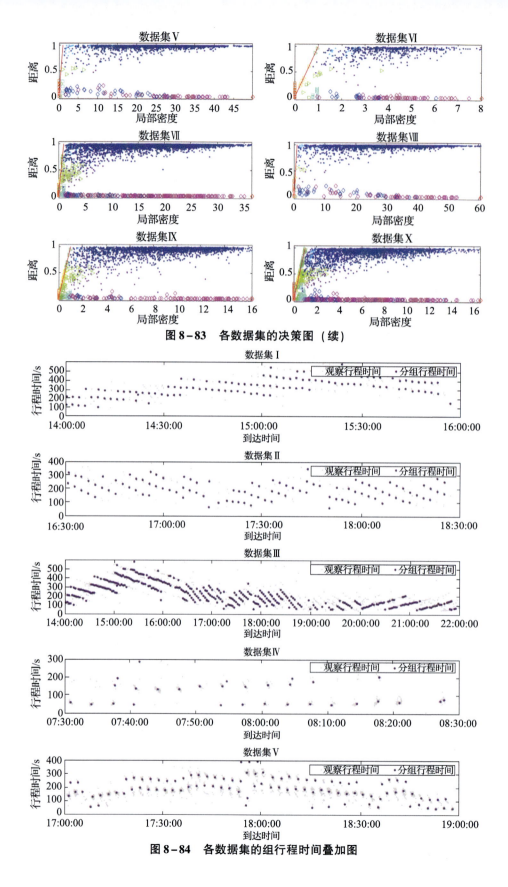

图8-83 各数据集的决策图（续）

图8-84 各数据集的组行程时间叠加图

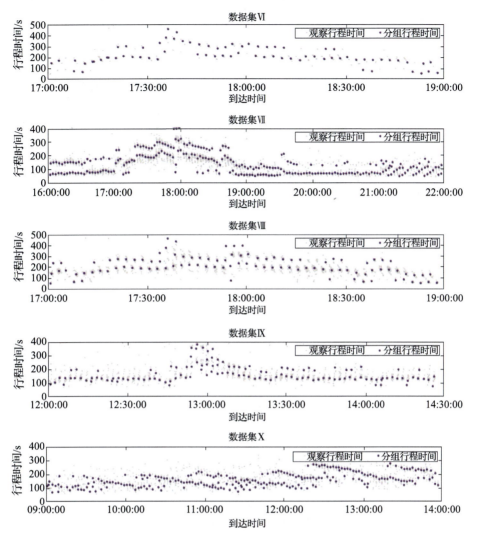

图 8-84 各数据集的组行程时间叠加图（续）

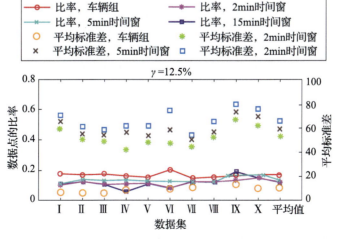

图 8-86 各种行程时间估计值的代表性对比

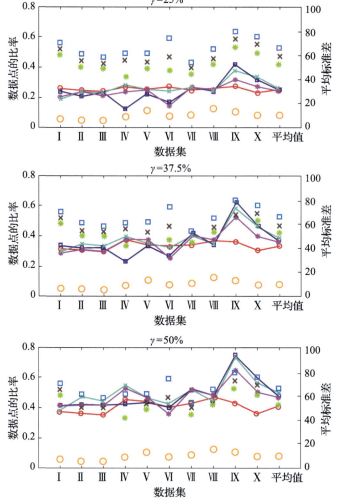

图 8-86 各种行程时间估计值的代表性对比（续）

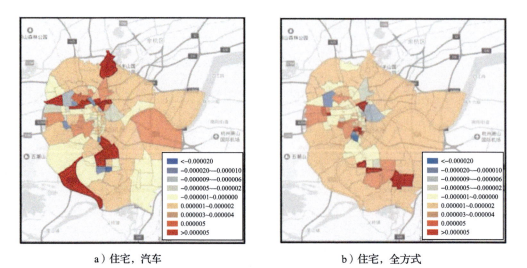

a）住宅，汽车　　　　　　　　　　b）住宅，全方式

图 8-110 晚高峰期间住宅和娱乐场所对汽车和全方式出行需求影响系数的空间分布

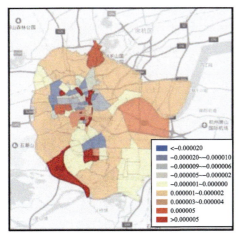
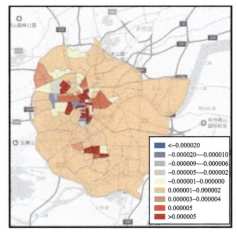

c）娱乐场所，汽车　　　　　　　　　　　d）娱乐场所，全方式

图 8-110　晚高峰期间住宅和娱乐场所对汽车和全方式出行需求影响系数的空间分布（续）

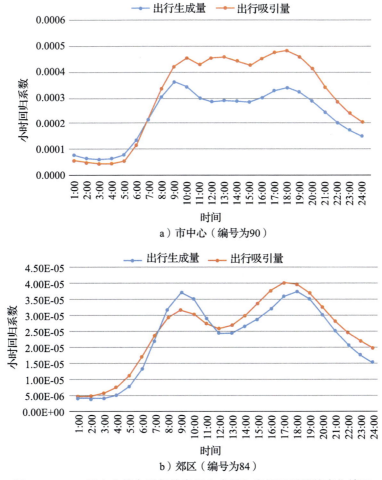

a）市中心（编号为90）

b）郊区（编号为84）

图 8-112　一天中由停车引起的出行生成量和出行吸引量的变化情况

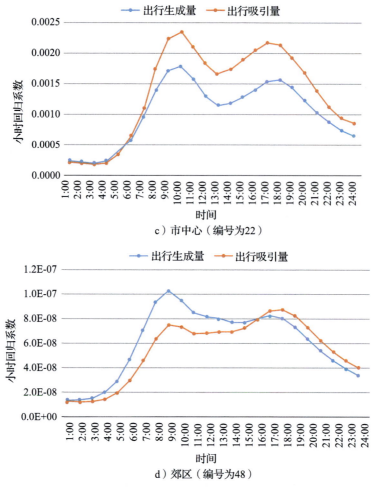

图 8-112 一天中由停车引起的出行生成量和出行吸引量的变化情况（续）

智能交通研究与开发丛书

交通管控大数据交互与应用

金 盛　刘东波　树爱兵　张雷元　著
蔡 铭　李文权　李淑庆

机械工业出版社

本书是一本介绍城市交通管控大数据交互规范和数据融合应用的专著，较为全面地论述了路侧终端设备数据、公安交管专网系统数据，以及跨领域应用系统平台数据的交互规范和融合应用方法。本书主要内容包括交通管控大数据交互体系、路侧终端设备数据交互规范、边缘节点数据交互规范、公安交管专网应用系统集成数据交互规范、跨领域应用系统平台互联交互规范、交通管控大数据应用框架、交通管控数据融合应用案例，为城市交通管控大数据的深入交互与应用提供了借鉴和参考。

本书可作为交通管理者、科研院所专家、规划咨询设计专业技术人员的参考书，也可以作为高等院校交通运输专业研究生和高年级本科生的参考资料。

图书在版编目（CIP）数据

交通管控大数据交互与应用 / 金盛等著. —北京：机械工业出版社，2023.6
（智能交通研究与开发丛书）
ISBN 978－7－111－73257－0

Ⅰ.①交⋯　Ⅱ.①金⋯　Ⅲ.①智能技术-应用-交通运输管理　Ⅳ.①U491

中国国家版本馆 CIP 数据核字（2023）第 098664 号

机械工业出版社（北京市百万庄大街22号　邮政编码100037）
策划编辑：李　军　　　责任编辑：李　军　丁　锋
责任校对：薄萌钰　张　薇　　责任印制：刘　媛
北京中科印刷有限公司印刷
2023年8月第1版第1次印刷
169mm×239mm·19.75 印张·7 插页·363 千字
标准书号：ISBN 978－7－111－73257－0
定价：149.00元

电话服务　　　　　　　　　网络服务
客服电话：010－88361066　　机　工　官　网：www.cmpbook.com
　　　　　010－88379833　　机　工　官　博：weibo.com/cmp1952
　　　　　010－68326294　　金　书　网：www.golden-book.com
封底无防伪标均为盗版　机工教育服务网：www.cmpedu.com

前言 PREFACE

　　当前，我国社会经济发展已进入了新时代，交通管理工作面临新的形势和挑战。我国交通管理科技信息化已进入大数据时代，科技建设从单个系统和设备，逐步转向综合性集成和大数据应用。在网联大数据驱动的新技术环境下，路侧终端设备、各类业务系统以及互联网出行平台等产生的交通大数据日趋丰富。然而，现有的终端物联、系统互联侧重纵向集成，缺乏横向互联，缺乏数据交互共享规范，这严重制约了基于交通管控大数据的规范交互与协同应用。因此，面向交通管控设备物联交互、系统平台互联需求，提出多模式交通管控大数据的交互规范与应用框架就显得尤为重要，是支撑新时代城市交通管控的重要基础。

　　本书重点论述了路侧终端设备数据、边缘节点数据、公安交管专网应用系统集成数据以及跨领域应用系统平台数据的数据结构、交互内容、通信协议以及安全认证等相关内容，在此基础上提出了交通管控大数据应用的框架体系和交通管控数据融合应用案例，为构建面向交通管控的可网联、可获取、可交互的数据规范交互体系与数据应用体系提供了基础与指南。全书内容共分为8章，其中第1章至第6章由浙江大学金盛和公安部交通管理科学研究所刘东波、树爱兵编写，第7章由公安部交通管理科学研究所张雷元编写，第8章由浙江大学金盛、中山大学蔡铭、东南大学李文权和重庆交通大学李淑庆编写。全书的统稿工作由金盛、刘东波和树爱兵完成。在书稿的形成和文字整理过程中，浙江大学王殿海教授、重庆交通大学邵毅明教授、中国人民公安大学王军利教授、东南大学陈峻教授、北京航空航天大学于海洋教授、中山大学何兆成教授等给予了大力支持和悉心指导，在此向他们表示衷心感谢。另外，浙江大学、中山大学、东南大学以及重庆交通大学的博士研究生姚文彬、陈华、张进、余静财、白聪聪、杨城城、戎栋磊，硕士研究生卢一笑、李博林、熊洋、刘耀鸿、刘欢、吴寅、陈诺、骆皓青、周梦涛、江杨、苏弘扬、张作铭、郭文彤、鲍钱涵等同学做了大量的图表整理、文献整理和文字校对工作，在此向他们表示衷心感谢。

　　本书的出版得到了国家重点研发计划课题"多模式交通系统物联互联数据共享认证与应用体系"（2018YFB1601001）、浙江省"尖兵"研发攻关计划项目"公路隧道自主式交通安全防控关键技术研究"（2022C01042）和浙江省自然科学基金杰出青年基金项目"数据–模型混合驱动的城市交通控制理论与方法"（LR23E080002）的支持，在此表示衷心感谢。

　　由于时间仓促和作者水平有限，书中难免存在疏漏和不足之处，恳请读者批评指正，以便后期进一步修改和完善。

作者

目录

前言

第1章 绪论 /001
1.1 背景 /001
1.2 目标与范围 /003

第2章 交通管控大数据交互体系 /004
2.1 数据分类 /004
2.1.1 路侧终端设备数据 /004
2.1.2 公安交管专网系统数据 /005
2.1.3 跨领域应用系统平台数据 /005

2.2 数据交互方式 /006
2.2.1 文件交互方式 /006
2.2.2 数据库交互方式 /006
2.2.3 Web服务交互方式 /007
2.2.4 实时交互 /007

2.3 大数据应用 /008

第3章 路侧终端设备数据交互规范 /010
3.1 概述 /010
3.2 交互内容 /010
3.3 终端数据结构 /014
3.3.1 交通流参数检测通信接口 /014
3.3.2 视频检测器通信接口 /015
3.3.3 电子警察、卡口通信接口 /015
3.3.4 RFID射频检测器通信接口 /015
3.3.5 信息发布通信接口 /015

3.4 终端数据交互规范 /016

第4章 边缘节点数据交互规范 /017

4.1 概述 /017
4.2 交互内容 /017
4.3 边缘节点数据结构 /021
    4.3.1 终端设备与边缘节点数据交互内容 /021
    4.3.2 边缘节点与信号机数据交互内容 /021
    4.3.3 边缘节点与协同管控平台数据交互内容 /022

4.4 边缘节点数据交互通信协议 /022
    4.4.1 物理层 /022
    4.4.2 网络层与传输层 /023
    4.4.3 应用层 /023

第5章 公安交管专网应用系统集成数据交互规范 /025

5.1 概述 /025
5.2 通信协议 /026
5.3 交通信号控制系统数据交互规范 /027
    5.3.1 交互内容 /027
    5.3.2 数据结构 /029

5.4 交通视频监视系统数据交互规范 /029
    5.4.1 交互内容 /030
    5.4.2 数据结构 /031

5.5 交通流信息采集系统数据交互规范 /031
    5.5.1 交互内容 /032
    5.5.2 数据结构 /033

5.6 交通违法监测记录系统数据交互标准 /033
    5.6.1 交互内容 /033
    5.6.2 数据结构 /034

5.7 交通信息发布系统数据交互规范 /034
    5.7.1 交互内容 /035
    5.7.2 数据结构 /036

5.8 交通事件采集系统数据交互规范 /036
  5.8.1 交互内容 /036
  5.8.2 数据结构 /037

第6章 跨领域应用系统平台互联交互规范 /038

6.1 概述 /038
6.2 通信协议 /038
  6.2.1 数据交互模式 /038
  6.2.2 增量条件 /038
  6.2.3 数据交互传输方式 /039
6.3 公交系统互联交互规范 /041
  6.3.1 交互内容 /041
  6.3.2 数据结构 /043
6.4 网约车平台互联交互规范 /043
  6.4.1 交互内容 /044
  6.4.2 数据结构 /046
6.5 共享单车平台互联交互规范 /047
  6.5.1 交互内容 /047
  6.5.2 数据结构 /049
6.6 地图导航系统互联交互规范 /049
  6.6.1 交互内容 /050
  6.6.2 数据结构 /052
6.7 车联网系统互联交互规范 /052
  6.7.1 交互内容 /052
  6.7.2 数据结构 /054

第7章 交通管控大数据应用框架 /055

7.1 设计原则 /055
7.2 功能框架 /055
  7.2.1 数据汇聚 /056
  7.2.2 整合治理 /056
  7.2.3 分析建模 /056
  7.2.4 智慧应用 /057

7.3 系统架构 /057
　　7.3.1 资源层 /057
　　7.3.2 感知层 /058
　　7.3.3 认知层 /058
　　7.3.4 行动层 /059
7.4 网络架构 /059
7.5 应用体系 /060
　　7.5.1 应用需求 /060
　　7.5.2 典型应用场景 /063
　　7.5.3 用户服务 /066

第8章　交通管控数据融合应用案例　/072

8.1 多源数据融合的路网宏观基本图构建 /072
　　8.1.1 案例背景 /072
　　8.1.2 数据来源 /073
　　8.1.3 融合算法 /074
　　8.1.4 案例分析与结论 /075
8.2 通勤出行模式分析 /080
　　8.2.1 案例背景 /080
　　8.2.2 数据概述 /081
　　8.2.3 融合算法 /084
　　8.2.4 案例分析 /100
　　8.2.5 结论 /106
8.3 基于IC卡和GPS数据的公交信号优先控制方法研究 /108
　　8.3.1 案例背景 /108
　　8.3.2 数据概述 /108
　　8.3.3 融合算法 /111
　　8.3.4 案例分析 /118
　　8.3.5 结论 /124
8.4 地图导航平台路段速度数据和浮动车GPS速度数据融合案例 /124
　　8.4.1 案例背景 /124
　　8.4.2 数据概述 /125
　　8.4.3 融合算法 /127
　　8.4.4 案例分析 /132
　　8.4.5 结论 /136

8.5 基于多源数据融合的网约公交站点选取与时刻表编制 / 137
 8.5.1 案例背景 / 137
 8.5.2 数据概述 / 137
 8.5.3 融合算法 / 145
 8.5.4 案例分析 / 148
 8.5.5 结论 / 161

8.6 基于多源数据融合的网约公交出行需求分析与路径规划设计 / 162
 8.6.1 案例背景 / 162
 8.6.2 数据概述 / 163
 8.6.3 模型构建 / 165
 8.6.4 案例分析 / 169
 8.6.5 结论 / 175

8.7 路网多态行程时间估计 / 176
 8.7.1 案例背景 / 176
 8.7.2 融合算法 / 177
 8.7.3 案例分析 / 185
 8.7.4 讨论 / 200

8.8 路网临界交通状态识别方法 / 206
 8.8.1 案例背景 / 206
 8.8.2 数据概述 / 209
 8.8.3 融合模型 / 212
 8.8.4 案例分析 / 217
 8.8.5 评估和应用 / 223

8.9 出行需求特征时空影响因素建模 / 230
 8.9.1 案例背景 / 230
 8.9.2 数据概述 / 230
 8.9.3 融合算法 / 233
 8.9.4 案例分析 / 239
 8.9.5 结论 / 241

附 录 / 249

 附录 A 路侧终端设备交互数据格式 / 249
 附录 B 边缘节点设备交互数据格式 / 256
 附录 C 公安交管专网应用系统交互数据格式 / 265
 附录 D 跨领域应用系统平台交互数据格式 / 276

参考文献 / 295

第1章
绪　论

1.1 背景

当前，我国社会经济发展已进入新时代，交通管理工作正面临新的形势和挑战。一是汽车保有量保持高速持续增长的趋势，预计2030年我国汽车保有量将突破4亿辆，管理任务将更加繁重艰巨；二是网约车、共享出行等新模式快速发展，车联网、自动驾驶等新技术方兴未艾，交通环境将更加复杂多变；三是人民群众对交通服务的需求越来越高，除了追求出行的可达性、便捷性，人们还增加了对舒适性的追求。为有效应对新形势、新需求，公安交通管理部门亟须利用现代化科技手段加强治理工作。现阶段，随着大数据时代的到来以及我国交通管理科技的信息化的发展，科技建设从单个系统或设备的建设，逐步转向综合性集成和大数据应用。全国已统一构建了公安交通管理综合应用平台、互联网交通安全综合服务平台、公安交通集成指挥平台、交通管理大数据分析研判平台四大平台，汇集了170亿条交管业务数据，2000亿条路面监控数据，数据每日增量超4亿条，然而大部分数据"沉睡"在机房内，缺乏深度应用。同时，各地也根据自身需求，构建了交通流信息采集、信号控制、视频监控、违法监测、卡口监控、交通诱导等智能交通管理系统，系统种类多而杂。据统计，许多城市公安交管部门建设的各类系统数量均在10个以上且系统彼此独立，不共享或开放信息，不统一汇聚管理数据。因此亟须加强科技系统集成和数据整合，提升信息深度应用能力，实现警务智慧化、协同化管理，提高交通管理服务的主动性、精确性、实效性。

交管系统数据交互平台初期为"烟囱式"架构，系统林立，设备之间难以实现联动控制，系统内部缺乏数据交互，如图1-1所示；近期为"集成式"架构，统一系统数据接入，集成各子系统应用，但较难适应新业务应用的发展，如图1-2所示。这些架构将所有数据通过网络进行传输，统一集中至云端计算中心并利用其超强的计算能力来对数据进行处理，但大量增加的智能交通设备会导致实时数据大量产生，将全部数据统一通过网络传输至云端进行处理会对网络带宽造成很大的压力。与此同时，随着应用类型的丰富化，未来智能交通服务对于实时性的要求提升，传统方案需要将数据传输至云端计算中心再等待数据处理结果，故系统延迟较大，难以满足智能交通发展的需求。

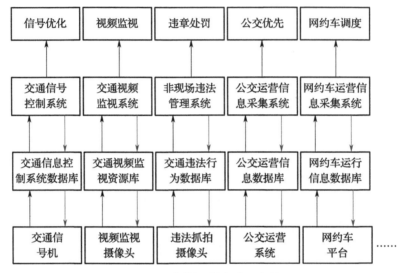

图 1-1 初期"烟囱式"架构

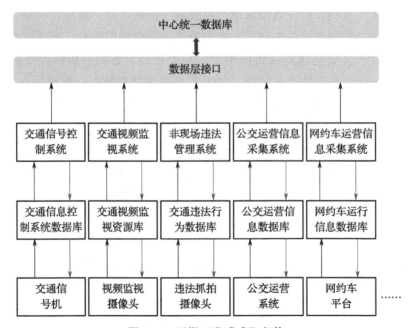

图 1-2 近期"集成式"架构

针对交管系统数据交互平台传统的"烟囱式"和"集成式"架构所存在的问题，一种以管控为核心的多模式交通系统网联大数据规范交互体系应运而生，为交通管理带来了新的思路和发展方向，支撑交管网联大数据系统的应用。这一体系可有效解决由于缺乏顶层设计和统一指导而出现的需求不明确、系统不开放、应用落地难、投入大产出低等问题。

1.2 目标与范围

面向交通管控设备物联交互与系统平台互联需求，构建多模式交通系统共享数据特征指标库及应用框架体系，编制框架应用指南，设计统一数据结构以及数据格式。围绕道路交通畅通与安全管理工作需求，在规范整合已有交通动静态数据的基础上，应用大数据、云计算、人工智能等技术，制定数据资源目录及规范接入与共享应用标准，实现对交通运行规律与特征的全面认知、交通运行问题的诊断预警、交通警情的主动研判处置，支撑交通管理决策与勤务指挥，优化交通资源配置与系统运行，提升城市交通综合治理能力，改善路面交通秩序，提高交通系统效率和出行服务水平。同时，为公安交管大数据应用平台的建设提供支持，并在交通系统网联大数据规范交互体系的基础上，进一步扩展多源数据的融合应用。

第 2 章
交通管控大数据交互体系

2.1 数据分类

目前公安交通管控大数据的主要来源为终端设备、交管内部系统、其他跨部门系统以及高德、百度、滴滴等互联网出行服务平台。按照数据类型,将数据划分为路侧终端设备数据、公安交管专网系统数据以及跨领域应用系统平台数据,如图 2-1 所示。

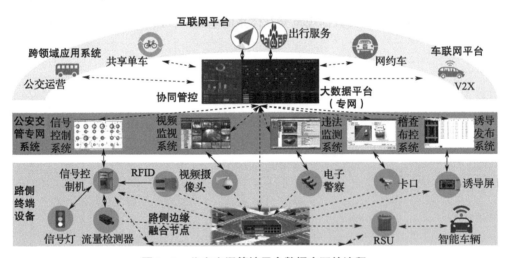

图 2-1 公安交通管控平台数据交互的流程

2.1.1 路侧终端设备数据

路侧终端设备数据包括交叉口信号灯色信息、通过交通流检测器获得的交通状态信息、通过交通事件检测器获得的交通事件信息、通过车载终端获得的车辆状态信息及通过诱导系统获得的交通控制信息。

1) 信号灯色信息包括交叉口位置、进口方向、信号灯数目、信号灯类型、信号灯顺序、灯组灯色、剩余时间等信息。

2）交通状态信息包括交叉口位置、进口方向、车道数目、车道类型、交通流量、车道占有率、车速、车长、车头时距以及车道排队长度。

3）交通事件信息包括事件类型、事件描述、发生时间、持续时间、发生位置、影响范围等信息。

4）车辆状态信息包括终端 ID、车牌号码、车牌颜色、车辆使用性质、车辆速度、当前位置、行驶方向、目的地等信息。

5）交通控制信息主要包括当前路口信号控制方式、绿波速度、可变车道进口方向编号、可变车道当前指示方向、可变车道当前指示剩余时间等信息。

2.1.2 公安交管专网系统数据

公安交管专网系统数据包括交通信号控制系统、交通视频监视系统、交通流信息采集系统、交通违法监测记录系统、交通信息发布系统以及交通事件采集系统共 6 个系统的数据。

1）交通信号控制系统数据包括信号控制方式信息、配时方案参数、路口交通流数据等。

2）交通视频监视系统数据包括视频监视设备参数、系统状态信息、视频监视设备状态信息、视频监视设备故障信息等。

3）交通流信息采集系统数据包括系统参数、检测断面参数、检测设备参数、检测设备状态信息、路段交通状态信息、路口交通状态信息、车道交通流数据、路段交通流数据等。

4）交通违法监测记录系统数据包括监控点参数、测速区间参数、系统状态信息、设备状态信息、违法行为捕获记录信息等。

5）交通信息发布系统数据包括系统状态信息、可变信息标志状态信息、可变信息标志故障信息、交通发布信息数据等。

6）交通事件采集系统数据包括交通事件检测设备状态信息、交通事件信息、接处警处置信息等。

2.1.3 跨领域应用系统平台数据

跨领域应用系统平台数据主要包括公交系统、网约车平台、共享单车平台以及地图导航系统共 4 个系统平台的数据。

1）公交系统数据包括公交车辆信息、公交线路信息、公交站点信息、公交定位信息、公交运营信息等。

2）网约车平台数据包括交通路况信息、车辆信息、车辆轨迹数据等。

3）共享单车平台数据包括单车信息、订单数据、轨迹数据等。

4）地图导航系统数据包括地图实时数据、地图历史数据、路段交通运行状态信息、区域交通运行状态信息等。

2.2 数据交互方式

数据交互方式分为三种：文件、数据库、Web 服务。在数据管理系统上对数据进行注册时可以指定其中一种，不同选择下数据的承载方式不同。

2.2.1 文件交互方式

文件交互方式中，以轮询交互（固定周期）和通报交互（不固定周期）的方式提供文件，具体类型如下：

1）数据文件每一行的数据表示数据库中的一行数据，使用 UNIX 换行符换行。
2）文件不包含表头的字段名。
3）blob 二进制字段有可能包含字段分隔符 OX1B 间隔。
4）数据库字段值为 null 的，写入文件为空值。
5）不需要文本限定符，即字段不需要使用引号包含起来。
6）日期字段格式需要格式化为 yyyy-MM-dd。
7）时间字段格式需要格式化为 yyyy-MM-dd HH: mm: ss。
8）在数据原有的字段后面新增以下三个字段：
① 数据新增、删除、修改标识，A 为新增，D 为删除，U 为修改。
② 数据日期标识，标识数据日期格式为 yyyy-MM-dd 或 yyyy-MM-dd-HH: mm。
③ 时间戳。

实时交互方式提供的文件，即一次性请求的文件（如 B001 接口），其格式同样参考上述的文件格式，但不需要新增三个标识字段。

2.2.2 数据库交互方式

数据库供数到数据库交互节点已建立好的数据表中，若以增量方式供数，交互平台在交互节点建表时会添加三个控制字段。此种方式适用于轮询交互（固定周期）、通报交互（不固定周期）。

1）全量供数时，提供方先删除表中的数据，然后写入一个新批次的数据。
2）增量供数时，第一个批次写入全量数据，三个控制字段必须写入数据；后续批次只需要写入增量数据，三个控制字段必须写入数据。dc_dcFieldAUD = A，dc_dcDataDate = 批次日期，dc_dcTimeStamp = 写入时间。

2.2.3 Web 服务交互方式

数据提供方实现了 C001 接口服务，可以通过此服务对外提供数据服务功能。此种方式较为灵活，数据需求方可在请求中指定条件从而获取更为准确的数据，适合数据量较少、实时性较高的场景。

2.2.4 实时交互

1. 数据报文请求

数据报文请求采用同步方式，数据可由数据提供方提供，也可由数据库交互节点提供。具体情况如下：

1）当数据未入中心交互节点数据库，或数据已入中心交互节点数据库，但请求报文要求数据提供方提供数据时，由数据提供方提供 C001 服务，或平台查询交互节点提供数据的方式以资源目录定义为准，数据提供方需要实现 C001 数据报文请求服务，如图 2-2 所示。

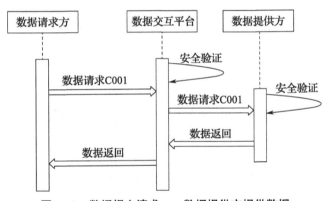

图 2-2 数据报文请求——数据提供方提供数据

2）当数据已入中心库时，由平台交互节点数据库提供数据，如图 2-3 所示。

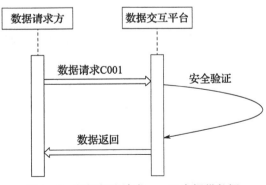

图 2-3 数据报文请求——平台提供数据

2. 数据文件请求

1) 当数据未入中心交互节点数据库时,数据文件请求采用异步方式,B001 响应报文成功并不表示文件已生成。对于未采集到中心库的数据,由数据提供方提供文件或平台查询交互节点提供数据库表,数据交互平台获取数据提供方提供的文件或平台查询交互节点提供的数据库表。数据交互平台获取数据提供方所提供数据的方式以资源目录定义为准,数据提供方需要提供 B001 和 B002 服务,如图 2-4 所示。

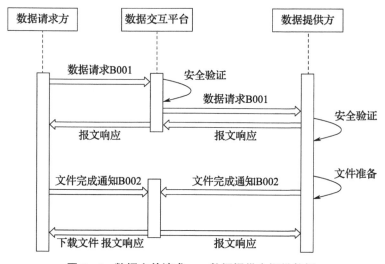

图 2-4 数据文件请求——数据提供方提供数据

2) 当数据已入中心库时,数据文件请求采用异步方式,对于已采集到中心交互节点数据库的数据,平台生成文件。数据需求方获取文件可以根据 B001 报文中的 needNotice 字段确定。

2.3 大数据应用

在多模式交通系统网联大数据规范交互体系的基础上,通过构建交通大数据管控平台,实现路侧终端设备、边缘节点、公安交管专网应用及跨领域应用系统等多源大数据的统一汇聚整合、全局优化、协同管控。协同管控平台作为智慧交通建设的核心和数据采集、处理、融合、应用的枢纽,将智能交通各个系统的数据进行实时的采集、转换、处理及存储,并在数据集成、融合、分析挖掘的基础上,将数据汇聚于公安交通的智慧应用中。

路侧终端设备通过交通信号控制机实现与管控平台的互联交互,路侧终端设备向信号机发送交通流检测信息、交通事件信息、交通控制信息等，接收管控平台发布的管控信息。边缘节点从路侧终端设备接收视频码流和检测数据，对其进行计算后，实现信号控制方案优化、路口运行状态计算、排队长度检测和异常事件检测等功能，并向信号机和管控平台发送信息。公安交管专网应用系统与管控平台进行交互，向管控平台发送信号控制、交通流采集、交通违法检测、交通事件采集等信息。跨领域应用系统与管控平台进行交互，向管控平台发送公交、网约车、共享单车、地图导航、车联网等系统平台的数据信息，接收管控平台发送的管控信息，实现对公交车辆、网约车、共享单车以及道路运行情况的管控。

在设备物联交互、系统平台互联的基础上，进一步实现数据的融合应用，能够更好地支持系统平台跨领域应用的拓展。

第3章
路侧终端设备数据交互规范

3.1 概述

路侧终端设备与管控平台之间的互联交互，涉及以太网、串口等不同传输速度类型的数据通信方式以及广域、局域等不同网络类型，因此对其进行数据通信协议的约定十分重要。围绕管控终端控制的数据需求，需要各类管控设备之间进行规范有效的信息交互，建立具备开放性和可扩展性的数据交换通信协议。本章从通信框架、数据特征指标及接口协议、数据交互内容等方面制定路侧终端设备互联交互规范。

3.2 交互内容

路侧终端设备包括地磁检测器、微波雷达检测器、视频检测器、电子警察、卡口设备、RFID 射频检测器等设备。

交通流检测器包括地磁检测器和微波雷达检测器，地磁检测器根据车辆通过时磁场的变化来获得过车信息，从而获得断面交通流信息；微波雷达检测器利用"多普勒效应"原理，通过发射器对检测区域发射微波，当车辆通过时，反射波以不同的频率返回来，从而获得过车信息和区域交通流信息。将地磁检测器、微波雷达检测器接入交通流参数检测通信接口，向信号机传输实时及按周期统计后的交通流参数信息：车流量、车道占有率、车速、车身长度、车头时距、车道排队长度信息。交通流参数信息可为道路运行状况和运行条件的判断提供依据，反映道路的服务水平。

交通流检测器与信号机的互联交互框架如图 3-1 所示。

视频检测器将视频图像和模式识别技术相结合，通过实时分析输入的交通图像，辨别图像中划定的一个或多个检测区域内的运动目标物体，获得所需的交通数据。视频检测器接入交通运行信息通信接口，向信号机发送交叉口经度、交叉口纬度、进口道方向、车道数量、单车道平均速度、单车道平均车头时距、单车道占有率、单车道排队长度、车道交通运行状态（拥堵指数）等交通运行信息。

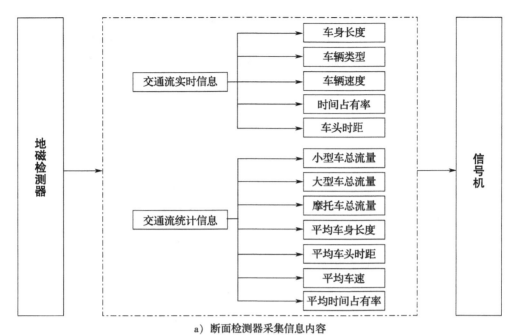

a) 断面检测器采集信息内容

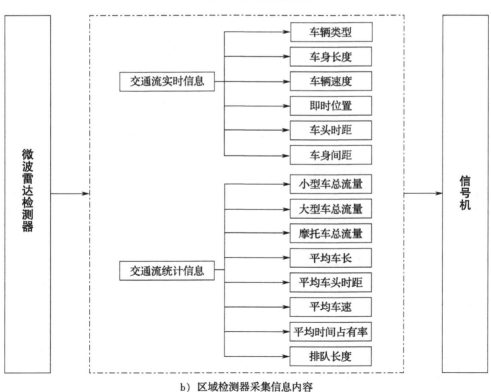

b) 区域检测器采集信息内容

图 3-1 交通流检测器与信号机的互联交互框架

视频检测器接入交通事件信息通信接口，向信号机发送事件类型（交通事故、逆行、非法变道、违章停车、闯红灯等）、事件发生时间、事件结束时间以及事件发生地点的经度和纬度等交通事件信息。视频检测器与信号机的互联交互框架如图3-2所示。

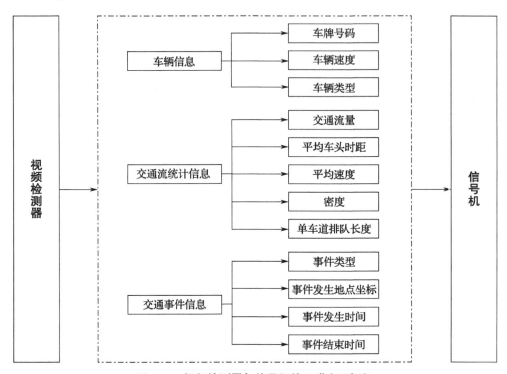

图3-2 视频检测器与信号机的互联交互框架

电子警察和卡口设备检测到经过车辆时，系统将自动触发高清摄像头抓拍车辆图片，同时识别车牌，记录相关信息，具有车辆捕获、车辆测速、车辆识别和车辆实时报警功能。将其接入车辆运行状态信息通信接口，向信号机发送车牌号码、车辆类型、车辆位置（经度、纬度）、时间戳、车辆速度、车辆违章情况等信息。通过对过往车辆综合信息（包括时间、地点、车速、车型、车牌、车况等特征）的查询和统计，电子警察、卡口设备能够按照车道进行流量统计，按行驶方向进行流量和车速统计，可以统计断面/车道流量、流率、平均速度、车头时距、密度等信息。电子警察、卡口设备与信号机的互联交互框架如图3-3所示。

RFID射频检测器利用无线电波或微波能量进行非接触双向通信，通过识别车辆的电子标签来获得车辆信息，将其接入信号机的RFID通信接口，向信号机发送检测通道数、检测通道序号、车辆数、车辆类型、车辆属性、车辆ID信息，如图3-4所示。

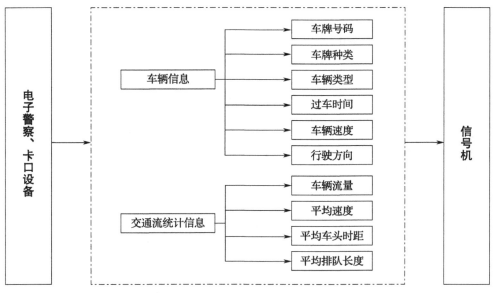

图 3-3　电子警察、卡口设备与信号机的互联交互框架

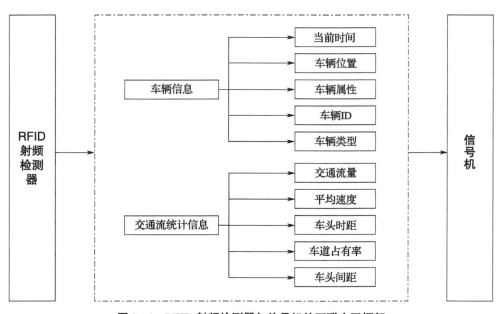

图 3-4　RFID 射频检测器与信号机的互联交互框架

信号机接入信息发布通信接口，通过诱导屏发送交通状态信息和交通管控信息，交通状态信息包括道路名称和道路拥堵指数，交通管控信息包括公交优先、绿波协调、可变车道和路径诱导，如图 3-5 所示。

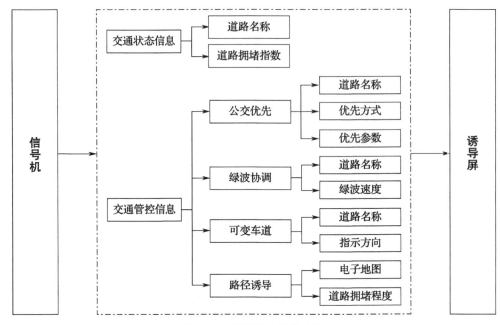

图 3-5 信息发布通信内容

3.3 终端数据结构

线圈检测器、微波雷达检测器、地磁检测器、视频检测器、电子警察、卡口以及 RFID 射频检测器与信号机进行交互，交互内容包括交通状态信息、交通事件信息、车辆状态信息及交通控制信息。同时，信号机通过诱导屏通信接口将交通状态信息在诱导屏上显示。

3.3.1 交通流参数检测通信接口

交通流状态信息主要用于描述检测器（雷达、地磁检测器）采集车道的各类交通流参数信息，主要分为实时检测数据和历史统计数据，其中实时数据每 1s 广播一次，历史统计数据则根据统计周期进行统计上传，统计周期一般取值 0.5min、1min、2min、2.5min、5min、10min、15min。交通流参数信息主要包括交叉口位置、进口方向、车道数目、车道类型、交通流量、占有率、车速、车长、车头时距以及车道排队长度。历史统计数据为统计时段内各项采集参数的平均值。

交通检测设备实时并按周期向信号机发送交通流情况，见表 A.1~表 A.5。

3.3.2 视频检测器通信接口

车辆信息通过视频检测器获得,包括车牌号码、车辆类型以及车辆速度,见表 A.6。

同时,视频检测器还可以获得交通流统计信息,包括统计时长、交通流量、平均车头时距、平均速度、密度以及车道排队长度,见表 A.7。

交通事件信息用于推送当前道路的交通状况信息,通过视频检测器获得,主要包括交通事故、道路施工、交通管制、交通气象、路面状况等交通事件。具体信息有事件类型、事件描述、发生时间、结束时间、发生位置(经度、纬度),见表 A.8。

3.3.3 电子警察、卡口通信接口

电子警察、卡口设备可以获得车辆信息和交通流统计信息,统计数据则根据统计周期进行统计上传,统计周期一般取值 0.5min、1min、2min、2.5min、5min、10min、15min。车辆信息包括车牌号码、车牌种类、车辆类型、过车时间、车道方向、速度信息,统计数据包括交通流量、平均速度、平均车头时距、平均排队长度信息。数据格式应符合表 A.9 和表 A.10 的规定。

3.3.4 RFID 射频检测器通信接口

RFID 射频检测器在到达预设的周期时应主动向信号机发送车辆信息和交通流统计信息数据内容,统计数据则根据统计周期进行统计上传,统计周期一般取值 0.5min、1min、2min、2.5min、5min、10min、15min 等。车辆信息包括车辆ID、车辆属性、车辆类型、当前时间、车辆位置信息,统计数据包括交通流量、平均车速、平均车头时距、平均车头间距、车道占有率信息。数据格式见表 A.11 和表 A.12。

3.3.5 信息发布通信接口

信息发布系统通过诱导屏实现,诱导屏信息用于描述当前交通运行及信号控制的状态信息,引导驾驶人合理出行,提高交叉口的通行效率和安全性。交通运行信息包括道路名称、道路拥堵程度等信息。交通控制信息主要包括公交优先信息、绿波控制信息、可变车道信息,见表 A.13~表 A.17。

3.4 终端数据交互规范

信号机和其他终端设备互联，进行信号灯色、交通状态、交通事件等信息的交互。信号机和其他终端设备之间的通信接口可采用有线、无线或串口的通信方式。路侧通信单元也可嵌入到交通信号控制机中，以提高集成可靠性并节约设备成本。

通过在道路交通信号控制机与车载服务终端之间建立无线通信链路，进行交通信号控制机与车载设备的信息交互，实现车载服务终端实时显示相关交通信号、交通状态等信息，为驾驶人以及车辆自动控制提供相关辅助服务信息。

信号机进行信号灯信息、交通状态、事件等信息的生成与推送，信息推送方式：信号机在路口通过 V2I 设备直接广播；信号机同时上传信息至道路交通信号中心控制系统，由信号控制系统实现信息的推送。

第4章
边缘节点数据交互规范

4.1 概述

传统的城市交通控制模型多采用集中式架构,集中式方案将所有数据通过网络进行传输,统一集中至云端计算中心并利用其超强的计算能力来进行处理,但大量增加的智能交通设备实时产生大量的数据,将全部数据统一通过网络传输至云端进行处理会对网络带宽造成很大的压力。与此同时,随着应用类型的丰富化,未来智能交通服务对于实时性的要求不断提升,传统方案下,数据需要被传输至云端计算中心再等待数据处理结果,系统延迟较大。以智能交通调控为例,交通流量是一项实时动态变化的信息,并且会随着当前时间段、城市的发展程度而不断改变,而针对其变化做出相应的交通信号灯配时控制则能明显改善城市交通情况,快速行驶的汽车使得交通流量信息变化速度极快,也需要交通灯控制系统对其做出快速的反应。

边缘计算是一种在物理上靠近数据生成的位置处理数据的方法,它可以有效减少系统处理的延迟,减少数据传输量,提高可用性。基于端-边-云三层架构,通过终端设备的综合感知,强化边缘计算对路口及干道交通信号灯的实时干预和控制功能,最终以云端中心与边缘节点的协调合作模式完成交通控制功能。本章从边缘节点与信号机以及管控平台的数据交互规范两方面,提供统一的接口标准及模块化的问题解决方案。

4.2 交互内容

路侧终端设备向边缘节点发送数据,与信号机类似,边缘节点可接入来自微波雷达、地磁检测器的结构化数据,向边缘节点发送车流量、占有率、单车速度、车身长度、车头时距、车道内排队长度等信息,如图4-1所示。

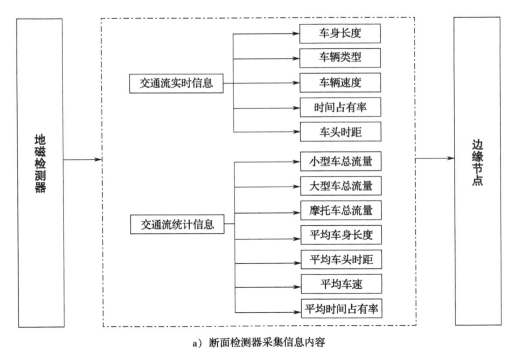

a) 断面检测器采集信息内容

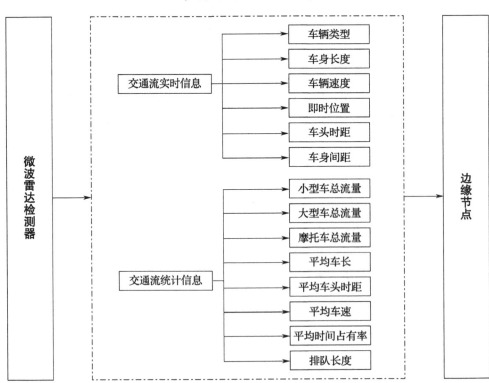

b) 区域检测器采集信息内容

图 4-1 交通流参数检测器通信内容

同时边缘节点可接入来自视频检测器的非结构化数据，将部分数据放在边缘处理，可以减少延迟，实现实时和更高效的数据处理。结合图像处理、模式识别、概率统计等方法和理论，从视频图像中提取出车辆运动轨迹、特征信息以及交通流宏观参数信息。通过车辆及逆行车辆数目的统计和车速计算，进而可得到交通流量、车速和密度。利用车辆特征识别技术，从图像中识别出车辆位置、号牌特征、车型特征等特征数据。基于视频检测器得到的交通流信息和车辆运行状态信息可以支持管控平台发布交通管控信息。

非机动车和行人视频检测器向边缘节点发送非机动车和行人的检测信息，包括非机动车检测通道、检测通道数、非机动车数量、非机动车空间占有率、行人检测区域数、检测区域空间占有率、检测区域人数、最大等待时间、行人方向和行人平均速度等信息，如图4-2所示。

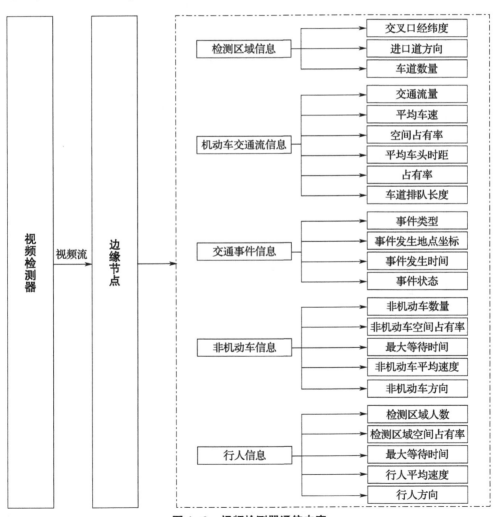

图4-2 视频检测器通信内容

数据经过边缘节点进行交通状态特征参数提取与输出、交通事件感知、路段行人过街检测、信号优化计算等后,与信号机和管控平台进行数据交互,边缘节点与信号机的数据交互内容如图4-3所示,边缘节点与协同管控平台的数据交互内容如图4-4所示。

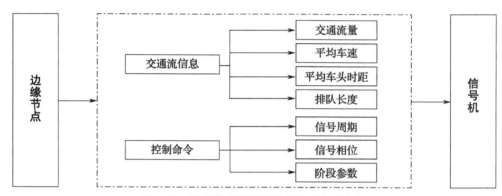

图4-3 边缘节点与信号机的数据交互内容

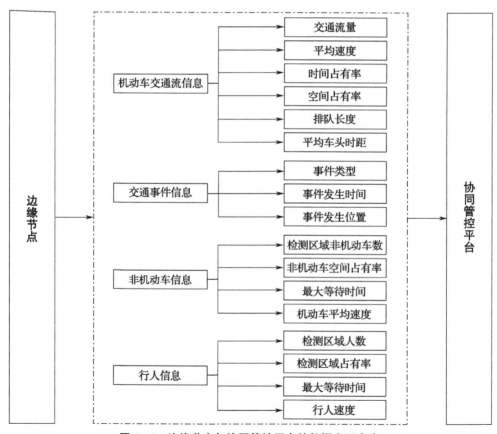

图4-4 边缘节点与协同管控平台的数据交互内容

4.3 边缘节点数据结构

4.3.1 终端设备与边缘节点数据交互内容

边缘节点从交通流检测器、视频检测器、电子警察、卡口等终端设备接收数据，数据内容包括交通流信息、通行状态信息、车辆运行信息、交通事件信息、行人信息以及非机动车检测信息6项内容。

1. 交通流检测器通信接口

1）传输方向：交通流检测器至边缘节点。

2）传输时刻：每500ms发送1次。

3）其他：如若在5s内没有收到该数据表，服务器端将主动关闭该TCP连接，客户端应重新发起TCP连接。

4）数据格式见表B.1~表B.4。

2. 视频检测器通信接口

1）传输方向：视频检测器至路侧边缘融合单元。

2）传输时刻：每500ms发送1次。

3）其他：如若在5s内没有收到该数据表，服务器端将主动关闭该TCP连接，客户端应重新发起TCP连接。

4）数据格式：

① 区域检测器交通流统计信息内容见表B.5。

② 检测区域信息内容见表B.6。

③ 机动车运行状态信息内容见表B.7。

④ 交通事件信息内容见表B.8。

⑤ 非机动车检测信息内容见表B.9。

⑥ 行人情况检测信息内容见表B.10。

4.3.2 边缘节点与信号机数据交互内容

边缘节点通过数据感知和收集，获得终端设备采集的车辆数据及基础设施数据，经过交通信息处理后得到交叉口信号控制方案，并与交通信号控制机进行交互。

1）传输方向：边缘节点至信号机。

2）传输时刻：按信号周期发送。

3）其他：无。

4）数据格式见表B.11和表B.12。

4.3.3 边缘节点与协同管控平台数据交互内容

边缘节点基于采集得到的实时数据，建立车道级、进口道级及路口级的实时分析模型，实现对路口精细化的状态分析。在各个边缘计算节点完成各自的计算的前提下，协同管控平台作为中控系统，负责边缘计算节点的管理、调派以及多边缘节点任务的协同，提供配时方案调整。

1. 交通流参数信息

1）传输方向：边缘节点至协同管控平台。
2）传输时刻：按周期发送。
3）数据格式见表 B.13。

2. 交通运行状态信息

1）传输方向：边缘节点至协同管控平台。
2）传输时刻：按周期发送。
3）数据格式见表 B.14。

3. 交通事件信息

1）传输方向：边缘节点至协同管控平台。
2）传输时刻：按周期发送。
3）数据格式见表 B.15。

4. 行人信息

1）传输方向：边缘节点至协同管控平台。
2）传输时刻：按周期发送。
3）数据格式见表 B.16。

5. 非机动车信息

1）传输方向：边缘节点至协同管控平台。
2）传输时刻：按周期发送。
3）数据格式见表 B.17。

4.4 边缘节点数据交互通信协议

4.4.1 物理层

边缘节点与信号机至少支持以太网接口、串行接口中的一种。其中，以太网接口至少支持 10/100BASE-T 全双工通信；串行接口至少支持 RS-232 全双工通信、RS-422 全双工通信、RS-485 半双工通信中的一种。默认条件下，通信波特率为 115200Baud，字节结构为 8 位数据位、1 位停止位、无校验位、无流控制。

4.4.2 网络层与传输层

网络层宜采用 IP，传输层宜采用 TCP 或 UDP。采用 TCP/IP 通信时，道路交通信号控制机作为服务端，车辆检测器作为客户端，道路交通信号控制机 TCP 服务默认端口号为 40000。

4.4.3 应用层

应用层应采用基于信息帧封装的数据表交换方式。

1. 字节顺序

长度大于 1 个字节的数据对象，使用小端字节序，应先发送低字节，后发送高字节。单个或多字节按位表示，最大位（Bit n）在最左侧，最小位（Bit 0）在最右侧。

2. 数字表示

数字前未加标识的数字为 10 进制，数字前加以"0x"为标识的数字为 16 进制。

1）123 表示 10 进制 123。

2）0x123 表示 16 进制 123。

3. 信息帧结构

信息帧结构包括帧开始、数据表、校验码与帧结束 4 个部分，信息帧结构应与图 4-5 相符。

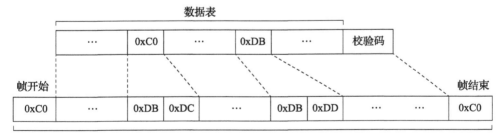

图 4-5 信息帧结构

4. 信息帧内容

信息帧的帧开始、数据表、校验码与帧结束内容应符合下列要求。

1）帧开始与帧结束长度分别为 1 字节，取值 0xC0。

2）数据表之后、帧结束之前，应有校验码，长度为 2 字节。校验码使用 CRC16，生成多项式为 $X^{16}+X^{15}+X^2+1$，初始值为 0xFFFF，生成校验码的校验范围为数据表的所有字节。

3）校验结束后应进行数据转义，数据表或校验码中某字节值为 0xC0 时使用 0xDB、0xDC 转义替换，字节值为 0xDB 时使用 0xDB、0xDD 转义替换。

5．数据表结构

数据表由链路地址、发送方标识、接收方标识、协议版本、操作类型、对象标识及消息内容七部分构成。

6．数据表内容

数据表内容应符合以下要求。

1）链路地址：链路地址由 2 个字节组成，保留，取值 0x0000。

2）发送方标识：发送方唯一身份，长度为 7 字节。编制规则为：行政区划代码 + 类型 + 编号，行政区划代码、类型、编号的取值应符合表 4-1 的规定。

3）接收方标识：接收方唯一身份，长度为 7 字节。编制规则为：行政区划代码 + 类型 + 编号，行政区划代码、类型、编号的取值应符合表 4-1 的规定。

4）协议版本：标识通信协议的具体版本号，长度为 1 字节，取值 0x10。

5）操作类型：标识数据表的操作类型，用 1 个字节表示。

表 4-1 发送方/接收方标识取值

序号	名称	字节数	取值	描述
1	行政区划代码	3	0~999999	包含省、市、县级，共 6 位数，取值应符合 GB/T 2260 的规定
2	类型	2	0~255	用于标识当前信息发送设备类型，其中，1：信号机；7：毫米波雷达交通状态检测器；9：边缘计算服务器；10：交通平台；其他：保留
3	编号	2	1~65535	设备的唯一编号，其中，广播方式接收方标识取值 65535（0xFFFF）

第 5 章 公安交管专网应用系统集成数据交互规范

5.1 概述

本章面向城市交通服务所需的海量实时监测数据，提出交通协同管控平台框架，通过子系统及管控平台实现对城市道路交通状况、交通流信息、公共交通运行情况等的全面监测、采集、处理和分析，并定义各个交管内部子系统及其设备与交通管控中心数据服务器之间的信息传输的数据交互规范，实现交通大数据与管控平台的实时传输和交互。

协同管控平台是运用信息技术、数据通信传输技术、电子传感技术、电子控制技术以及计算机处理技术等技术建立的一种在大范围内全方位发挥作用的实时高效的管控系统。协同管控平台作为智慧交通建设的核心和数据采集、处理、融合、应用的枢纽，将智能交通建设的各个子系统的数据进行实时采集、转换、处理及存储，并在数据集成、融合、分析、挖掘的基础上，将数据汇聚于公安交管的智慧应用中。

公安交管专网应用系统包括了交通信号控制系统、交通视频监视系统、交通流信息采集系统、交通违法监测记录系统、交通信息发布系统、交通事件采集系统，可以对城市道路交通状况、交通流信息、交通违法行为等进行全面及时的检测、采集、处理和分析。

本章公安交管专网应用系统数据交互规范用于汇聚接入信号控制、视频监视、交通流信息、违法监测、信息发布、事件采集等公安交管专网应用系统的数据。按照公安行业标准 GA/T 1049《公安交通集成指挥平台通信协议》，协同管控平台与各类交管内部系统实现数据交换。

5.2 通信协议

1. 性能要求

1）系统容量。信号控制系统容量应满足以下指标要求：

① 支持接入交叉口数量大于或等于 500 个。

② 支持配置用户数大于或等于 50 个，支持同时在线操作用户数大于或等于 10 个。

③ 单个交叉口支持配置控制方案数大于或等于 16 个，支持配置中心预案数大于或等于 32 个。

④ 单个交叉口可设置日计划数大于或等于 36 个，单个日计划可划分时段数大于或等于 8 个。

2）时间同步。信号控制系统包含的所有设备的时间应与北京时间保持同步，24h 的计时误差应不超过 ±2s。

3）数据传输。

① 传输频率。中心控制软件与信号机之间的控制交互信息、信号机运行状态、故障与异常报警等数据应实时传输，数据发生变化应立即传输，交通流统计等数据则按照配置的时间间隔定时传输。

② 传输延时。信号控制系统通信网络的平均传输延时应小于或等于 1s，中心控制软件到信号机单条指令的传输延时（不包括网络延时）应小于或等于 1s。

③ 传输一致性。应具有数据传输一致性保障功能，保证中心控制软件与外场信号机的数据一致。

4）数据存储时间。中心控制软件数据存储时间应大于或等于 2 年。

5）连续运行可靠性。中心控制软件能够连续运行 240h 无故障。

2. 通信要求

1）中心控制软件与信号机的通信指令与消息格式应符合 GB 25280 的要求。

2）信号控制系统与公安交通集成指挥平台的通信协议应符合 GA/T 1049.1、GA/T 1049.2 的要求。

3）信号控制系统宜支持面向互联网交通信息平台等外部应用系统发布信息，实现道路交通信号控制信息、交通状态信息的发布与共享。信息发布通信协议参见 GB/T 39900—2021《道路交通信号控制系统通用技术要求》中的附录 B。

3. 安全要求

1）用户认证。信号控制系统用户认证应满足以下要求：

① 使用中心控制软件时验证用户名及密码。
② 每个用户使用独立的账号。
③ 对用户按照实际管理辖区范围进行授权。

2）网络安全。信号控制系统应满足以下网络安全要求：
① 组网使用专网，不使用互联网。
② 具备防病毒与防网络入侵的措施。
③ 使用具备抑制或隔离网络风暴等网络故障能力的通信设备。

3）信息安全。信号控制系统需要遵循以下信息安全要求：
① 信号控制系统与信号机联机时，应进行双向身份认证，验证通过后可进行相关操作。
② 信号机应对信号控制系统下发指令进行验证，验证通过后指令有效。
③ 中心控制软件（包括通信、数据库等）应运行于独立服务器。
④ 用户账号的用户名与密码、数据库的用户名与密码等关键配置信息在存储与传输时应加密。
⑤ 基本配置信息、用户信息、设备信息、权限信息、报警信息、交通流统计信息、重要操作日志等应定期备份，关键存储部件宜采用冗余备份。
⑥ 具备日志审计功能，可记录各类日志，并定期审计。

4）安全等级保护。信号控制系统控制中心的通信设备、控制计算机及中心控制软件，应符合 GB/T 22239—2019《信息安全技术网络安全等级保护基本要求》中的信息系统安全等级保护第二级基本要求。

5.3 交通信号控制系统数据交互规范

大数据技术的迅猛发展推动了交通信号控制系统等交通领域的进步。在最初建设时期，由于建设单位、招投标方式不一致，交管部门在不同阶段往往采用不同品牌、不同型号的信号控制系统进行信号管理。然而，不同厂商、不同型号的交通信号控制系统之间无法进行信息交换，各系统控制的区域彼此独立，区域之间的协同控制无法形成，不能充分发挥控制效益。因此，基于协同管控平台实现交通信号控制系统的协同控制具有重要意义，交通信号控制系统与协同管控平台之间的数据交互有助于更科学地实现对信号机灯色信息的调整、配时方案的更改、故障异常信息的处理，从而促进交通系统的健康高效运行。

5.3.1 交互内容

交通信号控制系统与协同管控平台之间的数据交互分为交通信号控制系统传

递至协同管控平台的数据与协同管控平台传递至交通信号控制系统的数据。交通信号控制系统传递至协同管控平台的数据主要包括信号灯数据、故障异常数据。协同管控平台传递至交通信号控制系统的数据主要包括勤务信息、事件信息及交通状态信息等数据。

1. 交通信号控制系统传递到协同管控平台的数据

这部分主要包括信号灯数据及故障异常数据。

1）信号灯数据。信号灯数据主要包括路口编号、信号周期、信号相位、信号阶段、路口相位灯态等数据。

2）故障异常数据。根据GB/T 39900—2021《道路交通信号控制系统通用技术要求》，交通信号控制系统支持在信号控制系统的设备（包括信号机、检测器等设备）发生故障或异常时自动报警。报警信息中应包含路口信息、设备位置、故障发生时间及故障原因等信息。同时，系统支持交通运行状态异常报警，以对交通运行状态进行实时监测，状态异常报警信息包括故障编号、路口编号、联机状态等。

交通信号控制系统传递至协同管控平台的数据内容如图5-1所示。

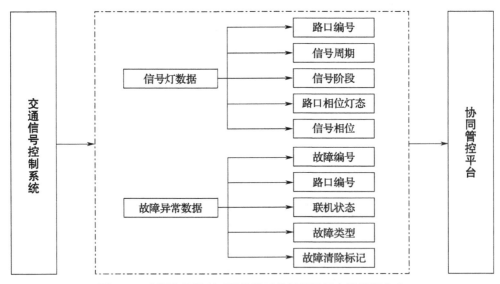

图5-1 交通信号控制系统传递至协同管控平台的数据内容

2. 协同管控平台传递至交通信号控制系统的数据

这部分主要包括勤务信息、事件信息及交通状态信息数据。

1）勤务信息数据。勤务信息数据主要包括实施勤务线路名称、涉及路口名称、涉及路口编号、控制开始时间及控制结束时间等数据。

2）事件信息数据。事件信息数据主要包括事件编号、事件类型、发生时间及发生地点等数据。

3）交通状态信息数据。交通状态信息数据主要包括交通流量、平均车速、平均车头时距及平均车头间距等数据。

协同管控平台传递至交通信号控制系统的数据内容如图 5-2 所示。

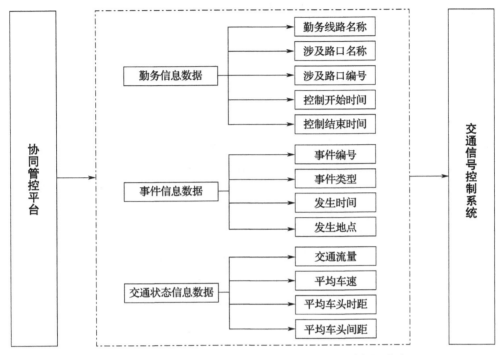

图 5-2　协同管控平台传递至交通信号控制系统的数据内容

5.3.2　数据结构

1. 交通信号控制系统传递至协同管控平台的数据结构

交通信号控制系统传递到协同管控平台的数据主要有信号灯数据及故障异常数据，这些数据具体的数据结构，如数据类型、示例等，见附录表 C.1、表 C.2。

2. 协同管控平台传递到交通信号控制系统的数据

协同管控平台传递到交通信号控制系统的数据主要包括路口控制方式数据，其数据类型、示例等见附录表 C.3～表 C.5。

5.4　交通视频监视系统数据交互规范

随着经济社会发展的突飞猛进，道路交通环境也日趋复杂，交通管理、公安机关等部门不断深入实施智慧交通、科技强警战略，在缓解城市交通拥堵、预防和减少交通事故、便民服务等方面已初显成效。视频监视是监控方式的一种，顾名思义，道路交通视频监视是利用视频技术实时记录、分析、检查、存储、再现道路状态的图像和音频相结合的道路交通管理手段和方法，而逐步向智能网络高清视频监视系统发展的交通视频监视系统应用是大数据和信息化时代背景下交通管理部门至关重要的管理手段，在分析、研判预测、管理及缓解交通问题方面发挥着重要的作用。

5.4.1 交互内容

交通视频监视系统数据交互的内容主要是交通视频监视系统与协同管控平台的系统运行信息的数据和收集到的视频数据。视频监视系统传输给协同管控平台的数据主要包括视频监视设备状态、设备数据及设备故障异常等内容，这些数据主要可以帮助了解系统、视频监视设备的状态，从而分析辨别设备的故障类型和故障发生的时间，便于故障的发现与解决。协同管控平台传输给视频监视系统的数据主要有事件预案信息及勤务信息等内容，通过发布事件信息对道路进行控制，保障特殊车辆的安全通畅。交通视频监视系统与协同管控平台的数据交互内容如图5-3及图5-4所示。

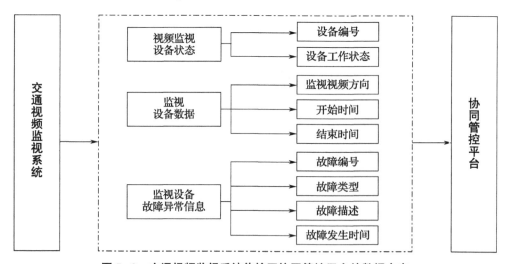

图5-3　交通视频监视系统传输至协同管控平台的数据内容

1．交通视频监视系统传输到协同管控平台的数据

这部分主要包括视频监视设备状态、监视设备数据及监视设备故障异常信息。

1）视频监视设备状态。视频监视设备状态数据主要包括设备编号及设备工作状态等数据。

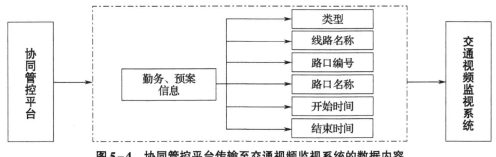

图 5-4 协同管控平台传输至交通视频监视系统的数据内容

2）监视设备数据。监视设备数据主要包括监视视频方向、开始时间及结束时间等数据。

3）监视设备故障异常信息。监视设备故障异常信息主要包括故障编号、故障类型、描述及发生时间等信息。

2. 协同管控平台传输到交通视频监视系统的数据

这部分主要包括事件信息，如预案信息和勤务信息。

1）预案信息。预案信息主要包括实施预案的线路名称、路口编号、路口名称、开始时间、结束时间、预案类型等信息。

2）勤务信息。勤务信息主要包括实施勤务的路口编号、线路名称、开始时间、持续时间、勤务类型等信息。

5.4.2 数据结构

交通视频监视系统传输给协同管控平台的数据结构主要包括监视设备状态、监视视频数据及监视设备故障等方面。监视设备状态结构主要是名称、类型、长度等信息，设备工作状态可分为在线、断线和异常三种，具体见表 C.6。监视设备数据结构主要包括名称、类型、示例等信息，具体见表 C.7。监视设备故障数据结构见表 C.8。

协同管控平台传输给交通视频监视系统的数据主要包括勤务信息及预案信息，数据结构见表 C.9 及表 C.10。

5.5 交通流信息采集系统数据交互规范

交通流信息采集系统是通过交通流检测设备采集道路交通流量、速度、占有率、排队长度、延误等交通运行数据的系统，包括交通流信息采集设备、通信设备、存储和处理设备及相关软/硬件等。交通流信息采集系统可以采集来自多种检测设备（视频、线圈、微波雷达、地磁、RFID、电子警察、卡口、信号机等）的交通流数据，用于判态及优化交通信号控制系统方案。交通流数据广泛应用于道路交通规划、设计、运营组织、交通管理与控制。

5.5.1 交互内容

交通流信息采集系统数据交互是利用环形线圈检测器、地磁检测器、微波检测器、超声波检测器、红外检测器、视频检测器、浮动车、RFID 等信息采集设备来获取车道交通流数据、路段交通流数据、交叉口交通流数据，数据交互的内容如图 5-5 所示。

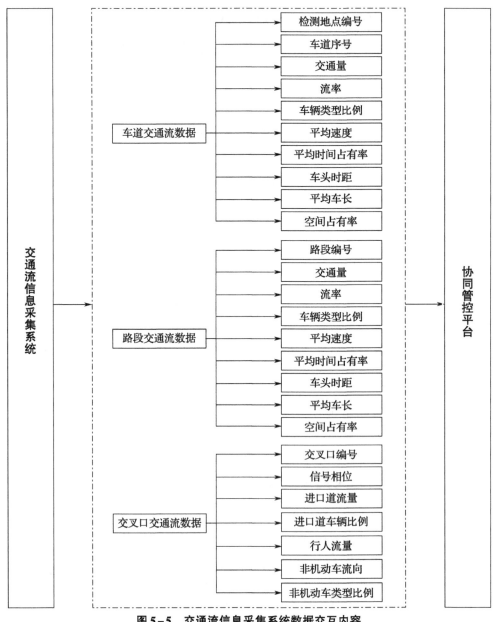

图 5-5 交通流信息采集系统数据交互内容

5.5.2 数据结构

本节简要介绍交通流信息采集系统中的数据结构。

1. 车道交通流数据

车道交通流数据包括检测地点编号、车道序号、交通量、流率、车辆类型比例、平均速度、平均时间占有率、车头时距、平均车长、空间占有率等数据，车道交通流数据信息描述对象详见附录表 C.11。

2. 路段交通流数据

路段交通流数据包括路段编号、交通量、流率、车辆类型比例、平均速度、平均时间占有率、车头时距、平均车长、空间占有率等数据，路段交通流数据信息描述对象详见附录表 C.12。

3. 交叉口交通流数据

交叉口交通流数据包括交叉口编号、信号相位、进口道流量、进口道车辆比例、行人流量、非机动车流向、非机动车类型比例等数据，交叉口交通流数据信息描述对象详见附录表 C.13。

5.6 交通违法监测记录系统数据交互标准

随着车辆保有量增长、交通环境复杂化以及交通违法行为多样化，高清和综合的智能交通违法行为监测系统的功能也不断完善，不局限于满足监控 GA/T 496—2014《闯红灯自动记录系统通用技术条件》行业标准中的闯红灯、逆行、超速、占用应急车道、违停、不按所需行进方向驶入导向车道等违法行为。通过减少这些违法行为的发生，交通违法监测记录系统不但降低了交通事故发生的概率，而且缓解了交通拥堵，成为保障交通路口安全和畅通的有效手段。

5.6.1 交互内容

交通违法监测记录系统数据交互是利用电子警察系统、卡口系统、球机综合违法检测系统、车载式违法占道抓拍系统等设备来检测闯红灯、逆行、超速、占用应急车道、违停、不按所需行进方向驶入导向车道等违法行为。交通违法监测记录系统推送给协同管控平台的数据包括违法监控点和违法行为记录信息。数据交互的内容如图 5-6 所示。

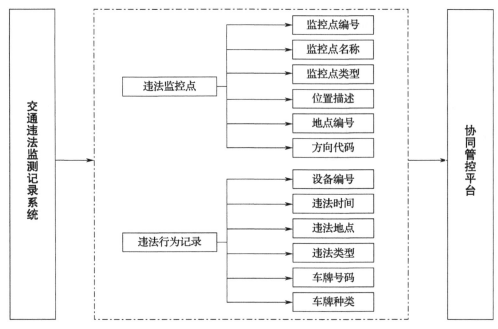

图 5-6 交通违法监测记录系统数据交互内容

5.6.2 数据结构

本节简要介绍交通违法监测记录系统中的数据结构。

1. 违法监控点信息

违法监控点信息包括监控点编号、监控点名称、监控点类型、位置描述、地点编号、方向代码等信息。违法监控点信息参数对象描述见附录中表 C.14。

2. 违法行为记录信息

违法行为记录信息包括设备编号、违法时间、违法地点、违法类型、车牌号码、车牌种类。违法行为记录信息参数对象描述见附录中表 C.15。

5.7 交通信息发布系统数据交互规范

交通信息发布系统是通过道路交通信息显示设备、车载终端、手持终端、广播电视、电话语音服务、互联网等载体，将交通信息提供给交通参与者的系统，包括道路交通信息显示设备、各种信息接收/显示终端、载体、通信设备、存储与处理设备以及相关软/硬件等。

5.7.1 交互内容

协同管控平台给交通信息发布系统发送控制命令,交通信息发布系统收到命令后给协同管控平台推送交通路况信息、交通管制信息、道路施工信息、交通事故信息、交通事件信息、停车场位信息和其他信息,如图 5-7 所示。

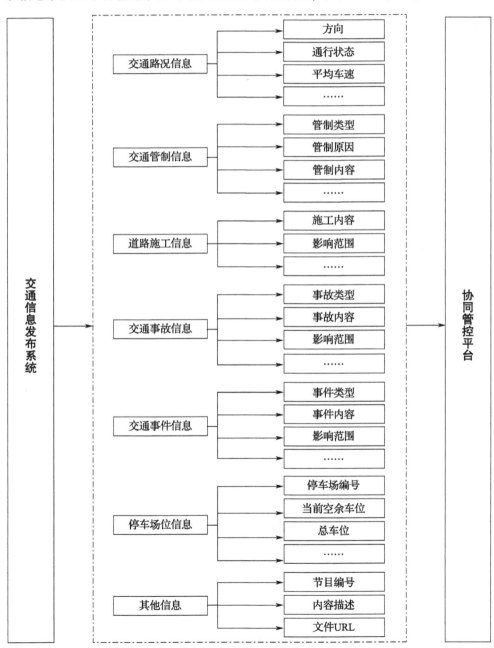

图 5-7 交通信息发布系统推送给协同管控平台的数据

5.7.2 数据结构

本节简要介绍上述部分数据的结构，具体的数据结构见附录表格。

1．交通路况信息

交通路况信息包括节目编号、交叉口或路段编号、交叉口或路段名称、方向、通行状态、平均车速、检测时间和文件 URL，交通路况信息对象描述见附录表 C.16。

2．交通管制信息

交通管制信息包括节目编号、管制类型、管制原因、管制内容、开始时间、结束时间和文件 URL，交通管制信息对象描述见附录表 C.17。

3．道路施工信息

道路施工信息包括节目编号、施工内容、影响范围、开始时间、结束时间和文件 URL，道路施工信息对象描述见附录表 C.18。

4．交通事故信息

交通事故信息包括节目编号、事故类型、事故内容、发生时间、发生地点、影响范围、经度、纬度和文件 URL，交通事故信息对象描述见附录表 C.19。

5．交通事件信息

交通时间信息包括节目编号、事件类型、事件内容、发生时间、发生地点、影响范围、经度、纬度和文件 URL，交通事故信息对象描述见附录表 C.20 和附录表 C.21。

6．停车场位信息

停车场位信息包括节目编号、停车场编号、停车场名称、停车场方位信息、停车场类型、当前空余车位、总车位、检测时间和文件 URL，停车场位信息对象描述见附录表 C.22。

7．其他信息

其他信息包括节目编号、内容描述和文件 URL，其他信息对象描述见附录表 C.23。

5.8 交通事件采集系统数据交互规范

交通事件是指人为或自然原因引起影响道路交通的事件。交通事件采集系统通过接处警系统、交通事件检测设备等对交通事件信息进行采集和管理。

5.8.1 交互内容

协同管控平台向交通事件采集系统发出 REQUEST 类型数据包进行查询请求，

交通事件采集系统发出 RESPONSE 类型或 ERROR 类型数据包进行应答。交通事件采集系统推送给协同管控平台的数据包括交通事件检测设备信息、交通事件信息和接处警处置信息，如图 5-8 所示。

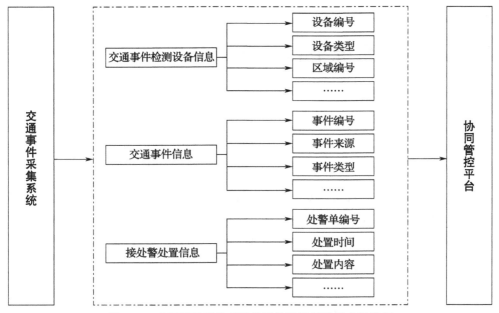

图 5-8　交通事件采集系统推送给协同管控平台的数据

5.8.2　数据结构

本节简要介绍上述部分数据的结构，具体的数据结构见附录表格。

1．交通事件检测设备信息

交通事件检测设备信息包括设备编号、设备类型、区域编号、地点名称、交叉口或路段编号和检测方向。交通事件检测设备信息对象描述见附录中表 C.24。

2．交通事件信息

交通事件信息包括事件编号、事件来源、事件类型、发生时间、发生地点、行政区划、接警单编号、报警时间、报警电话、报警人、警情级别、报警内容、事件资源、经度和纬度。交通事件信息对象描述见附录中表 C.25~表 C.26。

3．接处警处置信息

接处警处置信息包括事件编号、处警单编号、处警单位代码、处警警员警号、处置时间、上报时间、处置状态和处置内容。接处警处置信息对象描述见附录中表 C.27。

第6章
跨领域应用系统平台互联交互规范

6.1 概述

跨领域应用系统平台与公安交管协同管控平台之间的互联交互，涉及各大交通平台系统的数据传递、多源异构数据的融合以及数据资源整合后的反馈等，因此对其建立互联交互规范十分重要。围绕管控终端控制的数据需求，需要各子系统之间进行规范有效的数据交互，从而实现系统间数据资源的信息交换和共享。本章对公交系统、网约车平台、共享单车平台及地图导航系统等跨领域应用系统平台制定系统互联交互规范进行介绍。

6.2 通信协议

6.2.1 数据交互模式

1）实时交互：通过接口请求的数据，会实时返回或生成数据。

2）轮询交互（固定周期）：此方式下，数据提供方及数据需求方在资源目录中约定数据交互频率（如30min一次、1日一次等），数据提供方按照该频率提供数据到交互平台，数据需求方定期从交互平台轮询获取数据。此方式下，交互平台不会主动告知数据需求方是否有更新数据，需要数据需求方定期轮询。

3）通报交互（不定周期）：此方式下，出行数据发生更新后，数据提供方即时主动通报数据交互平台，由数据交互平台把数据推送给数据需求方，同时通报数据需求方从交互平台获取数据，此种方式交互频率不固定。

6.2.2 增量条件

数据提供方提供的数据可以是增量数据也可以是全量数据，原则要求初次提供全量数据，日常提供增量数据。

为了保证交互平台的数据与源系统数据语义一致，共享出行系统进行数据新增、修改、删除数据的操作时，都应按照增量方式把数据提交给交互平台。

增量条件中的日期部分，请使用格式化参数代替，前后加上"#"字符。

6.2.3 数据交互传输方式

共享单车数据可从数据库交换、Web 服务交换、消息服务交互中选择一种或多种方式进行信息传输。

1. 数据库方式交互

数据库方式交互，数据供需双方可通过读写交换节点上数据库的表或视图实现数据传输。该交互方式比较灵活，通过数据库的事务机制，可以进行可靠的数据交换。

（1）数据库命名规则　按照 JT/T 1058 中交通数据库字段命名方案，共享出行数据库的命名由 26 个英文字母（区分大小写）和 0~9 十个数字，以及下划线"_"共 63 个字符组成，不应出现其他字符。

数据库对象包括表、视图、存储过程、主键和约束等，对象名字由前缀和实际名字组成，长度不应超过 30 个字符。

（2）对接要求

1）应采用主流关系型数据库。

2）应支持 JDBC、ODBC 或其他连接方式。

（3）使用要求

1）数据库的响应时间应在秒级。最大响应时间不超过 30s。

2）数据库的最大连接数宜不低于 150 个，最小连接数宜不低于 20 个。

3）数据库应支持 7×24h 不间断的运行处理。

4）数据库的故障恢复时间应不超过 8h。

（4）安全要求

数据库应开放安全访问策略，包括防火墙的访问端口设置、可访问的 IP 地址等。应设置用户权限、访问控制、传输安全等安全策略，应做好数据库本身的安全维护工作。

2. Web 服务方式交互

Web 服务方式利用 SOAP、XML 等技术实现异构系统之间应用集成和数据交换。此种方式较为灵活，数据需求方可在请求中指定条件，能够获取到更为准确的数据，适合数据量较少、实时性较高的场景。

（1）服务协议要求

1）服务发现协议应采用通用描述、发现与集成服务标准 UDDI 2.0/3.0、

JAXR 1.0。

2）服务提供者应采用服务平台提供的管理界面或接口进行注册。

3）服务调用者应采用服务平台提供的管理界面或接口进行发现与集成。

4）服务传输协议应采用 HTTP/HTTPS 1.0/1.1 标准。

5）服务消息封装协议应采用 SOAP 1.1/1.2 标准。

6）如果消息交互内容超过 1024KB，可采用附件形式。

（2）服务描述要求

1）服务描述内容应包含服务调用者使用的具体访问接口内容，主要包括数据类型定义、操作、交互消息格式和内容、端口类型及绑定等，内容格式应按照 WSDL 1.1 的规定进行描述，一个服务描述中包括：一个类型定义，0 到多个消息定义，0 到多个端口类型，0 到多个绑定，0 到多个服务。

2）一个类型定义可有 0 到多个数据类型定义，包括简单数据类型和复合数据类型两种。

3）一个消息可以分为 0 到多个部分，消息中的每个部分使用类型定义的数据类型来定义整个消息结构。

4）一个端口类型可包含多个操作，每个操作都有 0 到多个输入、输出和异常信息。

5）一个绑定可包含 0 到多个端口类型。

6）一个服务可包含多个端口，一个端口包含一个绑定。

（3）服务质量特性要求

1）服务响应时间应不超过 10s。

2）服务宜至少支持 50 个用户并发访问。

3）服务应支持 7×24h 不间断的运行处理。

4）服务的故障恢复时间应不超过 8h。

（4）安全要求

服务提供的内容和访问资源涉及保密和敏感信息时，服务提供/调用者应采用必要的硬件安全措施（防火墙、加密机等），或必要的软件安全措施（身份验证、访问控制、传输安全等）确保安全。

3. 消息服务方式交互

消息服务方式是一种与厂商无关的 API，用来访问消息收发系统。消息服务方式交互比较灵活，可以采取同步、异步方式，消息中间件也可以独立出来部署。然而在大数据量的情况下，消息可能会产生积压，导致消息延迟、丢失，甚至消息中间件崩溃。

（1）对接要求

1）应采用符合 JMS 1.1 标准规范的消息中间件。

2）应符合 JMS 1.1 标准规范。支持标准消息中间件的远程队列对接。支持使用 JMS 编程规范，编程实现数据交互。

3）消息（Message）应采用 JMS 1.1 规范中的标准类型定义整个消息体结构。

4）消息和其每个部分的名称定义应保证唯一性。

5）不允许使用异步回调的方式，即每个消息能够独立表达传输的数据内容。

6）消息体中的转换格式描述准确。

7）消息中间件的 API 接口可分为本地接口和远程接口两种类型，本地接口用于和消息中间件节点运行在同一台机器上的应用系统，远程接口用于远端没有安装消息中间件的应用系统。

（2）使用要求

1）消息队列的发送延迟时间小于 1min。

2）消息队列的最大连接数宜不低于 50 个，最小连接数宜不低于 10 个。

3）消息应支持 $7 \times 24h$ 不间断的运行处理。如遇特殊情况，消息中间件利用对消息的持久化方式，实现消息的二次发送和送达。

4）消息中间件的故障恢复时间应不超过 1h。

（3）安全要求

消息中间件本身应具备一定的安全性控制，同时对所有传输的消息体进行对称密钥加密，保证数据安全性。

6.3 公交系统互联交互规范

城市公交因其方便、快捷、容量大的特点成为城市交通的主体，对城市的经济发展有着全局性和指导性的影响。随着公交系统的扩张，人们很难准确了解到公交信息，如公交车辆到站时间、公交线路信息、公交站点信息、公交车辆位置信息等。通过将公交系统的信息传送给协同管控平台，协同管控平台及时对管控信息进行推送，实现公交系统与协同管控平台的信息交互。对于管控平台来说，能更好地进行管控，提升管控平台的管理效率，对于公交系统来说，能够更好地实现公交调度与公交优先。

6.3.1 交互内容

公交系统平台与协同管控平台进行数据互通互联、交互共享，实现公交大数据与管控平台的实时传输和交互。公交系统平台与协同管控平台的交互内容如图 6-1、图 6-2 所示。主要包含两部分，其一是公交系统平台给协同管控平台的接入信息，其二是协同管控平台给公交系统平台的推送信息。

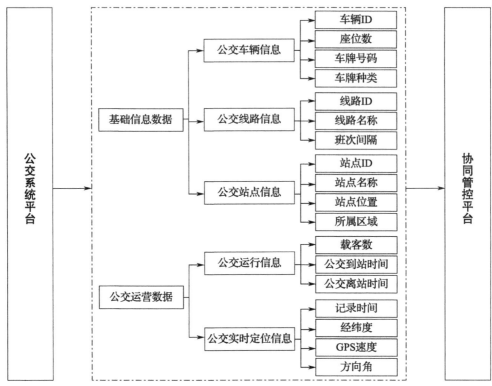

图 6-1 接入信息内容

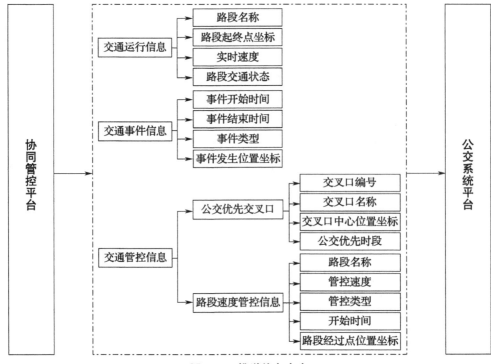

图 6-2 推送信息内容

其中，公交系统平台给交通管控平台接入的信息包括基础信息数据和公交运营数据。基础信息数据包括公交车辆信息、公交线路信息、公交站点信息；公交运营数据包括公交运行信息和公交实时定位信息。协同管控平台推送的信息包括交通运行信息、交通事件信息和交通管控信息，其中交通管控信息包括公交优先交叉口、路段速度管控信息。

6.3.2 数据结构

公交系统数据交互结构包括接入信息数据结构与推送信息数据结构两部分。

1. 接入信息数据结构

（1）公交车辆信息 公交车辆信息数据结构包含数据项名称、类型、数据示例和描述及要求。具体公交车辆信息数据结构见附录表D.1。

（2）公交线路信息 公交线路信息数据结构包含数据项名称、类型、数据示例和描述及要求。具体公交线路信息数据结构见附录表D.2。

（3）公交站点信息 公交站点信息数据结构包含数据项名称、类型、数据示例和描述及要求。具体公交站点信息数据结构见附录表D.3。

（4）公交运行信息 公交运行信息数据结构包含数据项名称、类型、数据示例和描述及要求。具体公交运行信息数据结构见附录表D.4。

（5）公交实时定位信息 公交实时定位信息数据结构包含数据项名称、类型、数据示例和描述及要求。具体公交实时定位信息数据结构见附录表D.5。

2. 推送信息数据结构

（1）交通运行信息 交通运行信息数据结构包含数据项名称、类型、数据示例和描述及要求。具体交通运行信息数据结构见附录表D.6。

（2）交通事件信息 交通事件信息数据结构包含数据项名称、类型、数据示例和描述及要求。具体交通事件信息数据结构见附录表D.7。

（3）公交优先交叉口信息 公交优先交叉口数据结构包含数据项名称、类型、数据示例和描述及要求。具体公交优先交叉口数据结构见附录表D.8。

（4）路段速度管控 路段速度管控数据结构包含数据项名称、类型、数据示例和描述及要求。具体路段速度管控数据结构见附录表D.9。

6.4 网约车平台互联交互规范

随着互联网＋、大数据和人工智能等新兴技术的发展及应用，我国网约车出行服务得到了不断的发展和完善，形成了海量的共享出行数据，但各网约车企业采用的数据格式及结构存在差异，无法相互融合，因此存在"信息孤岛"现象，不能充分发挥网约车出行数据的作用。因此有必要提出网约车平台互联交互规范，打破信息壁垒，解决"信息孤岛"问题，从而继续提高网约车出行效率。

6.4.1 交互内容

网约车平台数据交互内容主要包括行驶轨迹数据、区域运行数据、订单信息数据、运行状态数据、实时报警数据、交通路况数据、交通事件数据、交通管控数据及交通安全提示数据。在数据交互过程中，行驶轨迹数据交互可提供网约车辆运行路线与轨迹，从而使协同管控平台掌握车辆行驶情况；区域运行数据交互主要提供各交通小区内的各交通参数信息；订单信息数据的交互可用于把控网约车市场发展趋势；运行状态数据的交互则可为协同管控平台提供车辆具体的行驶状态；实时报警数据的交互可为协同管控平台提供实时发生的报警信息；交通路况数据的交互可为网约车平台提供路况实时信息，方便网约车平台对车辆重新进行行驶路线规划和调度；交通事件数据的交互可为网约车平台提供道路实时发生的事件信息；交通管控数据的交互可为网约车平台提供实时信号控制与交通管控信息；交通安全提示数据的交互则可为网约车运营提供道路安全信息。网约车平台传输至协同管控平台的数据交互内容如图6-3所示，协同管控平台传输至网约车平台的数据交互内容如图6-4所示。

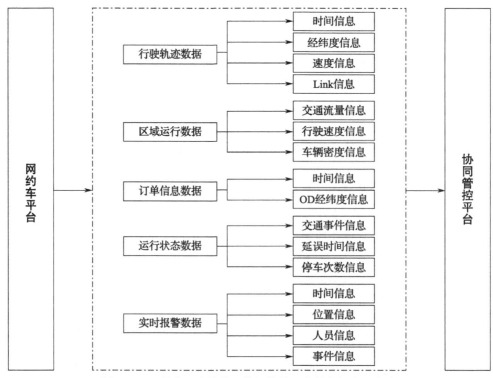

图6-3　网约车平台传输至协同管控平台的数据交互内容

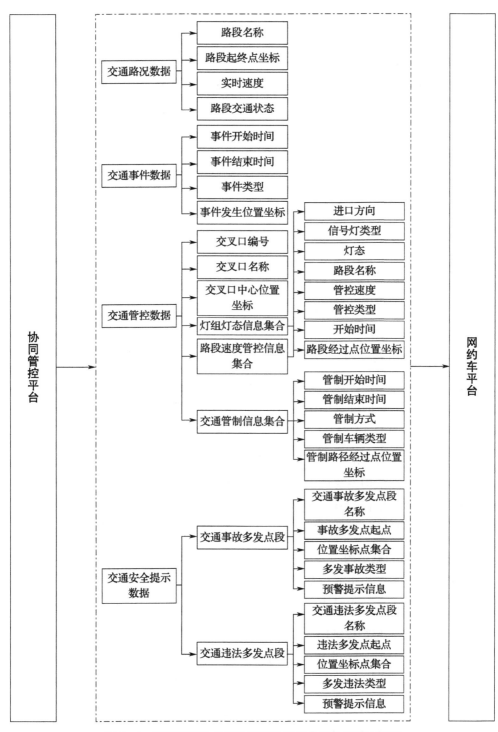

图6-4 协同管控平台传输至网约车平台的数据交互内容

6.4.2 数据结构

1. 行驶轨迹数据结构

行驶轨迹数据结构主要包含驾驶人端定位信息、车辆定位信息等各种定位有关信息，包括时间戳、位置（经度、纬度）、速度、道路等数据，支撑网约车平台与协同管控平台进行互联交互，具体数据结构见附录表 D.10。

2. 区域运行数据结构

区域运行数据结构主要以交通小区为单位，包括交通流量、密度、速度等数据，具体数据结构见附录表 D.11。

3. 订单信息数据结构

订单信息数据结构主要包含网约车运营的时间、地点等相关信息，具体包括上车地点行政区划编号、当前车辆经度、当前车辆纬度、预计出发地点详细地址、预计出发地点经度、预计出发地点纬度、预计目的地点详细地址、预计目的地点经度、预计目的地点纬度，具体数据结构见附录表 D.12。

4. 运行状态数据结构

运行状态数据结构主要包括交通状态等各种道路与车辆有关信息，交通事件信息包括字段：开始时间、结束时间、事件类型、事件描述、发生位置等，具体数据结构见附录表 D.13。

5. 实时报警数据结构

实时报警数据结构主要提供实时发生的报警信息，包括字段：事件细分、事件简述字符长度、事件简述、发生时间、发生地点、开始时间、结束时间、经度、纬度、相位描述、报警描述、报警类型等，具体数据结构见附录表 D.14。

6. 交通路况数据结构

交通路况数据结构主要包括路段信息与交通状态信息，包括字段：时间戳、路段名称、路段位置、实时速度、交通状态等，具体数据结构见附录表 D.15。

7. 交通事件信息数据结构

交通事件信息数据结构主要包括道路实时发生的事件信息，包括字段：事件开始时间、事件结束时间、事件类型、事件发生位置等，具体数据结构见附录表 D.16。

8. 交通管控信息数据结构

交通管控信息数据结构主要包括信号控制信息和交通管制信息，包括字段：交叉口编号、交叉口名称、交叉口中心位置坐标、灯组灯态信息集合、路段速度管控信息集合、交通管制信息集合等，具体数据结构见附录表 D.17。

9．灯组灯态信息数据结构

灯组灯态信息数据结构主要包括：进口方向、信号灯类型、灯态等，具体数据结构见附录表 D.18。

10．路段速度管控信息数据结构

路段速度管控信息数据结构主要包括：路段名称、管控速度、管控类型、开始时间、路段连线经过点位置坐标等，具体数据结构见附录表 D.19。

11．交通管制信息数据结构

交通管制信息数据结构主要包括：管制开始时间、管制结束时间、管制方式、管制车辆类型、管制路径连线经过点位置坐标等，具体数据结构见附录表 D.20。

12．交通事故多发点段信息对象数据结构

交通事故多发点段信息对象数据结构主要包括：交通事故多发点名称、事故多发起点、经纬度位置、多发事故类型、预警信息等，具体数据结构见附录表 D.21。

13．交通违法多发点段对象数据结构

交通违法多发点段对象数据结构主要包括：交通违法多发点名称、违法多发起点、经纬度位置、多发违法类型、预警信息等，具体数据结构见附录表 D.22。

6.5 共享单车平台互联交互规范

目前，各共享单车企业相对独立，数据格式、结构等各不相同，使得多源多模异构的共享单车数据被封闭在不同的数据库中，无法实现数据互通互联、交互共享，因此需要将共享单车平台与协同管控平台互通互联，实现共享单车平台与协同管控平台的实时传输与交互，有效解决多源多模异构共享单车数据交互共享的问题。本节主要从共享单车平台数据交互内容、数据结构等方面，对共享单车平台互联交互规范进行定义。

6.5.1 交互内容

将共享单车平台数据与协同管控平台互通互联、交互共享，实现共享单车大数据与协同管控平台的实时传输和交互，以及对共享单车数据资源的识别、导航和定位服务，有效管理及利用共享单车信息资源，从而为多模式交通系统协同管控平台提供基础支撑。

1. 共享单车平台传输至协同管控平台数据内容

共享单车平台传输至协同管控平台的具体数据内容如图 6-5 所示。具体数据交互内容主要包括共享单车订单数据、共享单车轨迹数据和共享单车停放数据。其中，共享单车订单数据包括车辆信息、骑行开始与结束时间数据、骑行开始与结束位置 GPS 数据等，可用于识别共享单车出行热点等；共享单车轨迹信息包括车辆信息、骑行过程 GPS 位置数据及采集时间信息，可用于检测共享单车出行轨迹等；共享单车停放数据包括车辆信息、停车密度数据、越界停放检测数据等，可用于实现车辆品牌识别、停车密度统计、越界停放检测等，从而对共享单车乱停乱放、超量投放等问题进行综合整治。

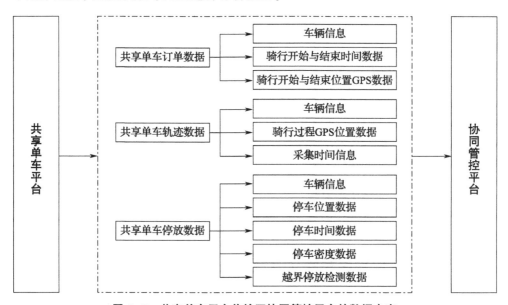

图 6-5　共享单车平台传输至协同管控平台的数据内容

2. 协同管控平台传输至共享单车平台数据内容

协同管控平台传输至共享单车平台的具体数据内容如图 6-6 所示。具体数据交互内容主要为交通事件数据，从而帮助共享单车企业合理、高效地投放共享单车，同时提高居民出行的便利性和效率。

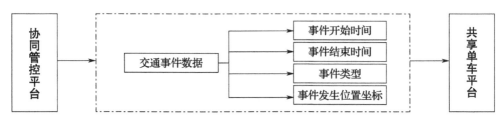

图 6-6　协同管控平台传输至共享单车平台的数据内容

6.5.2 数据结构

共享单车平台传输至协同管控平台的数据结构主要包括以下三个部分：共享单车订单数据结构、共享单车轨迹数据结构及共享单车停放数据结构；协同管控平台传输至共享单车平台的数据结构主要为交通事件数据结构。

1．共享单车订单数据结构

共享单车订单数据的结构主要包括车辆信息、骑行开始与结束时间数据、骑行开始与结束位置的 GPS 数据及网点运行状态数据等，共享单车订单的数据结构见附录表 D.23。

2．共享单车轨迹数据结构

共享单车轨迹信息数据主要包括订单信息、车辆信息、骑行过程 GPS 位置数据及采集时间信息等，共享单车轨迹信息具体的数据结构见附录表 D.24。

3．共享单车停放数据结构

共享单车停放信息主要包括车辆信息、停放密度数据及越界停放检测数据等，共享单车停放信息具体的数据结构见附录表 D.25。

4．交通事件数据结构

交通事件数据结构主要为事件开始时间、事件结束时间、事件类型、事件发生位置坐标，具体数据结构见附录表 D.26。

6.6 地图导航系统互联交互规范

城市交通特别是大城市交通，必须要适应经济社会的发展需求。当前城市交通已经步入信息化时代，快速、便捷、舒适和高效的城市交通系统，是衡量当前城市现代化水平的重要标志。众所周知，交通拥堵、事故频繁以及与之有关的能源和环境等问题，已成为世界各国交通运输业面临的共同问题。随着计算机技术、通信技术、信息技术的飞速发展，人们逐渐将人、车、路、管等多方面综合起来，并把先进的计算机、通信、控制技术用于交通系统来解决交通问题。城市交通系统是个大系统，其本身是由许多子系统组成，各子系统既相互独立又相互作用，共存于一个开放的一体化大系统之中，而信息是各交通子系统联系和作用的重要纽带，各子系统之间有效的信息交换和共享是交通系统发挥作用的有效保证。

当前由于数据隐私问题和各商业公司利益，各大交通平台之间的数据都保留在各自系统中，造成信息资源分散、"信息孤岛"现象严重、系统应用关联性差和可扩展性差等弊端，因此急需要一个平台将社会现有交通平台资源进行整合，通过多源数据的融合，提升交通服务水平。公安部协同管控平台是非营利性的政府机构，可担此重任。协同管控平台与各地图平台之间的数据整合，必然要进行数据交互，而多源异构的交通大数据给数据交互带来了机遇与挑战。本节主要介绍公安交管协同管控平台与各地图平台之间的数据交互。

6.6.1 交互内容

数据交互内容包括地图平台传送给协同管控平台的数据，如图6-7所示，以及协同管控平台反馈给地图平台的数据，如图6-8所示。地图平台掌握的数据资源有限，仅能掌握使用地图导航的用户数据，缺乏对于使用其他平台导航或

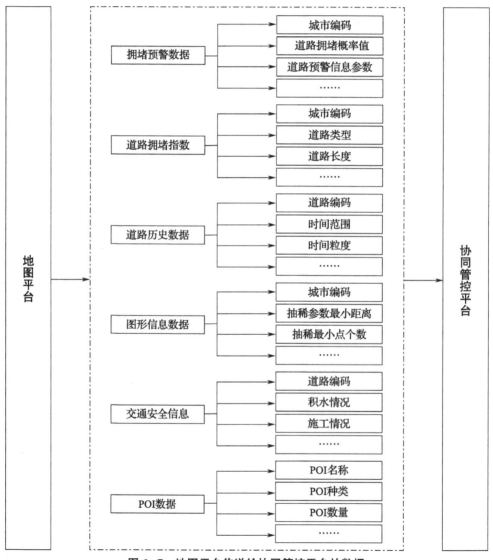

图6-7 地图平台传送给协同管控平台的数据

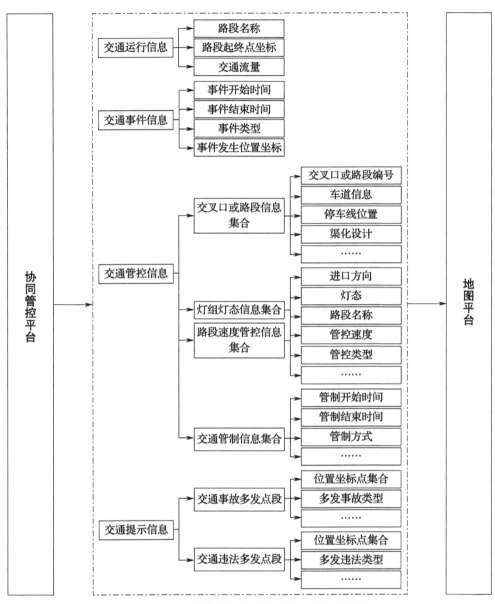

图 6-8 协同管控平台反馈给地图平台的数据

者是浮动车 GPS 等数据，因此必然导致对整个交通状况的把控不准，这也是所有单一平台都存在的弊端。地图平台能够提供给协同管控平台的数据包括拥堵预警数据、道路拥堵指数、道路历史数据、图形信息数据和 POI 等数据。协同管控平台在收集到各地图平台的数据之后，加上政府提供的浮动车 GPS 数据、治超系统重要节点数据、公交专用道监测数据等，通过实时整合多种数据资源，利用数据融合算法，给各系统反馈它们需要的信息，如道路预测状况、拥堵研判和信号灯数据等。地图平台在收到协同管控平台反馈的信息后，可以更新地图系统，及时做出必要的调整。

6.6.2 数据结构

本节简要介绍上述部分数据的结构，具体的数据结构见附录表格。

1. 拥堵预警数据

拥堵预警数据包括城市行政区划代码、区域、排序、拥堵概率、拥堵类型和道路预警信息参数等，具体的数据结构见表 D.27。

2. 道路拥堵指数

每条道路的拥堵指数包括城市行政区划代码、道路类型、道路长度、道路等级、区县级行政区划代码、道路编码和返回数据条数，具体的数据结构见表 D.28。

3. 道路历史数据

道路历史数据包括时间范围、时间段列表、日期类型、时间粒度、自定义小时、聚合、城市行政区划代码、道路类型码、区县级行政区划代码和道路编码，具体的数据结构见表 D.29。

4. 图形信息数据

图形信息数据包括城市行政区划代码、类型、道路或区域编码、是否抽稀、抽稀参数最小距离、抽稀最小点个数、抽稀是否保证有效拓扑，具体的数据结构见表 D.30。

5. 交叉口信号状态

交叉口信号状态可以分为交通信号灯静态数据和动态数据。交通信号灯静态数据包括交叉口编号、交叉口名称、交叉口经度、交叉口纬度和交叉口类型，具体的数据结构见表 D.31；动态数据包括灯组方向、当前状态、倒计时、绿灯时间、黄灯时间、红灯时间和全红时间，具体的数据结构见表 D.32~表 D.35。

6.7 车联网系统互联交互规范

车辆上的车载设备通过无线通信技术，对车联网系统中的所有车辆动态信息进行有效利用，在车辆运行中提供不同的功能服务。车联网系统能够为车与车之间的间距提供保障，降低车辆发生碰撞事故的概率；协同管控平台向智能网联汽车提供车路协同信息服务，并通过与其他车辆和网络系统的通信，提高交通运行的效率。

6.7.1 交互内容

车联网系统向协同管控平台推送车辆的运行状态信息，每 1s 广播一次，包括当前时间、车牌号码、车辆实时位置、车辆实时速度、车辆实时海拔高度等信息，如图 6-9 所示。

协同管控平台向车联网系统推送交通运行信息、交通事件信息、交通管控信息以及交通安全提示信息，以保证车辆的安全行驶，如图 6-10 所示。

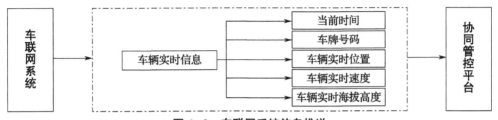

图 6-9 车联网系统信息推送

图 6-10 管控平台信息推送

6.7.2 数据结构

1. 车联网系统推送至协同管控平台的信息内容

车联网系统向管控平台传输的数据包括车辆认证码、车牌号、当前位置经纬度、速度、海拔高度等，数据格式见表 D.36。

2. 协同管控平台推送至车联网系统的信息内容

协同管控平台向车联网系统推送交通运行信息、交通事件信息、交通管控信息以及交通安全提示信息。

1）交通运行信息包括时间戳、路段名称、路段起终点坐标、实时速度和路段交通状态，数据结构见表 D.37。

2）交通事件信息包括事件开始时间、事件结束时间、事件类型和事件发生位置坐标，数据结构见表 D.38。

3）交通管控信息包括交叉口编号、交叉口名称、管控速度、管控类型、管制信息等内容，数据格式见表 D.39 ~ 表 D.42。

4）交通安全提示信息包括交通事故多发点段名称、事故多发点坐标、多发事故类型、交通违法多发点段名称、违法多发点坐标、多发违法类型和预警提示信息，数据格式见表 D.43 ~ 表 D.45。

第 7 章
交通管控大数据应用框架

在设备物联交互、系统平台互联的基础上,制定大数据应用框架,进一步实现数据的融合应用。

7.1 设计原则

按照先进性、安全性、合理性、经济性、实用性、规范性、开放性设计原则设计交通管控大数据应用框架。

1) 立足于公安交通管理的应用需求,解析定义数据大脑主要功能。

2) 基于大数据、云计算平台,设计开放、共享、规范、弹性的架构,提出技术实施路径。

3) 制订标准化数据交互接口,搭建交通大数据资源池,规范整合现有数据资源。

4) 建立面向场景应用的数据分析研判指标及方法模型,对数据资源池信息加工处理,形成能反映规律、发现问题、生成情报、辅助决策的有价值信息。

5) 基于路网与设施设备数字化管理,构建基于交通语义的可视化展示界面,为用户提供直观、丰富的操控体验。

7.2 功能框架

针对不同的应用场景,从系统功能架构和功能需求的角度考虑,交通管控大数据平台由数据汇聚、整合治理、分析建模、智慧应用等层次功能组成,如图 7-1 所示。

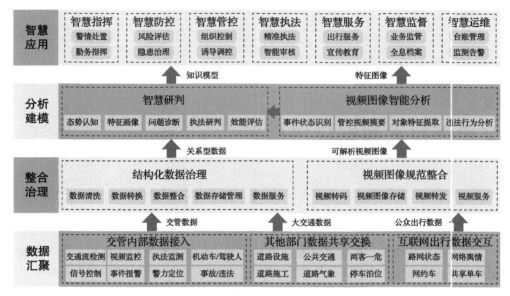

图7-1 数据大脑功能框架

7.2.1 数据汇聚

实现系统应用所需的各类数据或资源的汇聚接入,包括:接入交通流检测、视频监控、执法监测、信号控制、事件报警、警力定位、机动车/驾驶人、事故/违法等交管内部数据;共享接入百度、高德、腾讯等互联网出行服务信息,滴滴等网约车,共享单车信息;交换接入道路设施、公共交通、两客一危、道路施工、道路气象、停车泊位等其他部门数据,汇聚形成交通管理相关大数据资源。

7.2.2 整合治理

针对汇聚的结构化数据,开展数据清洗、转换、整合、存储和管理等数据治理工作,形成高质量、规范化的关系型数据;针对汇聚的视频图像等非结构化数据,开展视频转码、存储、转发、管理等规范整合工作,形成统一的视频、图像等可规范解析的数据,提供集中检索服务。

7.2.3 分析建模

采用基于人工智能的视频分析技术,对视频和图片进行智能化分析处理,实现事件状态识别、管控视频摘要、对象特征提取和违法行为分析等功能,充分挖掘应用交通监控视频图像资源;应用建模工具和分析算法,建立交通态势认知、特征画像、问题诊断、执法研判、效能评估等模型,实现对采集信息的深度分析、挖掘,为精准研判、科学决策、指挥管控等应用提供算法支持。

7.2.4 智慧应用

实现数据大脑应用功能,为用户提供人机交互界面。实现智慧指挥、智慧防控、智慧管控、智慧执法、智慧服务、智慧监督、智慧运维等应用功能,形成"情指勤督"一体化的应用体系,支撑事故预防、执法处理、指挥调度、组织管控、业务办理、出行服务等业务工作。

7.3 系统架构

从物理组成实现角度设计,数据大脑由资源层、感知层、认知层、行动层等系统组成,如图7-2所示。

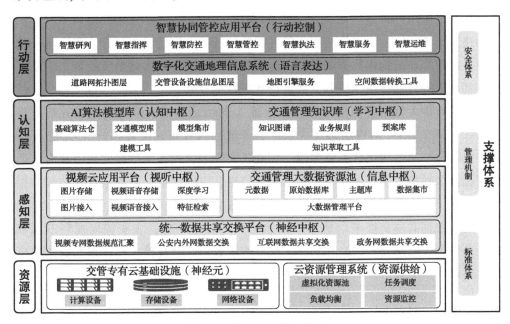

图7-2 数据大脑物理框架

7.3.1 资源层

资源层主要提供计算设备、存储设备和网络设备,包括交管专有云基础设施和云资源管理系统两部分。

交管专有云基础设施是"数据大脑"的神经元系统,利用不同配置的计算服务器、通用GPU服务器、专用GPU分析设备、网络设备、存储设备搭建大规模集群,兼容星环、华为、浪潮等多种品牌的服务器和存储设备,能有效利用交通管理部门已有计算机服务器。

云资源管理系统是"数据大脑"的资源供给系统，使用虚拟化、分布式计算等技术将物理服务器、存储、网络设备资源打散、分割成最小逻辑单元，虚拟成计算、存储和网络资源池（虚拟网卡、交换机、防火墙等资源），达到软件负载均衡，实现计算、存储资源的动态伸缩和分配管理，为上层服务提供可度量的、相对隔离的、安全的、快速可扩展的持续资源池供给。

7.3.2 感知层

感知层主要用于接入、整合、存储与处理各类交通管理信息资源，为外部提供数据资源服务，包括视频云应用平台、交通管理大数据资源池、统一数据共享交换平台等。

视频云应用平台是"数据大脑"的视听中枢，主要实现监控视频、过车图片和违法车辆图片、现场执法视频等各类监控视频图像的规范整合，建立统一的视频、图像等非结构化数据资源库；对视频和图片进行结构化分析处理，识别车辆、驾驶人等目标特征，提取交通运行状态特征参数。

交通管理大数据资源池是"数据大脑"的信息中枢，采用大规模并行处理数据库（MPP DB）构建结构化大数据资源池，以分布式文件系统（HDFS）构建非机构化、半结构化数据资源池，实现公安交通管理各类数据的规范整合，通过数据抽取转换 ETL，形成交通管理基础信息、原始信息、主题信息、空间数据等主题库，建立数据集市，提供数据对外开放共享服务。

统一数据共享交换平台是"数据大脑"的神经中枢，主要实现视频专网数据规范汇聚，以及公安网、互联网、政务网等数据共享交换，提供数据资源共享交换目录和服务接口。

7.3.3 认知层

认知层主要基于汇聚的数据资源，进行数据建模和知识学习，形成交通管理专用算法模型库和知识库，为业务应用提供支撑，包括 AI 算法模型库和交通管理知识库。

AI 算法模型库是"数据大脑"的认知中枢，综合运用智能算法和建模工具，对汇聚的各类交通数据，按不同业务需求和时间跨度需求进行分析建模，形成交通数据模型及算法。提供基础通用算法，针对关系型数据，提供基础的算法，包括分组、连接、过滤、排除、列选择、剔重、合并、列转行、查找、路由、排序、替换、离散、二值、派生、转换等算法。针对大数据挖掘场景，提供挖掘算法，包括回归算法、分类算法、聚类算法、推荐算法、降维算法。算法模型库包括安全风险积分模型库、车辆行为分类模型库、交通态势研判模型库、隐患排查分析模型库等算法模型库，支撑各种业务应用场景需要。同时提供建模工具，集成各种数据处理工具集，实现自定制化自主数据分析、智能化分析研判、灵活性的技战法、可视化展示和自定义报表打印等功能，满足交管部门实战的需要。

交通管理知识库是"数据大脑"的学习中枢，主要结合交通管理专家知识经验和人工智能，建立预案库，存储交通信号控制、事件处置、大型活动组织、交通组织优化等预案。结合交通管理专家知识经验和人工智能，构建预案库，存储交通信号控制、事件处置、大型活动组织、交通组织优化等预案，建立基于规则推理的知识库，形成场景、规则、方案三者关联的知识图谱，为决策支持提供素材和知识资料。

7.3.4 行动层

行动层主要为各类用户提供应用功能和服务，包括数字化交通地理信息系统和智慧协同管控应用平台。

数字化交通地理信息系统是"数据大脑"的语言表达系统，提供全市范围内电子地图、路网图、设施图、科技设备图等各级图层信息服务；提供地图引擎服务，具备点、线等基本图形绘制、渲染功能，实现地图元素编辑、添加、删除等地图管理功能，为其他系统和平台提供地图调用接口；提供空间数据转换工具，实现不同坐标系之间的空间数据转换，具备地图匹配和纠错功能。

智慧协同管控应用平台是"数据大脑"的行动控制系统，综合应用各类数据资源和系统接口，实现对路面交通的监测、分析、研判、决策、指挥、管控，为安全防控、组织管控、执法处置、警务指挥、勤务监督、业务管理、宣传服务等业务提供应用服务，实现"情指勤督"一体化的公安交通智慧协同管控应用，实现警务智慧化、协同化管理。

7.4 网络架构

按照目前的交管数据资源分布情况，交通大脑采用双网双脑架构。系统硬件平台建设以交管视频专网为主，兼顾公安网与互联网。专网上搭建云基础设施和大数据平台等运行硬件环境，公安网不单独建立硬件环境，而是以现有公安交通集成指挥平台为基础，进行扩展升级，以节约相应软硬件资源。

7.5 应用体系

7.5.1 应用需求

数据大脑建设目的是利用先进的信息化技术手段解决各业务部门的业务难题，为更高质量、更高效率的交通管理提供新思路和新方法。不同的业务领域对数据大脑应用具有个性化需求，需要针对性地设计分析。

1. 警务指挥

负责接处警、指挥调度、分析研判、视频巡逻、科技信息化保障、勤务管理、交通信息发布等，在交通管理工作中起着中枢作用。

接处警由支队指挥中心、市中心区大队指挥中心和市区之外的其他大队指挥中心负责。分析当前接处警工作流程，需要借助数据大脑从以下三个方面进行提升。一是警情主动发现。二是根据警情级别以及警情定位自动调派警力。三是利用大数据技术对接处警全流程进行精细化、数字化管理，严格规范业务流程。

指挥调度是对全市交通协调指挥，处置各种交通警情，对警力分布进行监控，按照授权和预案的规定，下达处警的命令，对处警过程进行记录和分析、上报。建成数据大脑后，一是能够实现交通事件自动检测，解放视频巡检警力；二是警力一键调度，融合多种调度手段，改变当前警力多系统调度的现状，提高警情处置效率。

分析研判主要是收集辖区内各类交通警情信息和舆情动态信息，分析研判情报。为提高研判结果的准确率，充分挖掘数据价值，一是丰富数据来源，当前情报研判的数据基础主要是交通数据，对气象、环境、人口、治安等相关数据利用较少，交通大脑可以实现各类数据融合，夯实情报研判的数据基础；二是细化事故信息分析颗粒度，交通大脑依据事故信息、路网信息等数据，对危险路段、重点驾驶人、重点车辆进行特征画像，深度融合各类数据进行异常预警。

科技信息化保障也是指挥中心的一项重要职责，负责应用系统前端设备维护、中心机房运维等，主要方式是组建运维团队，依靠人力定期对设备进行故障检查，然后人工下发维修任务。这样的运维方式不仅效率低下，而且故障得不到及时排除，急需数字化运维管理系统，实现故障自动诊断报警、设备运维任务自动下发至责任人、档案信息数字化管理的全生命周期管理，以提高运维效能。

交通信息发布是为公众提供交管服务最直接的方式之一，目前信息的发布方式主要有诱导屏、微信公众号、微博、电台等，渠道相对丰富，但是信息内容对目标受众的针对性不强。为提高交管信息服务质量，需要提供更多个性化的定制信息服务，针对特定人群发送更加精准的交通信息，提升群众满意度。

2. 秩序管理

负责拟定有关交通秩序管理、交通设施建设的规划、措施；组织、指导全市开展各类道路交通秩序专项整治活动；组织全市道路交通秩序管理工作的量化考核；参与城市道路建设及其安全设施的规划与设计；组织、指导危险路段及市区交通乱点、堵点的整治工作；负责市区各类道路交通安全设施建设及日常维护工作；指导、协调公安交通管理部门参与涉及交通秩序的停车场（库）、车辆停靠站（点）的规划建设和挖掘、占用道路及非交通占用道路、货运车辆通行证管理工作；负责路面日常执法管理，开展专项执法打击行动。

秩序管理工作职能涉及路面较多，需要民警到路面巡逻执勤，规范行车和停车秩序，工作量巨大且任务繁重，需要信息化手段解放警力。交通组织优化、路网调控等主要依靠事故数据和流量数据，根据历史和人工经验制定方案，时效性和科学性有待提高。在大数据环境下，基于数据融合和碰撞分析进行秩序管理可以提高安全防控和优化组织能力。

3. 安全管理

负责交通事故预防、交通安全管理和交通事故处理、分析和研判交通事故、提出事故预防措施、交通事故认定复核、指导和协调疑难案件处理工作；负责审核支队直属大队的交通事故刑事案件及其他工作；负责交通事故处理工作业务培训、执法检查考评、事故处理民警资格等级管理和岗位练兵等工作；负责交通事故快速处理服务中心管理和法医鉴定工作。

在事故处理中，关键问题是如何快速调派警力以及各类救援资源赶赴现场以及如何将现场视频图像实时传回指挥中心供领导指挥决策。当前主要利用手机或对讲机将警情信息推送给执勤民警，指挥中心通过视频监视系统调阅事故现场视频，各个系统没有形成合力，与其他警种及外部门的协同作战能力不强。为提高事故处置效率和应急处置能力，需要利用融合通信手段集成现有通信系统、视频会议系统，同时打通与其他警种、其他部门的数据交互通道。

负责道路交通安全管理，开展运输安全隐患排查整治；监督检查辖区范围内道路运输企业、旅游客运和重点车辆对有关交通安全的法律、法规、规章制度的贯彻执行情况，对违法交通安全法律、法规的行为依法进行查处；开展交通安全专项整治活动；对涉及安全的举报及投诉事项进行调查处理。大数据背景下的隐患排查以及安全监管，应是在数据融合、碰撞的基础上发现安全隐患以及各类违法违规运营行为，确定重大隐患点或者重点监管单位，由人工经验排查、被动监管向以数据为驱动、提前发现隐患、主动监管转变。

4. 车驾管理

承办全市机动车注册、变更、转移、抵押、注销登记和定期检验及全市汽车驾驶人的报名考试、补证换证和注销业务，并对县（市）交警大队车管所进行业务指导和监督。为积极贯彻落实"放管服"改革，推行智慧车管所建设，利用云计算、大数据等技术，实现非法中介打击、业务自助办理等业务，为市民提供更便捷、更到位的"互联网+政务服务"。

5. 队伍管理

负责指导、协调全市公安交警系统的警务督察工作；监督公安交警系统各部门及其公安交警依法履行职责、行使职权和遵守纪律等情况；参与维护公安交警的合法权益工作。

为规范一线民警执勤执法，提高窗口服务水平，需以执法记录仪、移动警务通、公安交通管理综合应用平台等系统数据，以及车管所、机动车检验等业务场所视频监控资源为基础，对民警执法环节、岗位监督、执法水平等情况进行智能分析，实现各类业务监管的异常数据分析、自动分级预警推送及后续处理等功能。针对业务风险，需具有统一、规范、透明的跨部门、跨业务多级风险业务调查处置功能，能够及时发现和规范处置违法违纪风险隐患，主要包括举报信息处理、调查登记等流程化管理等。

6. 设施管理

负责交通标志、标线、护栏、信号灯的管理和维护；负责复核新建、改建、扩建及占道施工道路的交通安全设施设置图纸。目前靠人工采集基础数据，建立管理台账，管理效率低下，急需对基础设施进行全生命周期的数字化管理和维护。

7. 宣传服务

负责指导全市道路交通安全法律法规和安全常识的宣传工作；了解、掌握公安交通宣传的方向和要求；支队对外宣传工作；指导市本级机动车驾驶人的交通安全教育工作；负责交通安全宣传人员的业务培训工作；实施公安交通管理新闻舆情的监控和引导；组织开展全市性的交通安全宣传教育活动。

当前管理部门对外信息发布手段包括诱导屏、广播、微信公众号以及微博等，发布的信息内容由人工编辑，经审核后分系统发布。为提高宣传服务质量，应借助"互联网+技术"，整合多样化的信息服务方式实现信息的统一平台发布，完成从碎片式、粗放式服务到体系化、精细化综合性服务的转变。此外，需要对民意舆情及时掌控，以此为确定工作方向的依据，更好为群众服务。

7.5.2 典型应用场景

综合各个业务领域需求，大数据应用包括七大类，共计23个实际业务应用场景，如图7-3所示。

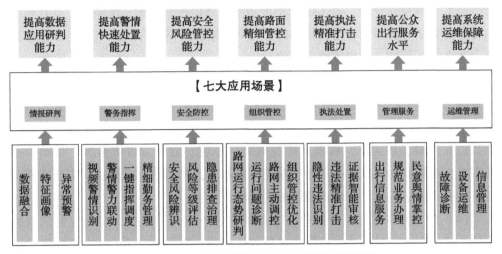

图7-3 面向管控与服务的交通大数据应用场景

1. 情报研判

为深化信息化建设应用，创新工作体制机制，应牢牢把握大数据、人工智能等新技术应用契机，发挥现有的良好数据基础优势，标识交通要素的行为特征，通过数据深度分析洞察交通要素的异常行为和隐患现象，形成交管业务预警提示。

（1）数据融合 充分利用交通管理执法数据资源，通过融合来自公安交通管理综合应用平台、执法记录仪系统、移动警务通等系统的执法数据，将数据进行多维碰撞、融合分析，结果互为验证，使警情研判更加精准。

（2）特征画像 汇聚机动车数据、驾驶人数据、组织数据、地点数据、交通事件数据等主题数据，利用数据模型关联违法数据、事故数据、通行过车数据、业务办理数据等交通相关数据，建立重点驾驶人、重点车辆和重点路段全息画像。

（3）异常预警 基于交通流采集设备、互联网、各类交通管理系统等数据，建立异常识别模型，对交通运行状态、交通事件、交通拥堵、业务异常操作、安全风险等进行全方位、全业务预警。

2. 警务指挥

在重特大交通事故、紧急事件、专项行动、大型活动、警保卫任务等特殊时期，需要扁平化的全市交通管理指挥体系，以完成顺畅、高效的指挥调度，保证指令快速上传下达。

（1）视频警情识别　在 GIS 地图上进行交通监控视频的一图展示，并且利用人工智能算法对视频进行结构化分析，自动识别出路网中存在的事故、事件等异常，并在图上预警，实现警情可视化。

（2）警情警力联动　对系统自动识别或人工上报的警情进行分级分类，重大警情由指挥中心统一扁平化调度，一般警情由大队和管辖民警自行处置，实现警力跟着警情走，以及警力分配的精准化。

（3）一键指挥调度　以现有的视频会议系统、数字对讲机系统、移动警务通系统、视频监视系统、语音通信系统等为基础，利用融合通信技术实现指挥调度手段的高度集成化，实现对警情的快速响应处置。

（4）精细勤务管理　依据单警装备的定位、业务等数据，实现民警执勤执法的全过程留痕，对民警执勤执法进行更加精细化的全数字化、全流程监管。

3. 安全防控

为使道路交通安全防控由被动向主动转变，由分散向系统转变，需要依靠大数据、云计算、人工智能等新兴技术，以海量互联网数据和业务数据为基础，对路网安全态势进行评估，通过定量分析识别出路网安全隐患，实现全业务的安全提升，打造系统、主动的道路交通安全防控模式。

（1）安全风险辨识　建立机器学习、深度学习框架，以发现交通安全的特点和规律、把握交通事故诱因为目标，通过对交通管理相关数据的深度学习、训练、验证，形成交通安全风险研判方法，建立机动车、驾驶人和道路运输企业交通安全风险等级研判模型。

（2）风险等级评估　针对重点车辆、重点驾驶人、重点路段建立风险评估模型，预先设置预警阈值，基于风险积分等级制度确定交通安全风险等级，当风险等级超过设定阈值时系统自动预警。

（3）隐患排查治理　将历史的事故位置信息与地理位置信息相关联，建立事故黑点模型，借助事故热力图辅助开展道路安全隐患点、事故多发点排查治理。

4. 组织管控

利用大数据、人工智能、云计算等技术对路网整体运行态势进行研判，以及对路网关键节点进行精准诊断。针对不同时间段的交通运行特征进行路网主动调控，使调控策略更加适应平峰时段、高峰时段和特殊时期的交通运行需求，配合精细化的交通组织，全方位提升组织管控效能，打造"场景导向、数据驱动"的"靶向式"组织管控新模式。

（1）路网运行态势研判　融合交管数据及互联网数据，应用 AI 智能分析技术对市区主要道路实时路况的运行态势进行分析、预测，实现对路网整体运行状态的研判。

（2）运行问题诊断　基于静态历史数据与动态实时数据碰撞，建立节点运行状态诊断模型，实现路网关键节点和突出问题的精准诊断，为交通组织管控明确改善方向。

（3）路网主动调控　针对不同时段的交通特征主动调整管控策略。平峰时段要适应交通动态变化；高峰时段要面向拥堵节点进行主动组织调控，实现路网均衡；重大活动、警卫安保等特殊时段实现特勤车辆、公交车辆等优先控制。

（4）组织管控优化　结合交通工程专家知识，生成全局改善策略及方案，并进行效能评估，实现精细化组织和动态管控。

5. 执法处置

基于视频数据、交管业务数据、人脸库数据等，利用视频结构化分析技术、人工智能技术以及大数据技术，建立违法行为识别模型，精准锁定违法车辆和驾驶人，实施智能化关联布控打击，打造精准、高效的执法模式。

（1）隐性违法识别　关联交管业务数据和人脸库数据，基于数据对比碰撞进行违法情报深度研判，挖掘套牌、失驾、毒驾、非法营运、疲劳驾驶等隐性违法行为。

（2）违法精准打击　研判嫌疑车辆通行轨迹和规律，利用标签技术，实现重点违法证据和线索的精准定位，并将研判结果和布控信息推送至路面民警，对交通安全违法行为进行精准布控打击。

（3）证据智能审核　对违法车辆及图片视频进行预选，剔除不符合标准和规范的信息，减少人工审核的工作量；对废弃的违法图片信息进行回滚，找回因失误操作剔除的有效证据。

6. 管理服务

为满足当前和未来人民群众日益提高的出行需求，交管部门需要向服务型部门转型，创新服务方式，规范服务流程，为公众提供主动、精准、多元、便捷的交管服务。

（1）出行信息服务　优化信息发布策略，改变传统信息盲目和粗犷的发布方式，向公众提供基于位置信息和出行特征规律的个性化、定制化的高品质出行服务。

（2）规范业务办理　基于车驾管业务数据，利用大数据技术，建立业务异常识别模型，对车监管业务办理进行事先预警、实时干预、及时纠正、闭环管理，实现业务监管的制度化、规范化和日常化。

（3）民意舆情掌控　利用全网爬虫、数据挖掘、聚类分析等数据抓取和分析技术，采集分析互联网上的民意信息，及时了解公众需求，切实解决群众关切问题，提升公众出行幸福感和获得感。

7. 运维管理

为保障整个系统的正常运行，帮助用户及时发现设施、设备运行中所存在的问题，做到异常事件早发现、早解决，迅速恢复系统运行状态，通过规范的流程化运维管理，对主城区范围内所有智能交通管理系统外场基础设施和设备、控制中心大厅和中心机房的设备统一运行维护管理；采集录入交通信号控制设备、视频监视、违法监测、交通流信息采集、诱导发布等管控设备台账信息，结合交通专用地理信息系统，实现交通设施设备建设、拆除、识别、控制、设施故障维护、管理的全程数字化，确保科技设备系统运行稳定可靠。

7.5.3　用户服务

通过分析数据大脑的应用场景，结合作用范围，共得到八大类33项用户服务，如图7-4所示。

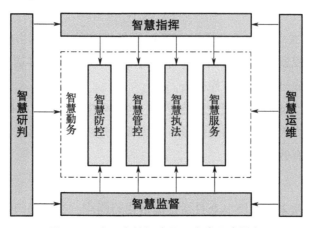

图7-4　交通大数据应用八大类用户服务

具体用户服务见表 7-1。

表 7-1 大数据应用的用户服务

服务分类	用户服务	服务内容
1. 智慧研判（5）	1.1 交通运行态势认知	实现交通管理业务发展态势、路面管控态势、交通运行态势、运行特征规律等分析认知
	1.2 管控对象特征画像	实现机动车、驾驶人、运输企业、道路、事件的多维度数据画像，以动态标签形式标识交通要素的行为特征
	1.3 运行问题诊断预警	基于静态历史数据与动态实时数据碰撞，实现路网关键节点和突出问题的精准诊断，明确改善方向
	1.4 执法管理情报研判	分析研判执法警情，指导执法管理的工作部署；分析研判违法嫌疑车辆的通行规律，预知违法车辆的通行路线，为精准打击和及时查处提供情报线索
	1.5 交通管理效能评估	实现道路畅通水平、交通违法整治、交通事故预防与处理工作效果、专项行动等评估分析
2. 智慧指挥（5）	2.1 警情自动识别	基于视频和大数据研判，自动识别警情，对警情进行分级分类
	2.2 警情警力联动	自动关联警情和警力，实现警力资源优化配置
	2.3 集成指挥调度	融合各类通信手段，实现一键调度
	2.4 数字化勤务部署	以警情为主导，实现常规和应急勤务的自动化部署
	2.5 特勤任务保障	实现特勤方案的可视化设置、试运行和运行监测及评估
3. 智慧防控（5）	3.1 安全风险评估预警	建立机动车、驾驶人和道路运输企业交通安全风险等级研判模型，开展风险等级评估及预警
	3.2 隐患科学排查治理	基于事故信息与地理信息关联，建立事故黑点模型，辅助开展道路隐患排查
	3.3 事故过程追溯	实现对交通事故发生过程自动视频记录，并建立数字化、影像化档案，协助开展事故责任认定
	3.4 肇事逃逸追踪	基于轨迹追踪和特征画像，自动比对识别肇事车辆，并进行布控报警
	3.5 安全措施系统提升	从源头治理、路面管控、事后处置、宣传教育等方面系统提出安全提升措施建议

（续）

服务分类	用户服务	服务内容
4. 智慧管控（5）	4.1 组织措施改善	围绕城市交通组织重点措施的管理需求，实现可视化管理、动态运行监测，分析评估应用情况，找准问题所在，辅助完善和优化措施
	4.2 信号控制优化	分析研判历史交通运行与信号控制特征及规律，研判评估信号控制方案及效益，辅助路网均衡信号控制策略制定，优化推荐路口、线协调信号优化控制方案
	4.3 拥堵疏导调控	针对不同时段的交通特征，生成主动管控策略及方案，并及时推送信号调控和诱导发布，协助缓解拥堵
	4.4 重点车辆管控	实现对客货运车辆、公共交通、施工车辆、危化品运输车辆等重点车辆的实时监测及预警，以及货车通行证发放管理、危化品运输车辆行驶路线审批、车辆通行监测
	4.5 智慧停车管理	包括停车设施备案、停车泊位诱导发布、停车预约、停车监测管理、停车规划等
5. 智慧执法（3）	5.1 精准执法处置	挖掘套牌、失驾、非法营运、疲劳驾驶等隐性违法行为，实现重点违法证据和线索的精准定位，并智能化关联布控打击
	5.2 证据智能审核	对违法车辆及图片视频进行预选，剔除不符合标准和规范的信息，减少人工审核的工作量；对废弃的违法图片信息进行回滚，找回因失误操作剔除的有效证据等
	5.3 机动化勤务	开展常规勤务和机动勤务任务，实现考勤、任务收发、勤务上报等管理
6. 智慧服务（4）	6.1 个性精准信息服务	优化信息发布策略，基于位置信息和出行特征规律，实现个性化、定制化的服务
	6.2 业务智能审核	利用图像识别对比技术，开展智能化自动审验，辅助人工对车辆、驾驶证、检测等业务办理的审验
	6.3 民意舆情感知预警	采集分析互联网上的民意信息和服务需求，并进行研判预警
	6.4 精准宣传教育	基于事故、违法等主观人因研判，确定宣传教育方向和对象，优化生成宣传计划方案，指导宣传行动，评估宣传效果

(续)

服务分类	用户服务	服务内容
7. 智慧监督（3）	7.1 异常业务监管	建立业务异常识别模型，对车监管等业务办理进行事先预警、实时干预、及时纠正、闭环管理
	7.2 民警全息档案	实现民警人员画像，包含基本信息、个人指数、个人任务、个人效益等，通过大数据多维度分析，对民警个人实现自动风险预警
	7.3 勤务数字化考核	实现对民警勤务数据的监督与考核，主要包括数据归集、数据分析、案件档案、考核评分及评分模型管理等应用功能
8. 智慧运维（3）	8.1 设备设施数字化管理	实现对道路交通标志、标线、护栏、信号灯、科技设备的管理和维护，建立管理台账，进行全生命周期的数字化管理
	8.2 集中监测及告警	实现对所有设备设施的统一监测，进行故障分析及告警
	8.3 规范化运维管理	实现设备设施故障统一运维、运维工作效能评估和质量管理

系统软件应用采用"多网分布式应用"模式，如图7-5所示。公安网应用主要面向支队领导及相关业务科室管理人员，以保密性、安全性要求较高的分析研判、决策支持类业务为主；视频专网应用主要面向指挥中心及秩序、勤务部门，以实时性要求较高的警情处置、勤务指挥、特勤调度、优化控制等指挥管控类业务为主；互联网应用主要面向交通出行者，以交互性强的诱导调控、出行信息服务、网上业务办理等服务类业务为主。

系统接口要实现跨网络跨平台跨系统，联通公安网、视频专网、互联网和政务网，进行数据共享交换。其中，公安网与视频专网间通过安全边界进行数据交换，主要交换内容包含视频专网内处理完的结构化数据及相关资源地址；政务网、互联网上的交通管理相关数据，主要通过安全隔离网闸与视频专网之间进行数据传递，从而保证数据安全。

数据大脑网络部署方案采用层次化、模块化的设计思路，按照接入层、汇聚层、核心层进行网络分层部署。按照业务特点和安全要求划分不同的业务区域，在不同业务区域之间、中心网络出口等位置部署安全设备，实现业务安全访问和数据安全保障。从整体来说，系统包括三个分区：大数据平台区、视频云应用区、智能化管控应用区，如图7-6所示。

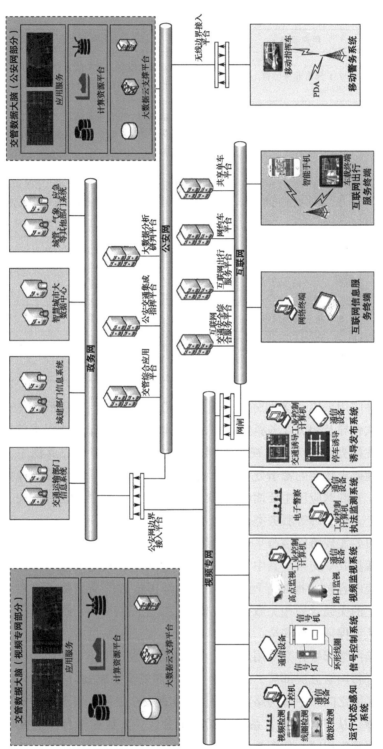

图7-5 "多网分布式应用"模式

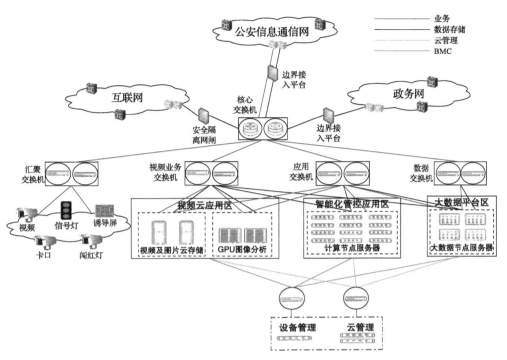

图 7-6 数据大脑内部详细网络结构

内部网络划分为管理、业务两个平面，不同网络平面相互隔离，互不影响。每台主机通过不同的网络接口与业务平面、管理平面进行互联，并在交换机上通过 VLAN 进行隔离。

第8章
交通管控数据融合应用案例

本章在交通管控大数据物联互联交互规范的基础上,给出了微波检测、车牌识别、GPS、公交车、网约车、POI 等多模式交通系统数据融合应用的案例。

8.1 多源数据融合的路网宏观基本图构建

本案例基于微波检测的断面数据和车牌识别数据,利用加权流量和密度构建路网的宏观基本图。

8.1.1 案例背景

路网宏观基本图(Macroscopic Fundamental Diagram, MFD)可以描述为路网中在运车辆数和路网通行能力的关系。MFD 可以较直观表征路网的交通流特性,通过对路网交通状态的判别,更好地对区域交通进行管控,所以构建准确的 MFD 具有重要的理论和实际意义。为了构建符合实际情况的 MFD,需要充分的数据来估计区域的流量和密度。根据 MFD 理论,采用如下公式进行 MFD 的计算:

$$\begin{cases} A = \sum_i k_i l_i \\ q_w = \dfrac{\sum_i q_i l_i}{\sum_i l_i} \\ k_w = \dfrac{\sum_i k_i l_i}{\sum_i l_i} \\ q_u = \dfrac{\sum_i q_i}{\sum_i l_i} \\ k_u = \dfrac{\sum_i k_i}{\sum_i l_i} \\ k_i = \dfrac{o_i}{S} \end{cases} \quad (8-1)$$

式中，A、q_w、k_w 分别为路网内运行总交通量（veh）、路网加权流量（veh/h）和路网加权密度（veh/km）；q_u、k_u 分别为路网无权重流量（veh/h）和密度（veh/km）；q_i、k_i 和 o_i 分别为路段 i 的流量（veh/h）、密度（veh/km）和占有率；l_i 为路段 i 的长度（km）；S 为平均有效车身长度（km）。

本案例采用加权流量和密度构建 MFD。MFD 散点图中的点代表路网加权流量 q_w 和路网加权密度 k_w，不同交通检测器得到的数据类型不同，其计算方法也不同。

8.1.2 数据来源

1. 微波检测器数据

利用微波检测器数据（Remote Traffic Microwave Sensor Data，RTMSD）估计 MFD，RTMSD 类型为断面单车道的交通流数据，在计算时需要将其整合为断面的数据，采用流量加权方法，计算公式如下：

$$\begin{cases} q_i^{\text{RTMSD}} = \dfrac{\sum_j^{\lambda_i^{\text{lane}}} q_{ij} q_{ij}}{\sum_j^{\lambda_i^{\text{lane}}} q_{ij}} \\ k_i^{\text{RTMSD}} = \dfrac{\sum_j^{\lambda_i^{\text{lane}}} k_{ij} q_{ij}}{\sum_j^{\lambda_i^{\text{lane}}} q_{ij}} \end{cases} \quad (8-2)$$

式中，λ_i^{lane} 为路段 i 的车道数；q_{ij} 为路段 i 车道 j 的流量；k_{ij} 为路段 i 车道 j 的密度。

2. 车牌识别数据

利用车牌识别数据（License Plate Recognition Data，LPRD）可以得到车辆进入路段和驶离路段的行程时间。其计算公式如下：

$$\text{tt}_i^n = t_{i\max}^{\text{enter}} - t_{i\min}^{\text{leave}} \quad (8-3)$$

式中，tt_i^n 为车辆 n 在路段 i 的行程时间；$t_{i\max}^{\text{enter}}$、$t_{i\min}^{\text{leave}}$ 分别为检测到车辆 n 进入路段 i 的最后时刻和离开路段 i 的最早时刻。因为由上述公式得到的 tt_i^n 由于路段中临时停车或车牌检测错误等而存在异常数据，所以采用箱形图的方法对噪声数据进行处理，假设处理后数据均为有效行程时间数据，则路段 i 平均行程时间如下：

$$\bar{t}_i = \dfrac{\sum_{i=1}^{N_{\text{ma}}} \text{tt}_j^i}{N_{\text{ma}}} \quad (8-4)$$

式中，N_{ma} 为能够匹配到行程时间的车辆数。

根据式（8-4）得到车牌识别数据下的路段 i 流量 q_i 与密度 k_i 如下：

$$\begin{cases} q_i^{\text{LPRD}} = N/(\lambda_i^{\text{lane}} T) \\ k_i^{\text{LPRD}} = N\bar{t}_i/(T\lambda_i^{\text{lane}} l_i) \end{cases} \quad (8-5)$$

式中，N 为统计间隔内过检测器的车辆数；T 为统计间隔时长。

8.1.3 融合算法

不同路段在路网的重要性不同，对路网交通影响程度也不同，简单理解为路段长度与车道数不同的路段在路网中的地位不同，路段长度越长，车道数越多，可承载的车辆数也多，其对路网通行能力的贡献度也就越大。所以基于上述两种检测数据计算路网内各路段的流量和密度后，在计算路网加权流量 $\bar{q}_w (\text{veh}^{-1} \cdot \text{h}^{-1} \cdot \text{ln}^{-1})$ 与加权密度 $\bar{k}_w (\text{veh}^{-1} \cdot \text{km}^{-1} \cdot \text{ln}^{-1})$ 时，权重取路段长度 l_i 和车道数 λ_i^{lane} 的乘积。

$$\begin{cases} \bar{q}_w = \dfrac{\sum\limits_i^m q_i l_i \lambda_i^{\text{lane}}}{\sum\limits_i^m l_i \lambda_i^{\text{lane}}} \\ \bar{k}_w = \dfrac{\sum\limits_i^m k_i l_i \lambda_i^{\text{lane}}}{\sum\limits_i^m l_i \lambda_i^{\text{lane}}} \end{cases} \quad (8-6)$$

式中，m 为路网内能检测到交通流数据的路段数，在实际路网中并不是所有路段都装有检测器，所以一般 m 小于路网的总路段数，但如果交通检测器覆盖路网中的主要路段，即可得到较好的 MFD。

通过式（8-6）计算可以得到关于路网加权流量和加权密度的散点图，为得到路网的临界密度、通行能力、阻塞密度等交通特征值，一般需要对上述得到的散点图进行拟合，Knoop 和 Hoogendoorn 提到 MFD 可以用很多函数拟合，简单的函数更容易理解。基于前人的研究，本案例假设 MFD 的形状为二次项，所以 MFD 分布曲线可以采用多项式拟合，多项式需满足如下条件。

1) MFD 以临界密度为界可分为两部分，左边表示非拥堵状态，右边表示拥堵状态，所以曲线应存在极值且为正。

2) MFD 中密度为零时，流量为零，因此拟合方程常数项为零。

3) 在密度为零时，MFD 函数的导数应接近自由流速度。

根据上述条件，MFD 曲线一般方程如下：

$$\bar{q}_w = a\bar{k}_w^2 + b\bar{k}_w \tag{8-7}$$

式中，a、b 为拟合方程系数。

路网交通状态演化从非拥堵到拥堵的状态点为临界点 (k_c, q_c)，在 MFD 曲线中 (k_c, q_c) 为极值点，根据式（8-8）求得 k_c、q_c。

$$\begin{cases} k_c = \dfrac{-b}{2a} \\ q_c = \dfrac{-b^2}{4a} \end{cases} \tag{8-8}$$

8.1.4 案例分析与结论

选取青岛市市南区 3.5km×2km 的核心区域作为本案例的研究对象，区域中包括 52 个路段，其中有微波检测器数据（RTMSD）的路段有 44 个，有车牌识别数据（LPRD）的路段有 42 个，如图 8-1 所示。本案例中的路段是指相邻交叉口间的区段，一条道路可能包含多个路段。除此之外，考虑到很多路段在早晚高峰不同方向的交通状态差别较大，所以当路段为双向时，在本模型中记为两条路段。在构建 MFD 时需要得到不同交通状态下的交通流数据，所以以车牌识别数据和微波检测器数据为 2016 年 9 月 1 日至 9 月 23 日工作日全天的数据，数据统计间隔为 5min。在数据缺失时采用上一时段数据平滑方法进行补全，计算公式如下：

$$x(t) = \frac{x(t-1) + x(t-2) + x(t-3)}{3} \tag{8-9}$$

式中，$x(t)$ 为第 t 个统计间隔的交通流数据。

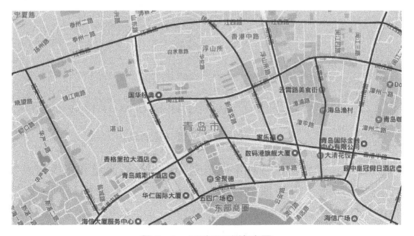

图 8-1　研究区域的路网

1. 构建 MFD

利用 RTMSD 和 LPRD，根据式（8-2）~式（8-6）计算得到的路网加权密度和流量如图 8-2、图 8-3 所示，不难看出，两者的趋势基本相同，表示路网交通状态变化的趋势一致。密度和流量出现峰值的时间不同，这是因为流量达到最大时，对应的临界密度并非最大密度。城市路网基本不会出现完全阻塞，所以图 8-2 中的密度最大值只是在路网中出现的密度最大值，此值并非阻塞密度，阻塞密度一般利用拟合函数计算得到。

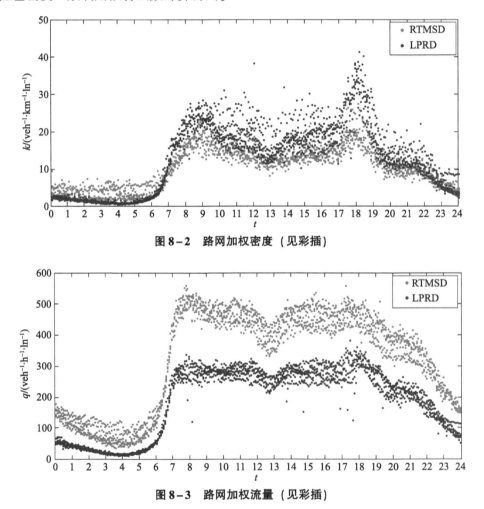

图 8-2　路网加权密度（见彩插）

图 8-3　路网加权流量（见彩插）

基于上述规律，分别得到两种不同数据源下的区域流量和密度散点分布，如图 8-4、图 8-5 所示，再根据拟合方程式（8-7）拟合得到两种数据源下的 MFD。RTMSD 在 95% 置信区间下拟合结果为 $\bar{q}_w = -0.9564\bar{k}_w^2 + 44.306\bar{k}_w$，其中拟合优度 $R^2 = 0.8984$；LPRD 在 95% 置信区间下拟合结果为 $\bar{q}_w = -0.3832\bar{k}_w^2 +$

$21.022\bar{k}_w$,其中拟合优度 $R^2 = 0.8474$。$R^2 > 0.5$ 都成立,认为拟合函数可接受。利用式(8-8)计算得到如下结果:

$$k_c^{\text{RTMSD}} = 22.8\text{veh}^{-1} \cdot \text{km}^{-1} \cdot \text{ln}^{-1} \quad q_c^{\text{RTMSD}} = 502.22\text{veh}^{-1} \cdot \text{h}^{-1} \cdot \text{ln}^{-1}$$
$$k_c^{\text{LPRD}} = 27.4\text{veh}^{-1} \cdot \text{km}^{-1} \cdot \text{ln}^{-1} \quad q_c^{\text{LPRD}} = 287.76\text{veh}^{-1} \cdot \text{h}^{-1} \cdot \text{ln}^{-1} \quad (8-10)$$

从图8-4、图8-5中可以看出同一区域在不同数据源下得到的MFD形状不同,路网通行能力和临界密度等特征值也不同,这是因为数据源不同,所反映的

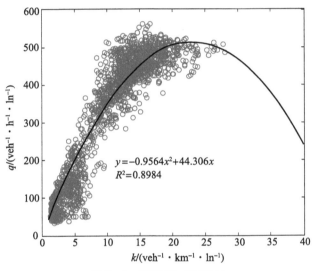

图8-4 RTMSD 的 MFD

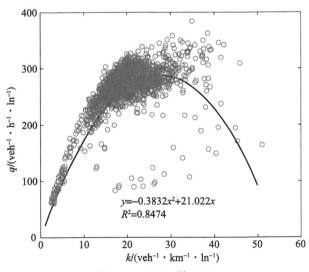

图8-5 LPRD 的 MFD

特征区间不同，RTMSD 主要以微波断面附近交通状态为特征状态代表整个路段状态；LPRD 以上下游车牌识别系统围成路段的交通状态为特征状态，基本包括整个路段。由于交通信号的影响，在城市道路中，同一路段同一时刻下，靠近进口道停车线的车辆车头间距和饱和流量均会略小于路段中的，所以两个 MFD 中表现出 LPRD 的 k_c 较大，q_c 较小。

2. MFD 差异值

根据式（8-9）和式（8-10），计算两种数据源下的状态比率 R 和差异值 Δ。由图 8-6 可知两种数据下的密度比相近，且变化趋势一致，$|\Delta|$ 的平均值为 0.056，极大值为 0.14，认为两种数据源下对路网状态判别一致，在路网存在两种数据源时可以融合计算。

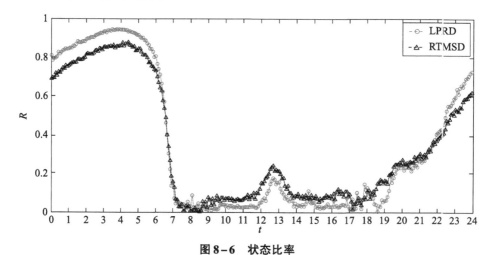

图 8-6　状态比率

对于选取的路网主要道路，两种检测器都覆盖较为全面，为了简化并验证融合模型的准确性，将实验路网随机分为路段总长度相同的两个子区，其中一个子区为布设微波检测器的路段，另一个为布设车牌识别系统的路段，根据融合算法，此时 $\alpha = 0.5$，即：

$$\begin{cases} \bar{q}_w = 0.5\bar{q}_w^{\text{LPRD}} + 0.5\bar{q}_w^{\text{RTMSD}} \\ \bar{k}_w = 0.5\bar{k}_w^{\text{LPRD}} + 0.5\bar{k}_w^{\text{RTMSD}} \end{cases} \quad (8-11)$$

通过式（8-2）、式（8-5）、式（8-6）及式（8-10）得到 MFD，如图 8-7 所示，拟合函数结果为 $\bar{q}_w = -0.7781\bar{k}_w^2 + 35.259\bar{k}_w$，其中拟合优度 $R^2 = 0.9576$，根据式（8-11）计算得：k_c^{FUSION} 和 q_c^{FUSION} 分别为 22.657veh$^{-1} \cdot$ km$^{-1} \cdot$ ln^{-1}、399.434veh$^{-1} \cdot$ h$^{-1} \cdot$ ln^{-1}。

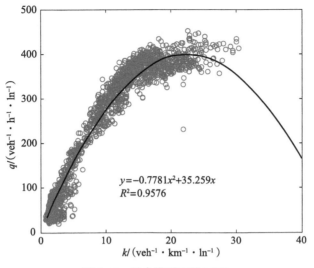

图 8-7 融合模型下的 MFD

本案例以 LPRD 和 RTMSD 下的 MFD 为参考，即差异性指标计算分别以 LPRD 和 RTMSD 下的状态比率为基准。以 LPRD 为基准和以 RTMSD 为基准的差异性指标分别如图 8-8 和图 8-9 所示。根据式（8-9）和式（8-10），分别以 LPRD 和 RTMSD 为基准的单独数据源下的 MFD 和融合模型下 MFD 的差异性指标分别见表 8-1 和表 8-2。从图 8-8 和表 8-1 中可以看出，$|\Delta|$ 的均值和极大值都是融合模型下最小，说明融合模型构建的 MFD 与 LPRD 构建的 MFD 最相近。从图 8-9 和表 8-2 中同样可以看出，融合模型构建的 MFD 的 $|\Delta|$ 均值和极大值均小于单独数据源下覆盖部分路网的。这说明数据融合下构建的 MFD 较单独数据源下 MFD 的估计误差有所降低。

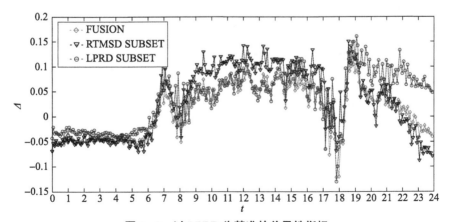

图 8-8 以 LPRD 为基准的差异性指标

从表 8-1 和表 8-2，图 8-8 和图 8-9 中发现，若利用融合模型中任一子区构建的 MFD 表征整个 MFD，虽然误差较检测器覆盖两子区的单独数据源模型和多源数据融合模型增大，但误差基本在 0.2 之内，说明在构建 MFD 时对检测器覆盖率要求并不严格。

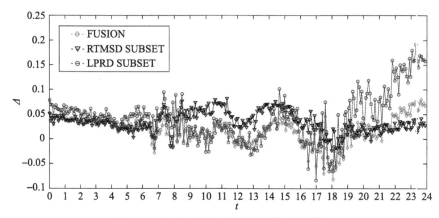

图 8-9　以 RTMSD 为基准的差异性指标

表 8-1　以 LPRD 为基准的各数据源下 MFD 的差异性指标

数据源	FUSION	RTMSD SUBSET	LPRD SUBSET
均值	0.047	0.066	0.059
极大值	0.121	0.150	0.175

注：差异性指标为各数据源与 LPRD 下的状态比率的差值，均值和极大值均是关于 $|\Delta|$ 计算求得。FUSION 代表融合模型，RTMSD SUBSET 代表构建 MFD 时只采用了 RTMSD 子区数据，LPRD SUBSET 代表构建 MFD 时只采用了 LPRD 子区数据。

表 8-2　以 RTMSD 为基准的各数据源下 MFD 的差异性指标

数据源	FUSION	RTMSD SUBSET	LPRD SUBSET
均值	0.027	0.036	0.051
极大值	0.079	0.081	0.193

注：差异性指标为各数据源与 RTMSD 下的状态比率的差值，均值和极大值均是关于 $|\Delta|$ 计算求得。FUSION 代表融合模型，RTMSD SUBSET 代表构建 MFD 时只采用了 RTMSD 子区数据，LPRD SUBSET 代表构建 MFD 时只采用了 LPRD 子区数据。

8.2　通勤出行模式分析

8.2.1　案例背景

通勤出行是绝大多数出行者的主要出行目的之一，尤其在早晚高峰，通勤出行占到了更大的比重，因此通勤出行对路网交通状况会产生非常大的影响。了解通勤行为可以帮助了解该区域的职住分布状况，进而可以为城市规划、交通规划提供支持，这对于城市交通管理者来说是十分重要的。

本案例旨在解决以下 3 个问题：第一，通勤模式车辆的出行行为主要体现在哪些方面，如何基于车牌识别数据提取出这些反映通勤出行行为的指标；第二，如何设计更为适合的通勤模式车辆识别算法，该算法需要尽可能准确地对通勤模式车辆进行识别，此外，该算法要能够满足对大样本数据进行通勤模式车辆识别的要求；第三，识别到通勤模式车辆后，通过对通勤模式车辆的分析，能够得到哪些结论，能对工程实践产生哪些启示。为了解决上述的三个问题，本节首先进行了杭州市早晚高峰时间段的确定，设计了早晚高峰起讫点识别算法，然后在对通勤行为进行细致分析的基础上共提取了 9 个反映通勤出行行为的特征，得到这些特征的统计指标，观察其分布，对有明显离群值的特征进行离群值处理。在进行数据处理之后进行相关性分析，由于这些特征之间存在较高的相关性，因此本节使用因子分析的方法对数据进行降维，最后得到 3 个线性无关的因子。然后对整个样本进行 1% 的抽样，对该小样本使用三种不同类型的聚类方法，并对聚类结果进行分析，使用轮廓系数（Silhouette Coefficient）比较各算法的聚类结果好坏，最终确定最为适合的聚类算法。在聚类分析的基础上，本节提出了使用决策树模型进行通勤规则提取的方法，这不仅有利于理解通勤出行行为，也可以帮助提取出利于数据库实现的通勤车识别规则，从而对整个样本的通勤模式出行车辆进行识别。得到整个样本中的通勤模式车辆之后，对其出行行为进行更为细致的分析，了解其出行特性。

8.2.2 数据概述

1. 车牌识别数据

本案例所使用的数据为车牌识别数据，车牌识别数据记录了杭州市 2016 年 6 月的过车信息，数据来自于 2016 年杭州安装的 1472 个卡口检测器。本数据由卡口设备采集，主要包括两部分信息，第一部分是卡口检测器的信息，第二部分是过车数据信息，分别见表 8-3 和表 8-4。平均每天被检测车辆数约为 1255000，平均每天被检测次数为 8810000。

表 8-3 卡口检测器信息

字段名	信息	解释
DEV_ID	2150091	设备 ID
DEV_NAME	YUGULUQIUSHILUBEIKOU	设备名称
XY	120.127709，30.265471	设备所在经纬度

表 8-4 过车数据信息

字段名	信息	解释
ID	8071219675	记录 ID
DEV_ID	2147726	设备 ID
DEV_NAME	ZHONGHEGAOJIAXIHUDADAODONFXIAZHADAO	设备名称
WAY_ID	1	车道
CAR_NUM	ZHE AT5738	车牌号
CAR_TYPE	1	车辆类型
CAR_DATE	2016/6/13 0:09:15	被检测时刻

所有卡口的点位分布如图 8-10 所示。

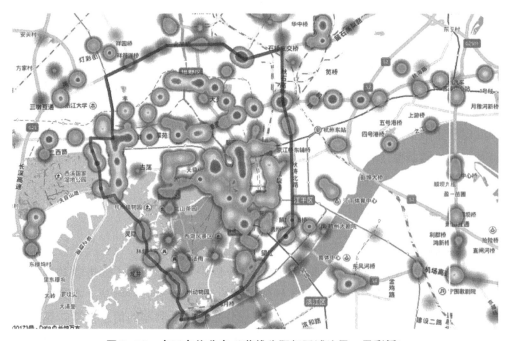

图 8-10 卡口点位分布（蓝线为限行区域边界，见彩插）

从卡口数据的分布来看，可以知道限行区内的卡口分布相对密集，因此对限行区域内的卡口采集到的车牌识别数据进行分析有望得到更加准确的分析结果，对出行车辆行为的刻画也会更加精确。本案例主要基于杭州市限行区域内的数据展开分析。

日均卡口数据检测次数及所占比例见表 8-5。

表8-5 日均卡口数据检测次数及所占比例

检测次数	日均车辆数	比例
1~10	983279.77	80.10%
11~20	169775.30	13.83%
21~30	39299.03	3.20%
31~40	12562.10	1.02%
41~50	6662.73	0.54%
>50	16002.03	1.30%

由上述分析可以发现，约有93.93%的车辆一天被卡口检测次数少于20次，仅有约6.07%的车辆被检测次数多于20次。

2. 数据清洗

对数据进行分析，发现数据的质量问题主要体现在车牌缺失、车牌识别错误、车辆被卡口重复检测。

对于缺失的车牌，这部分数据中的"CAR_NUM"一项为0，平均每日的缺失数据量约为400000行，平均每日的总检测量约为9600000行，缺失量占比约4.17%。因此缺失量对总体影响不大，故采取简单的直接去除的方法。

对于车牌识别错误问题，主要是车牌号码位数识别有误。车辆的车牌一般是7位，对数据进行筛选，发现车牌位数不是7位的检测次数平均每天约为3000行（包括武警车牌），由于数据量极少，占比约0.03%，且武警车不是分析重点，因此车牌位数不为7位的一并去除。

此外，在卡口实际拍摄的过程当中，存在这样的情况，相邻2个或更多车道均配备有卡口摄像头，这些摄像头实际拍摄到的不仅仅是本车道的车辆，也会同时拍摄到相邻车道的车辆，因此就会出现同一辆车在同一时刻被检测了2次或更多次，接下来对此情况进行分析。

在此以3个典型日为例进行分析，分别是2016年6月20日（周一）、2016年6月24日（周五）、2016年6月26日（周日）。6月20日的情况为：从数据库中筛选出一个车牌在一个时刻最多仅被检测一次的总数据量为9068682行，而总检测数据量为9150907行，因此可以知道6月20日一天共发生了82225次重复检测，占总检测数量的0.90%。对6月24日进行相同的分析，得到6月24日一天共发生了101464次重复检测，占当日总检测数量的1.08%。6月26日共发生了79350次重复检测，占当日总检测数量的1.01%。可见重复检测在总的检测数据中占比极小，对后续指标的计算影响较小，因此对于重复检测的数据随机保留一条。

8.2.3 融合算法

1. 早晚高峰时间段识别

早晚高峰是一天当中路网上车流量最多的时段,也是交通拥堵、交通事故的高发时段,因此对早晚高峰时间段的确定以及分析是十分重要的,这不仅为后续的通勤模式识别打下基础,也有利于了解一个地区的交通特性,以便根据该地区的交通特性制定相对应的交通管控措施。

利用杭州市卡口数据得到所有出行车辆在 2016 年 6 月每个工作日的首次出行被检测时间和每个工作日的最后一次被检测时间。然后以 30min 为一个时间间隔,将一天划分为 48 个时间间隔,分为以 1~48 为各个时间间隔的索引,1 代表 00:00~00:30,2 代表 00:30~01:00,…,48 代表 23:30~24:00。这些整数被定义为被检测时间索引(detected time indices)。统计各个时间间隔内平均每天首次出行被检测时间分布以及在各个时间间隔内平均每天最后一次被检测的时间分布,工作日月平均车辆首次和最后一次出行被检测时间分布如图 8-11 所示。

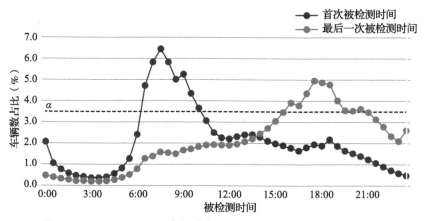

图 8-11 工作日月平均车辆首次和最后一次出行被检测时间分布

由于早晚高峰的确定不是本案例的重点,因此采用了一种简单的阈值法来确定早晚高峰。车辆数占比大于 α 则定义为早晚高峰时间段。不同的阈值会得到不同的早晚高峰时间段,阈值需要根据不同地区的当地情况来确定。表 8-6 给出了当 α 分别为 3%、3.5% 和 4% 时的情况。

表 8-6 不同 α 下杭州早晚高峰时间段

α	3%	3.5%	4%
早高峰	06:30—11:00	06:30—10:30	06:30—10:00
晚高峰	15:00—22:00	15:30—21:30	17:00—19:30

本案例以 α 为 3.5% 为例进行了示例研究，并详细讨论了不同阈值取值对结果的影响。

2. 通勤出行起讫点提取算法

将通勤出行定义为在较长一段时间内以一定的规律，往返于同一起讫点的机动车辆，一般为早晚高峰通行，通常是往返于家与工作地或学校。因此，早晚高峰的出行起讫点（OD）对于刻画通勤出行是十分重要的。在本案例中，使用车牌识别数据进行分析，由于数据本身的局限性，得到出行者真正的 OD 是不可能的。图 8-12 展示了真实轨迹与车牌识别数据被检测点之间的关系。通过车牌识别数据，仅仅能知道出行轨迹中的一些被检测点的信息，但是无法知道每一时刻的出行者位置信息。因此，根据图 8-12 是无法知道真正的通勤出行的 OD 信息的，而仅仅能知道首次和最后一次被检测点的信息。但是本案例的目的并不是挖掘出行者的 OD 信息，得到出行者通勤出行的 OD 只是为了衡量出行者出行行为的空间位置的稳定性。因此，车牌识别数据的局限性所带来的偏误并不会对后续通勤模式识别的准确性有很大的影响，在本案例中，将第一条记录作为出行的起点，最后一条记录作为出行的终点。

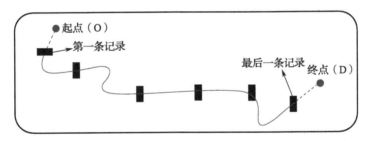

图 8-12 真实出行轨迹与车牌识别数据被检测点间的联系

借助于之前确定的早晚高峰时间段，提出一种新的更为简单的得到通勤出行起讫点以及在一个月中通勤出行起讫点稳定性系数的算法，该算法利用车牌识别数据的特点，考虑到可能存在的卡口设备漏检问题，以及通勤出行可能存在的出行路径选择问题，对通勤出行的起讫点及其稳定性系数进行挖掘。

在此通勤出行起讫点的稳定性系数被定义如下：

假定早高峰通勤出行的起讫点分别是 O_1、D_1，晚高峰通勤出行的起讫点分别是 O_2、D_2，定义 O_i 的稳定性系数为

$$F_{Oi} = \frac{N_{Oi}}{N_w} \quad (8-12)$$

式中，N_{Oi} 为车辆在早/晚高峰首次被检测点为 O_i 的天数；N_w 为该月的工作日

天数。

同理,定义 D_i 的稳定性系数为

$$F_{Di} = N_{Di}/N_w \qquad (8-13)$$

式中,N_{Di} 为车辆在早/晚高峰末次被检测点为 D_i 的天数。

稳定性系数反映了车辆在一段时间内早晚高峰出行的起讫点稳定性状况。通勤出行起讫点挖掘以及在一个月中通勤出行起讫点稳定性系数计算算法如下。

算法:早高峰通勤出行起点及其稳定性系数计算算法

输入:车牌识别数据;

输出:早高峰车辆通勤出行起点以及稳定性系数。

算法步骤:

Step 1:对于车牌识别数据中包含的每个工作日的每辆车,获取早高峰首次被检测点,以及第二次被检测点。

Step 2:获取首次被检测最大概率点 a;获取首次被检测第二大概率点 b;获取第二次被检测最大概率点 c。

Step 3:对于每个工作日的每辆车,如果首次被检测点在集合 $\{a, c\}$ 中,将其标记为 a。

Step 4:计算首次被检测点最大概率 p_1,计算首次被检测第二大概率 p_2。

Step 5:如果 $p_2 >$ 阈值 k_1,且 $b\ !=c$,则 $p_1 = p_1 + p_2$;如果 $p_2 > k_1$,且 $b = c$,则 $p_1 = p_2$。

类似地,晚高峰通勤出行起点的识别算法及其稳定性系数的计算只需要将早高峰时间段修改为晚高峰时间段。早/晚高峰通勤出行讫点的识别方法及其稳定性系数的计算也类似于上述算法,只需要将首次被检测地点及第二次被检测地点替换成早/晚高峰最后一次被检测地点和倒数第二次被检测地点即可。

3. 通勤出行特征提取

通勤出行定义为在较长一段时间内以一定的规律,往返于同一起讫点的机动车辆,一般为早晚高峰通行,通常是往返于家与工作地或学校。因此,根据通勤车的出行行为,分别从时间和空间两个角度出发,选取了共 9 个特征来刻画通勤模式。

(1) 早晚高峰出行频次系数 从每天的出行时间的角度来考察通勤车的出行特性。通勤车每天出行特征规律性非常强,这在时间维度反映的就是车辆每天在路网上出现的时间非常一致,并且通勤车一般是早晚高峰出行。因此,定义第一个通勤车出行特征,即早晚高峰出行频次系数,其计算方法如下:

$$F_1 = \frac{N_{i1}}{N_w} \qquad (8-14)$$

式中,N_{i1} 为各个工作日早晚高峰均有出行的天数;N_w 为总工作日天数。

（2）出行频次系数 从一段较长时间的稳定性角度来考察通勤车的通勤行为。理想情况下，它们应当是每一个工作日均在早晚出行区间出行，但是考虑到通勤车辆在某月中存在加班、早退及请假等情况，并且并非所有通勤者的上班天数都是相同的，因此通勤车不一定在所有工作日均有出行，即使有出行，也不一定都在早晚高峰，因此用出行频次系数来衡量车辆长时间的出行稳定性，包括一些特殊情况，如加班、早退等，其计算方法如下：

$$F_2 = \frac{N_{i2}}{N_w} \qquad (8-15)$$

式中，N_{i2} 为各个工作日出行的天数；N_w 为总工作日天数。

（3）平峰时段被检测频次 从平峰时段出行规律性及出行频次角度考察通勤行为。通勤车在平峰时段，即非早晚高峰时间的出行频次一般不会很多，这是因为对于工作者来说，这是上班时间或午餐时间，一般不会驾车外出，不过也有一些工作者在午餐时间会选择驾车到外面就餐或回家就餐，此外，少数工作者可能会因工作需要每天在平峰时段驾车出行。为了衡量上述的这种特性，在此定义平峰时段出行频次来反映平峰时段出行频次，其计算公式如下：

$$M = \frac{\sum_{i=1}^{n} f_i}{N_w} \qquad (8-16)$$

式中，f_i 为车辆在 i 日的非早晚出行区间被检测频次；N_w 为该月的工作日天数。

（4）平峰时段被检测频次标准差 除了用 M 来衡量出行者在平峰时段出行平均被检测频次的多少，同时也需要衡量出行者在平峰时段的出行规律性，因此定义平峰时段被检测频次标准差，该特征用来反映车辆在平峰时段的出行规律性，计算公式如下：

$$\sigma = \sqrt{\frac{1}{N_w} \sum_{i=1}^{n} (f_i - M)^2} \qquad (8-17)$$

式中，M 为平峰时段出行被检测频次均值；f_i 为车辆在 i 日的平峰时段被检测频次；N_w 为该月的工作日天数。

（5）起讫点稳定性系数 从较长时间起讫点的稳定性角度来考察通勤行为。通勤车一般往返于家与工作地或学校之间，因此起讫点应当是较为稳定的。使用前述的起讫点稳定性系数 F_{O1}、F_{D1}、F_{O2}、F_{D2} 这四个特征来反映早晚高峰出行者的起讫点稳定性强弱。

(6) 起讫点空间稳定性系数　从 O_1 和 D_2 以及 O_2 和 D_1 的空间位置角度考察通勤行为。理想情况下，通勤车的 O_1 和 D_2 应当是同一点，同理，O_2 和 D_1 也应当是同一点，但是，在实际情况中，由于车辆从家到公司以及从公司到家的路线不一定是同一路线，此外，这与卡口点位的分布也有关系，因此实际上 O_1 和 D_2 及 O_2 和 D_1 并不会是相同点位。但是若是通勤车，可以想到，O_1 和 D_2 及 O_2 和 D_1 应当是较为接近的，即彼此间的距离应当是较小的，因此定义起讫点空间稳定性系数来衡量上述关系，在给出起讫点空间稳定性系数计算公式之前，需要先引入 OD 距离矩阵，计算公式如下：

$$\vec{D} = \begin{matrix} & \begin{matrix} D_1 & D_2 \end{matrix} \\ \begin{matrix} O_1 \\ O_2 \end{matrix} & \begin{pmatrix} x_{11} & x_{12} \\ x_{21} & x_{22} \end{pmatrix} \end{matrix} \tag{8-18}$$

式中，x_{ij} 为 O_i、D_j 之间的直线距离。

得到距离矩阵之后，便可以计算起讫点空间稳定性系数，计算公式如下：

$$F_s = \frac{|\vec{D}|}{(\max\{x_{11}, x_{22}\})^2} - \frac{x_{12} + x_{21}}{\max\{x_{11}, x_{22}\}} \tag{8-19}$$

使用该变量可以衡量起讫点之间的空间稳定性，当 O_1 和 D_2 以及 O_2 和 D_1 都是同一点时，即理想情况下，$F_s = 1$；O_1 和 D_2 以及 O_2 和 D_1 之间的距离越远，F_s 偏离 1 越严重，则该车辆是通勤车的概率越小。该指标的起讫点提取方法如上所述。

4. 特征降维

在获得车辆所有特性后，采用箱形图法对数据进行清洗，然后进行 KMO 和 Bartlett 检验，检查数据是否适合结构检测，所得结果见表 8-7。

根据 KMO 和 Bartlett 检验的结果可知，特征之间存在着很强的相关性。因子分析方法用于消除特征间的相关性，并识别特征之间的内在关系。该方法是一种常用的降维方法。它还可以用来从高维特征中提取低维的公因子。在该方法中，每两个公因子之间都是线性独立的，每个原始观测变量都可以表示为公因子的线性组合。因子分析法在心理学、生理学、社会学、历史学等领域中经常被用作统计分析方法，但目前在物理、生物学、化学等领域的应用较少。一般来说，当所有观测变量都能用较少的潜在变量来概括时，因子分析法便适用于进行降维。本案例从时间或空间的角度描述了车辆的出行行为。它们大致可分为三个方面：早晚高峰出行行为规律性、非早晚高峰出行行为规律性和 OD 规律性，因此可以考虑从 9 个观测特征中提取三个公因子。

表 8-7　KMO 和 Bartlett 检验

KMO 抽样充分性测度		0.827
Bartlett 球形检定	卡方检验值	34095.030
	自由度	36
	显著性水平	0.000

由于整个样本集过于庞大，进行后续的因子分析以及聚类分析会消耗大量的时间及资源，对于较为复杂的算法，甚至无法在可接受的时间内得到一个解，因此在进行因子分析前，对全样本进行1%的随机抽样，得到一个包含4623辆车的子样本，这使得后续的因子分析、聚类分析均可以在较短的时间内完成。除此之外，这样也可以对这个小样本集运用更为复杂的算法，并在可接受时间内得到更为精确的结果。最后三次随机抽样实验会被用来验证结果的稳健性。

本案例采用因子分析的方法对原有的9个特征进行降维。首先，需要确定因子的数量。确定因子数量的方法有很多种，但没有一种方法被认为是最佳的。因此，因子的数量必须从多个方面考虑得出。图8-13给出了各组成成分的特征值。根据图8-13可知，前两个因子的特征值大于1，第三个因子的特征值为0.91，接近1。因此，因子的个数可以选择为2或3。两个因子所占的方差百分比为57.40%，三个因子所占的方差百分比为77.57%。碎石图方法首先根据特征值对各个成分进行排序，x轴为各个成分，y轴为对应的特征值，当特征值缓慢下降（曲线到达拐点）时，以拐点前的组成成分为因子。综上所述，本案例选取了3个因子。

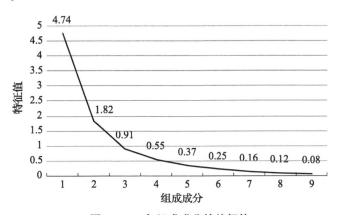

图 8-13　各组成成分的特征值

因子载荷可以展示原观测变量与潜在因子之间的关系，进而帮助理解潜在因子的实际含义，3个因子的因子载荷见表8-8。

表 8-8　因子载荷

特征	因子 1	因子 2	因子 3
F_1	0.912	0.064	0.152
F_2	0.802	0.284	-0.050
F_{O1}	0.892	-0.031	0.106
F_{D1}	0.886	-0.080	0.136
F_{O2}	0.873	-0.102	0.105
F_{D2}	0.872	-0.059	0.106
F_s	0.186	-0.007	0.977
σ	0.027	0.931	-0.052
M	-0.037	0.918	0.039

从表 8-8 可知，因子 1 主要反映了 F_1、F_2、F_{O1}、F_{D1}、F_{O2}、F_{D2} 这 6 个特征的信息，而这 6 个特征主要刻画了车辆在一个月的工作日中的早晚高峰出行行为的稳定性，因子 2 主要反映了 σ、M 这两个特征的信息，而这两个特征主要刻画了车辆在平峰时间段出行行为的稳定性，因子 3 主要反映了 F_s 的信息，也就是早高峰的 OD 与晚高峰的 OD 的稳定性关系，详见前述的 F_s 的定义。

因此，使用因子分析进行降维后，将原来的 9 个特征降维至 3 个线性无关的因子，然后对样本进行可视化输出，如图 8-14 所示。

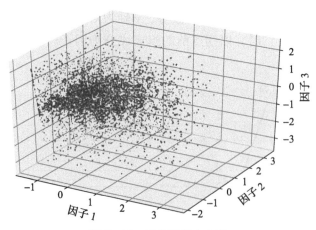

图 8-14　降维后样本分布

5. 通勤模式车辆识别

将上述的 3 个因子作为出行者出行行为的体现，接下来，首先需要确定这个样本中的车辆可以被分成几类，这为理解数据分布，以及后续的聚类分析奠定了基础。本案例使用 Gap 统计量方法确定最优聚类数目，Gap 统计量方法定义了统计量 $\text{Gap}_n(k)$ 为

$$\text{Gap}_n(k) = E_n^* \{\ln W_k\} - \ln W_k \tag{8-20}$$

式中，W_k 为各个簇的簇内离均差平方和之和，E_n^* 为对 B 次随机抽样得到的 n 个样本的参考分布取期望，$s_{k+1} = \sqrt{\dfrac{1+B}{B}} \text{sd}(k+1)$，$\text{sd}(k+1)$ 为 B 次随机抽样得到的参考分布的 $\ln W_{k+1}$ 的标准差。结合实际情况取使得 $\text{Gap}_n(k)$ 最大的聚类数目 k 或者取使得 $\text{Gap}_n(k) - (\text{Gap}_n(k+1) - s_{k+1}) > 0$ 的最小的 k。

在本案例中，使用 Gap 统计量方法分析最优分类数，降维至 3 个因子后的 $\text{Gap}_n(k)$ 和 $\text{Gap}_n(k) - (\text{Gap}_n(k+1) - s_{k+1})$ 随聚类数目 k 的变化情况，如图 8-15 所示。

从图 8-15 中可以发现，当 $k = 3$ 时，$\text{Gap}_n(k)$ 取到最大值，但是取到 $\text{Gap}_n(k) - (\text{Gap}_n(k+1) - s_{k+1}) > 0$ 的最小的 $k = 1$。整个样本集的分布比较紧密，因此 $\text{Gap}_n(k) - (\text{Gap}_n(k+1) - s_{k+1}) > 0$ 的最小的 $k = 1$。结合实际情况可以知道，显然不应该将整个样本集划分为一类。在本案例中，主要关注通勤模式车辆，使用上述提到的 9 个特征，至少可以将路网中的车辆划分为三类：第一类为早晚高峰出行行为规律性强，平峰时段出行行为规律性强，且 OD 稳定的车辆，这一类主要包括通勤模式车辆，也是本节研究的重点；第二类是仅仅有少数几天被检测到，且出行规律性较差，这类车辆主要包括外地车辆（非浙 A）或余杭区、萧山区、富阳区等非限行区域内的杭州市车辆；第三类主要包括工作日出行天数较多，但是出行的规律性不强的车辆，这类车辆主要包括家用型事务车辆、公司事务型车辆等。而 $\text{Gap}_n(k)$ 在 $k = 3$ 时确实取到最大值，且 $k > 3$ 时，$\text{Gap}_n(k)$ 迅速减小，因此，将最优的初始聚类数取为 $\hat{k} = 3$。

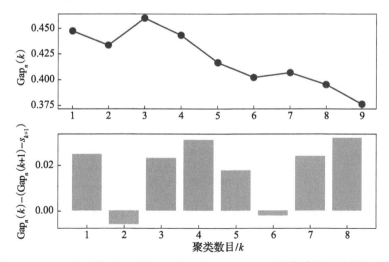

图 8-15　$\text{Gap}_n(k)$ 和 $\text{Gap}_n(k) - (\text{Gap}_n(k+1) - s_{k+1})$ 随聚类数目的变化趋势

得到最优初始聚类数目后，使用 DBSCAN、迭代自组织数据分析算法（ISODATA）、快速搜索聚类算法（Clustering by Fast Search and Find of Density Peaks）三种方法对样本进行聚类分析。

DBSCAN 算法是一种基于密度的聚类算法，它不需要确定初始的聚类数目，算法可以根据样本的密度自动确定聚类数目，除此之外，它还可以自动剔除离群值。DBSCAN 将所有的样本点分成三类。第一类是核心点，当且仅当超过 minPts 个点落在距离一个点小于 eps 的范围内时，此点称为核心点。第二类是密度可达点，当且仅当可以找到一条路径 $p_1, \cdots, p_n$，其中 $p_1 = p$ 并且 $p_n = q$，在这条路径中 p_{i+1} 和 p_i 的距离要小于 eps，称点 p 从点 q 密度可达。第三类是离群点，当且仅当一个点无法从任何点可达时，该点为离群点。借助这三类关于点的定义，就可以将样本自动划分为不同的簇。

ISODATA 是一种无监督分类算法，当聚类得到的簇数目过大时，ISODATA 可以对聚类进行分割；当聚类得到的簇数目过小时，ISODATA 可以自动进行聚类合并。另外，在 ISODATA 聚类过程中还可以进行人为干扰，这意味着可以根据每次迭代的结果修改 ISODATA 的参数，以帮助它更好地执行。然而，ISODATA 由于其复杂性，通常运行速度较慢。因此，如果数据集相当大，ISODATA 将不会在可接受的时间段内停止。幸运的是，作者之前已经对整个样本进行了采样，因此 ISODATA 可以成功地应用于该研究数据集。从这个角度来看，也十分有必要对整个数据集进行采样。

快速搜索聚类算法是 Alex Rodriguez 和 Alessandro Laio 在 2014 年提出的一种新的聚类方法，它与经典的聚类方法的思路不同，其主要创新点在于它对聚类中心的刻画：聚类中心的密度较大，它周围邻居的密度均小于该聚类中心；它与其他密度更大的数据点之间的距离相对更大。也就是说，聚类中心密度较大，且彼此间距离较远。

使用上述三种聚类方法进行聚类分析，期望得到通勤模式车辆。轮廓系数被用来度量聚类的效果。轮廓系数首先计算点 p_i 的平均簇内距离 $a(i)$，以及平均最近簇距离 $b(i)$。进而 p_i 的轮廓系数可通过式（8-21）计算得到。

$$s(i) = \frac{b(i) - a(i)}{\max\{a(i), b(i)\}} \quad (8-21)$$

最后对所有样本的轮廓系数取平均得到该聚类算法在该样本集下的轮廓系数。轮廓系数的范围为 [-1, 1]，越接近 1，说明聚类效果越好，若小于 0，则说明聚类效果不佳，其中许多点存在被错误分类的情况。

三种聚类方法的聚类结果及其轮廓系数如图 8-16 所示。

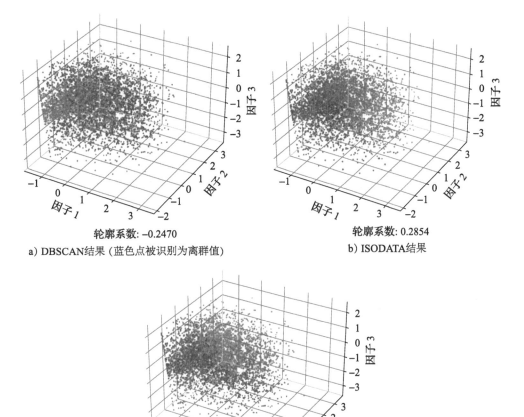

图 8-16 聚类分析结果及其轮廓系数（见彩插）

三种聚类结果的描述性统计见表 8-9。在 DBSCAN 中，共得到 34 个聚类簇，47.67% 的子数据集样本点被识别为异常值。同时分析了具有大多数采样点的簇，即图 8-16a 中的红点形成的簇。其描述性统计见表 8-10，该簇的通勤模式不明显，即通勤模式车辆的识别效果不好，结论与轮廓系数的结果一致。

ISODATA 得到的通勤模式车辆描述性统计见表 8-9，各聚类簇的特征均值见表 8-10。第 1 个簇的车辆特征 F_1、F_2、F_{O1}、F_{D1}、F_{O2}、F_{D2}、σ、M 均小于整个样本均值，F_s 较整个样本的均值大，因此这一类车辆出行天数少，被检测次数少，主要为以过境、旅游等为目的的车辆，如外地车（非浙 A 车辆），或杭州市余杭区、萧山区、富阳区等地的车辆。第 2 个簇的车辆特征 F_1、F_2、F_{O1}、

F_{D1}、F_{O2}、F_{D2}、F_s 均大于整个样本的均值，σ、M 小于整个样本的均值，因此这一类车辆每日的出行稳定，且出行有较强的规律性，以通勤车辆为主。第 3 个簇的车辆特征 F_1、F_2 和整个样本的均值差不多大，F_{O1}、F_{D1}、F_{O2}、F_{D2} 较整个样本的均值小，F_s 较整个样本的均值大，σ 和 M 较整个样本均值略大，因此这一类车出行天数较多，出行规律性不高，根据其出行行为推测这一类样本中的车辆主要也是用于上下班，但是出行时间较为弹性，不是传统的通勤出行。第 4 个簇的车辆 F_1、F_{O1}、F_{D1}、F_{O2}、F_{D2}、F_s、σ、M 较整个样本的均值小，而 F_2 较整个样本的均值大，这一类车辆主要是家用事务型车辆或公司事务型车辆，这些车辆主要不用于上下班，而是以娱乐、事务出行为主。

表 8-9　三种聚类方法得到的通勤模式车辆描述性统计分析

统计指标	基于 DBSCAN 的通勤模式车辆描述性统计								
	F_1	F_2	F_{O1}	F_{D1}	F_{O2}	F_{D2}	F_s	σ	M
count	2056	2056	2056	2056	2056	2056	2056	2056	2056
mean	0.143	0.488	0.143	0.129	0.124	0.136	-1.183	2.219	3.710
std	0.142	0.270	0.150	0.137	0.121	0.128	0.458	1.600	1.990
min	0.048	0.048	0.048	0.048	0.048	0.048	-2.464	0.000	0.000
25%	0.048	0.238	0.048	0.048	0.048	0.048	-1.440	0.957	2.400
50%	0.095	0.476	0.095	0.048	0.095	0.095	-1.142	2.163	3.600
75%	0.190	0.714	0.143	0.143	0.143	0.143	-1.000	3.355	5.000
max	0.905	1.000	0.952	0.905	0.857	0.810	0.990	7.204	11.000
统计指标	基于 ISODATA 的通勤模式车辆描述性统计								
	F_1	F_2	F_{O1}	F_{D1}	F_{O2}	F_{D2}	F_s	σ	M
count	1012	1012	1012	1012	1012	1012	1012	1012	1012
mean	0.631	0.882	0.593	0.576	0.512	0.517	-0.375	2.084	3.470
std	0.203	0.109	0.195	0.194	0.191	0.192	0.855	1.461	1.724
min	0.048	0.476	0.048	0.048	0.048	0.048	-2.378	0.000	0.000
25%	0.476	0.810	0.476	0.429	0.381	0.381	-1.049	1.000	2.327
50%	0.667	0.905	0.619	0.571	0.524	0.524	-0.446	2.049	3.333
75%	0.762	1.000	0.714	0.714	0.667	0.667	0.411	2.968	4.638
max	1.000	1.000	1.000	1.000	1.000	1.000	0.996	8.083	10.750

(续)

基于快速搜索聚类算法的通勤模式车辆描述性统计									
统计指标	F_1	F_2	F_{O1}	F_{D1}	F_{O2}	F_{D2}	F_s	σ	M
count	318	318	318	318	318	318	318	318	318
mean	0.735	0.911	0.664	0.662	0.576	0.591	0.492	2.110	3.645
std	0.149	0.087	0.162	0.159	0.171	0.171	0.377	1.465	1.703
min	0.286	0.619	0.190	0.238	0.143	0.095	-0.593	0.000	0.000
25%	0.619	0.857	0.571	0.571	0.476	0.476	0.197	1.155	2.617
50%	0.762	0.952	0.667	0.667	0.571	0.619	0.562	2.082	3.563
75%	0.857	1.000	0.762	0.762	0.714	0.714	0.833	3.021	4.771
max	1.000	1.000	1.000	1.000	1.000	0.952	0.989	6.626	8.500

表 8-10 ISODATA 各个簇特征均值

簇	F_1	F_2	F_{O1}	F_{D1}	F_{O2}	F_{D2}	F_s	σ	M	样本数
1	0.111	0.374	0.119	0.114	0.108	0.113	-0.779	1.109	2.657	1458
2	0.631	0.882	0.593	0.576	0.512	0.517	-0.375	2.084	3.470	1012
3	0.222	0.641	0.188	0.160	0.143	0.167	-0.809	4.530	6.431	1335
4	0.185	0.622	0.203	0.178	0.169	0.181	-2.525	2.462	3.802	818

本案例主要关注通勤车辆，从各指标反映的车辆出行特性可知，第 2 簇的车辆在该月平均 88.2% 的工作日均会出行，63.1% 的工作日会在早晚高峰出行，出行的起讫点规律性非常高，平峰时段出行较少，规律性强，与通勤车的定义相符。

通过快速搜索聚类算法得到的通勤模式车辆在该月平均 85.9% 的工作日均会出行，62.8% 的工作日会在早晚高峰出行，出行的起讫点规律性非常高，平峰时段出行较少，规律性强，与通勤车的定义相符。

综合比较上述三种聚类方法，可以发现，DBSCAN 方法在该情况下不适用，此方法根本无法识别出通勤模式车辆，从数据分布角度来看，这是因为样本集的分布极不均匀，即使是同一个簇中样本点的密度也差异较大，从实际情况分析，这是因为即使是同一类车辆，它们的出行特征差异也是很大的，出行特征也不一定非常相似。ISODATA 和快速搜索聚类算法这两种方法都可以成功进行通勤模式车辆识别，且根据轮廓系数，ISODATA 得到的结果可信度较高。上述 3 个方法中，最优的方法为 ISODATA，因此选择 ISODATA 的聚类结果作为通勤模式车辆识别标准。

6. 通勤规则提取

虽然使用 ISODATA 成功识别出了通勤模式车辆，但这仅仅是从总样本中抽样出的 1% 的小样本中的通勤模式车辆，至今为止依然没有得到整个样本集中的通勤模式车辆。由于 ISODATA 的复杂性，对整个样本集（共包含 462288 辆车的出行行为信息）使用复杂算法进行通勤模式识别是难以实现的，因此仍需要进一步进行通勤规则的提取。通勤规则能够十分容易地在传统的关系型数据库中实现，于是可以利用通勤规则在关系型数据库中进行整个样本集中的通勤模式车辆的提取。此外，通勤规则的提取也有利于加深对通勤出行行为的理解。

使用 ISODATA 对 1%（4623 辆车）的小样本进行聚类后，对各个聚类得到的簇中的样本打上标签，由于 ISODATA 将样本划分为 4 个簇，因此分别将 4 个簇中的车辆标记为 1、2、3、4。然后，使用决策树模型进行通勤规则提取。

决策树模型通过构建一棵树来描述从特征到目标值的关系。如果目标值是离散的，则该模型称为分类树。在这些树结构中，叶子是样本标签。如果目标值是连续的，则该模型称为回归树。决策树具有易于理解和可解释的特点，且通常在大数据集上表现良好。它与人类的决策过程比较相似，因此，基于决策树模型可以更好地理解通勤模式车辆。

采用决策树算法来提取通勤规则。但是，如果将这 9 个特征都用于建立决策树模型，树模型将非常庞大，不利于通勤规则的提取。通过相关性分析，发现这些特征之间存在一定的相关性。因此，不必使用 9 个特征来构建决策树。首先采用决策树模型进行特征重要性排序。在决策树的构建过程中，决策树算法依次选择分类效果最佳的特征，并对特征进行划分，构建决策树；因此，决策树模型代表了一种经典的特征选择算法。在这项工作中，决策树模型用来对 9 个特征的重要性进行排序。排序结果如图 8-17 所示。特征重要性越大，表明特征越重要。

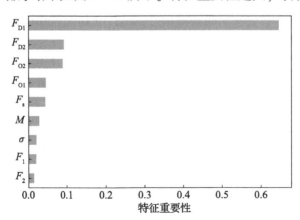

图 8-17 基于决策树算法的特征重要性排序

根据得到的特征重要性排序，依次选取最重要的 1~9 个特征构建决策树。经过训练的决策树模型对不同数量的特征的效果如图 8-18 所示。在这项工作中，数据集按 4∶1 的比例划分为训练集和测试集。当训练集中使用不同数量的特征来训练决策树模型时，采用网格搜索法对决策树模型参数进行优化。采用网格搜索法搜索最优参数时，采用五折交叉验证进行模型评价，以平均精度为模型性能的评价指标。网格搜索法分别搜索决策树的三个参数：max_depth：[2, 3, 4, 5, 6, 7, 8, 9, 10]，min_samples_leaf：[2, 5, 10, 20, 40]，以及 min_samples_split：[20, 50, 80, 100]。以上三个参数的组合用于搜索决策树模型的最优参数，其中 max_depth 表示决策树模型的最大深度，min_samples_leaf 表示决策树节点中的最小样本数，min_samples_split 表示分割决策树节点所需的最小样本数。采用准确度（Accuracy）、精确度（Macro-precision）和召回率（Macro-recall）三个评价指标，对不同特征数训练得到的最优决策树模型进行评价，分别计算如下：

$$\text{Accuracy} = \frac{\text{TP}_i + \text{TN}_i}{\text{TP}_i + \text{TN}_i + \text{FP}_i + \text{FN}_i} \tag{8-22}$$

$$\text{Macro-precision} = \frac{1}{C} \sum_i \frac{\text{TP}_i}{\text{TP}_i + \text{FP}_i} \tag{8-23}$$

$$\text{Macro-recall} = \frac{1}{C} \sum_i \frac{\text{TP}_i}{\text{TP}_i + \text{FN}_i} \tag{8-24}$$

式中，$i \in C$ 为所有可能的类别；C 为类别总数；TN_i 为类别 i 的真阴性；TP_i 为类别 i 的真阳性；FP_i 为类别 i 的假阳性；FN_i 为类别 i 的假阴性。

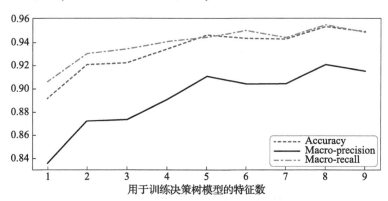

图 8-18　基于不同特征数训练的决策树算法性能研究

如图 8-18 所示，随着特征个数的增加，模型的预测效果逐渐增加。当特征数为 5 个时，模型性能几乎是最好的，进一步增加特征数对模型性能的改善不明显。然而，5 个特征构建的最优模型仍然很大，规则也不直观。当使用 2 个特征时，模型的性能比较好，随着特征数量的增加，Accuracy 和 Macro-recall 基本保持不变，而 Macro-precision 有一定程度的提高。通过权衡模型的有效性、简单性和可解释性，选择这两个最重要的特征来构建决策树模型。该模型得到的结果如图 8-19 所示。

图 8-19 中的每个矩形表示一个节点，节点中的 gini 表示与决策树对应的节点的基尼不纯度（gini impurity）。如果元素是根据数据集中的标签分布随机标记的，那么基尼不纯度是从数据集中随机选择的元素被错误标记的频率。当节点中的所有样本都属于同一类时，基尼不纯度为最小值（0）。节点内的标签越不均匀，基尼不纯度越大。此外，一个节点中的 samples 表示该节点中包含的样本点的数量，T 表示正确分类的样本数量，F 为误分类的样本数。另外，需要指出的是，在决策树模型训练中，由于各类别样本不平衡，非通勤车辆与通勤车辆之比为 3.57，因此对两类样本分配了不同的权重。具体地说，权重是与类别的频率成反比调整的。因此，在最终的决策树模型中，某些叶节点的正确样本数小于错误样本数。

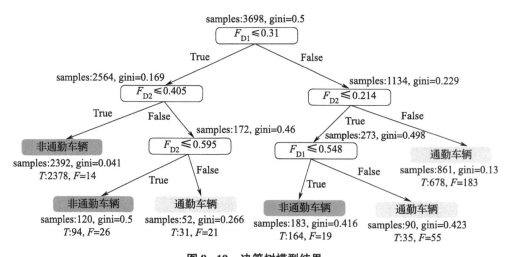

图 8-19 决策树模型结果

在测试集上，决策树模型的 Accuracy 为 92.1%，Macro-precision 为 87.2%，Macro-recall 为 93.0%。从决策树图中可以得到如下的通勤规则：

Rule1：$F_{D1} > 0.31 \& F_{D2} > 0.214$（gini = 0.13，samples = 861）

Rule2：$F_{D1} \leq 0.31 \& F_{D2} > 0.595$（gini = 0.266，samples = 52）

Rule3：$F_{D1} > 0.548 \& F_{D2} \leq 0.214$（gini = 0.423，samples = 90）

首先根据基尼不纯度对规则的重要性进行排序，然后根据重要性依次选择

1、2 或 3 条规则，用于识别测试集中的通勤车辆，并且计算 Accuracy、Macro-precision，以及 Macro-recall，从而来评价模型的通勤模式识别性能。Accuracy、Macro-precision 和 Macro-recall 随通勤规则个数的变化趋势如图 8-20 所示。

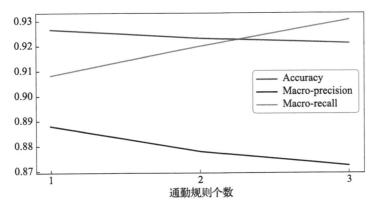

图 8-20　Accuracy、Macro-precision 和 Macro-recall
随通勤规则个数的变化趋势（见彩插）

从图 8-20 中可以看出，随着通勤规则数量的增加，Accuracy 和 Macro-precision 不断下降，分别从 92.6% 下降到 92.1% 和从 88.8% 下降到 87.2%，而 Macro-recall 从 90.8% 上升到 93.0%。为使模型性能指标尽可能高，规则尽可能简单，将通勤模式识别规则定义如下：

Rule1：$F_{D1} > 0.31 \& F_{D2} > 0.214$（gini = 0.13，samples = 861）

Rule2：$F_{D2} > 0.595 \& F_{D1} \leq 0.31$（gini = 0.266，samples = 52）

该规则仅使用 F_{D1} 和 F_{D2} 这两个特征来识别通勤车辆，在此情况下，测试集上的 Accuracy、Macro-precision 和 Macro-recall 分别达到 92.3%、87.8% 和 92.0%。因此，仅使用通勤出行车辆的起讫点稳定性系数就可以准确区分通勤车辆。这可以用这两个特征的物理意义来解释，即当车辆在工作日早上的高峰时段目的地相对固定，晚上的高峰时段目的地也相对固定（即 $F_{D1} > 0.31$ 并且 $F_{D2} > 0.214$）时，该车辆可被认定为通勤车辆。此外，晚高峰期间的目的地相当固定，即 $F_{D2} > 0.595$ 时，甚至不需要使用该车辆的其他信息来推断该车辆为通勤车辆。这也说明了通勤车辆在早晚高峰期间的行驶规律特性是其他类型车辆所不具有的。

获得通勤车辆识别规则后，识别出的杭州市限行区通勤车辆共 114439 辆，其中杭州本地车牌车辆（车牌为浙 A）111945 辆，非本地车牌车辆（车牌为非浙 A）2494 辆。

8.2.4 案例分析

1. 通勤车辆及非通勤车辆出行行为比较分析

在前面已经得到了杭州市限行区内的通勤模式车辆，共 114439 辆。这些车辆的各个特征的描述性统计结果见表 8-11。

表 8-11 通勤模式车辆出行行为描述性统计

统计指标	F_1	F_2	F_{O1}	F_{D1}	F_{O2}	F_{D2}	F_s	σ	M
count	114439	114439	114439	114439	114439	114439	114439	114439	114439
mean	0.607	0.863	0.562	0.551	0.491	0.515	-0.434	2.335	3.875
std	0.203	0.129	0.196	0.185	0.194	0.175	1.050	1.744	2.121
min	0.048	0.333	0.048	0.048	0.048	0.238	-4.297	0.000	0.000
25%	0.476	0.810	0.429	0.429	0.333	0.381	-1.110	1.000	2.400
50%	0.619	0.905	0.571	0.524	0.476	0.524	-0.347	2.137	3.667
75%	0.762	0.952	0.714	0.667	0.619	0.619	0.508	3.445	5.121
max	1.000	1.000	1.000	1.000	1.000	1.000	1.000	8.921	11.182

分析通勤模式车辆出行行为特性与其他车辆出行行为特性的差异。每个特征的平均值和相对变化见表 8-12。

表 8-12 通勤模式车辆及非通勤模式车辆出行差异比较

差异比较	F_1	F_2	F_{O1}	F_{D1}	F_{O2}	F_{D2}	F_s	σ	M
通勤模式车辆	0.607	0.863	0.562	0.551	0.491	0.515	-0.434	2.335	3.875
非通勤模式车辆	0.158	0.517	0.159	0.137	0.124	0.132	-1.146	2.640	4.220
相对变化（%）	-74.0	-40.1	-71.7	-75.1	-74.7	-74.4	-164.1	13.1	8.9

由表 8-12 可知，非通勤车辆的 F_1、F_2、F_{O1}、F_{D1}、F_{O2}、F_{D2} 和 F_s 明显小于通勤车辆，这意味着在交通网络中，通勤车辆比非通勤车辆行驶的天数更多，具有更强的时空规律性，从而对路网的交通状况产生较大的影响，下面将对此进行更详细的分析。应注意的是，表 8-12 中的平均值表示的是特征 F_s 不为空的非通勤车辆的信息。通勤车辆的 σ 和 M 值略低于非通勤车辆，说明通勤车辆在非早晚高峰期间出行较少，但有更强的规律性。

2. 通勤车辆出行规律性分析

进一步分析通勤模式车辆的出行行为。2016 年 6 月杭州市核心区在 21 个工作日车牌识别数据共记录车辆 3509489 辆。车牌识别数据共包括 462288 辆特征 F_s 不为空的车辆，共有 114439 辆车辆被识别为通勤车辆，占所有记录车辆的 3.26%。通勤模式车辆的比例很低，这是因为有大量的过境车辆。过境车辆是指经过杭州市限行区，但目的地不在限行区的车辆。在本案例中，从杭州市郊区进入限行区的车辆多为过境车辆。此外，作为浙江省省会城市和著名的旅游城市，杭州有大量的车辆前来进行商务活动和旅游。过境车辆经常一天只被检测到少量几次，大多数是一两次，这部分车辆的车牌识别数据包含的信息非常少，通常无法成功计算出特征 F_s。因此，可以发现车牌识别数据仅包括 462288 辆特征 F_s 不为空的车辆，3047201 辆车辆的特征 F_s 为空。在随后的分析中，为了消除过境车辆的干扰，总车辆是指 F_s 不为空的所有车辆。2016 年 6 月的 21 个工作日中，共有 77240905 条 LPR 数据记录，其中通勤车辆记录 21225036 条。通勤车辆检测记录占全部记录的 27.48%。计算 2016 年 6 月的 21 个工作日早晚高峰期间的平均每日通勤车辆数和每日通勤车辆被检测频次，发现早晚高峰期间日均通勤车辆数为 104874 辆，日均被检测频次为 772806 次，2016 年 6 月的 21 个工作日早晚高峰期间日均被检测车辆数为 304127 辆，日均被检测频次为 2249097 次，因此早晚高峰期间，日均被检测通勤车辆占全部车辆的 34.48%，日均通勤车辆被检测频次占全部车辆的 34.36%。

分别统计计算通勤车辆和非通勤车辆的首末次被检测时间。如前所述，每个间隔持续 30min，因此一天被分为 48 个间隔。分析所有工作日第一次和最后一次被检测到的平均时间分布，结果如图 8-21 所示。

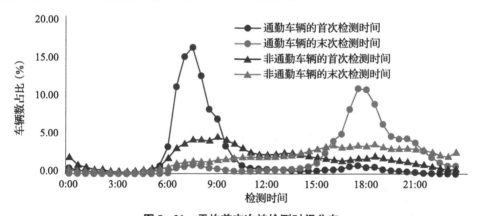

图 8-21 平均首末次被检测时间分布

通勤车辆首次被检测时间集中在 06:30—10:30 之间，平均 78.0% 的通勤车辆均在此期间首次被检测到。末次被检测时间分布相对分散，平均而言，77.8% 的通勤车辆末次被检测时间在 15:30—21:30 之间。但对于非通勤车辆而言，早晚高峰时段开始或结束出行的现象并不明显。

进一步分析通勤模式车辆在一天中的出行行为，定义交通流(Q)、通勤车辆交通流(Q_c)、通勤车辆交通流占比(r)如下：

$$Q = \frac{\text{freq}_i}{\Delta T} \quad (8-25)$$

$$Q_c = \frac{\text{freq}_{ci}}{\Delta T} \quad (8-26)$$

$$r = \frac{Q_c}{Q} \quad (8-27)$$

式中，freq_i 是卡口检测器 i 在 ΔT 时间段内的被检测频次总数；freq_{ci} 是卡口检测器 i 在 ΔT 时间段内由通勤模式车辆贡献的被检测频次总数。

选取两个流量较大的卡口探测器点位，显示 2016 年 6 月 15 日 Q、Q_c、r 的变化情况，其中 ΔT 被设置为 30min。两个卡口探测器分别位于玉古路--浙大路交叉口和环城西路-凤起路交叉口，结果如图 8-22 所示。

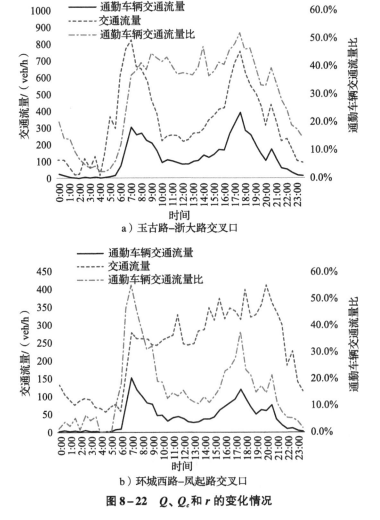

图 8-22　Q、Q_c 和 r 的变化情况

由图 8-22 可以看出，两个卡口检测器处全天的车流量都很大，但是大多数通勤模式车辆均在早晚高峰时段行驶，其中早高峰通勤车辆交通流占比高达 50%，晚高峰通勤车辆交通流占比略低于早高峰。

3. 不同早晚高峰对通勤规则提取及通勤模式车辆识别的影响

如上所述，不同的阈值会得到不同的早晚高峰时间段，阈值的确定需要根据不同地区的当地情况来确定，以上部分都是基于 $\alpha = 3.5\%$ 得到的，接下来将讨论不同的早晚高峰时间段取值对通勤规则提取和通勤模式车辆识别的影响。

分别取 α 为 3%、3.5% 和 4%，得到早晚高峰时间段，在此基础上采用 ISODATA 对子数据集进行聚类，识别出通勤模式车辆。利用聚类结果为子数据集打上标签，进一步用于训练决策树模型，以获得每个特征的重要性排序。使用不同数量的特征训练决策树模型，当阈值取 4%，特征数为 3 时，得到的模型效果基本达到最优，单纯增加特征数量无助于提高模型性能。因此，α 取 4% 时，使用 F_1、F_{O2} 和 F_s 来识别通勤模式车辆。当 α 分别为 3% 和 3.5% 时，模型性能随特征数量的变化趋势非常相似，因此通过权衡模型的有效性、简单性和可解释性，分别选择三个和两个最重要的特征来构建决策树模型。不同 α 下决策树模型的通勤规则提取见表 8-13。

表 8-13 不同 α 下决策树模型的通勤规则

通勤规则	gini	samples
$\alpha = 3\%$		
$F_{D1} > 0.31 \& F_{D2} > 0.214 \& F_s > -2.689$	0.087	880
$F_{D1} > 0.452 \& F_{D2} \leq 0.214 \& F_s > -1.691$	0.302	89
$F_{D1} \leq 0.31 \& F_{D2} > 0.405 \& F_s > -1.579$	0.375	134
$\alpha = 3.5\%$		
$F_{D1} > 0.31 \& F_{D2} > 0.214$	0.13	861
$F_{D2} > 0.595 \& F_{D1} \leq 0.31$	0.266	52
$F_{D1} > 0.548 \& F_{D2} \leq 0.214$	0.423	90
$\alpha = 4\%$		
$F_1 > 0.357 \& F_{O2} > 0.214 \& F_s > -2.089$	0.069	497
$F_1 > 0.357 \& F_{O2} \leq 0.214 \& F_s > 0.205$	0.256	26
$F_1 \leq 0.357 \& F_{O2} > 0.262 \& F_s > -1.009$	0.397	69

首先根据基尼不纯度对规则按照重要性进行排序，然后根据重要性依次选择 1 到 3 条规则，分别计算出测试集中的 Accuracy、Macro-precision、Macro-recall 三个指标来评价模型在不同早晚高峰时间段下的表现，如图 8-23 所示。图 8-23g、h、i 为 Accuracy、Macro-precision、Macro-recall 随通勤规则数量的变化趋势。为了使模型性能指标尽可能高，同时保持规则尽可能简单，当 α 为 3% 和 3.5% 时，2 条最重要的规则被保留，当 α 为 4% 时，仅仅保留 1 条通勤规则，见表 8-14。

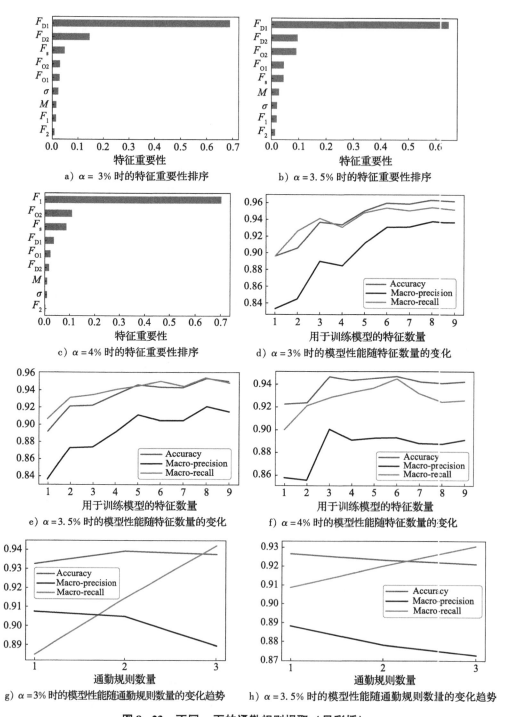

图 8-23 不同 α 下的通勤规则提取（见彩插）

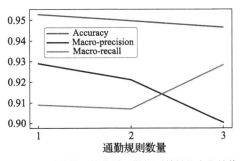

i) $\alpha = 4\%$ 时的模型性能随通勤规则数量的变化趋势

图 8-23　不同 α 下的通勤规则提取（续）（见彩插）

表 8-14　不同 α 取值下的通勤规则

通勤规则	gini	samples
$\alpha = 3\%$		
$F_{D1} > 0.31 \& F_{D2} > 0.214 \& F_s > -2.689$	0.087	880
$F_{D1} > 0.452 \& F_{D2} \leq 0.214 \& F_s > -1.691$	0.302	89
$\alpha = 3.5\%$		
$F_{D1} > 0.31 \& F_{D2} > 0.214$	0.13	861
$F_{D2} > 0.595 \& F_{D1} \leq 0.31$	0.266	52
$\alpha = 4\%$		
$F_1 > 0.357 \& F_{O2} > 0.214 \& F_s > -2.089$	0.069	497

在得到通勤模式车辆识别规则后，可以成功地识别出整个数据集中的通勤车辆。当阈值为 3%、3.5% 和 4% 时，虽然会得到不同的早晚高峰时间段，但这三种情况下最终通勤规则至少包含一个起讫点稳定性系数。

图 8-24 展示了不同 α 下识别得到的通勤模式车辆之间的关系。当 α 分别取 3%、3.5% 和 4% 时，分别识别得到 122192 辆、114439 辆和 63116 辆通勤模式车辆。取 α 分别为 3% 和 3.5% 时，结果的交集中有 103929 辆通勤车辆。取 α 为 3% 和 4% 时，结果的交集有 57842 辆通勤车辆。取 α 为 3.5% 和 4% 时，结果的交集有 57397 辆通勤车辆。此外，取 α 为 3%、3.5% 和 4% 时，结果的交集有 56054 辆通勤车辆。当 α 为 3% 和 3.5% 时，通勤规则非常相似，识别出的通勤车辆具有较高的重合度。当 α 为 4% 时，早晚高峰时间段相较于 α 为 3% 或 3.5% 时，通勤车辆出行行为的规律性要更高。因此，以 4% 为阈值的结果与以 3% 或 3.5% 为阈值的结果略有不同。但总的来说，上述三种情况下的最终通勤规则至少包含一个起讫点稳定性系数。

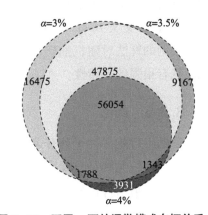

图 8-24　不同 α 下的通勤模式车辆关系

4. 随机抽样对结果的影响

由于车牌识别数据量巨大,为了在可接受的时间内得到结果,在进行聚类分析之前对整个数据集进行随机抽样。为了验证本案例提出的算法的鲁棒性,通过三次随机抽样得到了三个子数据集,在得到的子数据集上,运用聚类算法和决策树算法得到通勤规则,进而识别通勤模式车辆。对基于三个子数据集的结果进行比较,进而验证算法的鲁棒性。通过三次随机抽样分别得到的通勤规则见表 8-15,通过三次随机抽样分别得到的通勤模式车辆之间的关系如图 8-25 所示。

表 8-15 三次随机抽样下的通勤规则

通勤规则	gini	samples
第一次随机抽样		
$F_{D1} > 0.31 \& F_{D2} > 0.214$	0.13	861
$F_{D2} > 0.595 \& F_{D1} \leq 0.31$	0.266	52
第二次随机抽样		
$F_{D1} > 0.262 \& F_{O2} > 0.262$	0.088	867
$F_{D1} > 0.452 \& F_{O2} \leq 0.262$	0.376	160
第三次随机抽样		
$F_{D1} > 0.262 \& F_{D2} > 0.214$	0.101	945
$F_{D1} \leq 0.262 \& F_{D2} > 0.643$	0.171	26

结果表明,三次随机抽样得到的通勤规则均由起讫点稳定性系数组成。利用三次随机抽样得到的通勤规则识别通勤模式车辆进行分析,发现三次结果的交集共有 101830 辆车,表明案例的算法对随机抽样带来的随机性具有很强的鲁棒性。

8.2.5 结论

通勤出行是一种十分普遍、重要的出行行为,尤其是早晚高峰,通勤出行相对其他出行目的的比例更高。对通勤出行的分析有利于交通规划者进行城市规划,政策制定者制定相应的政策,比如限行政策等。如今,路网上完备的卡

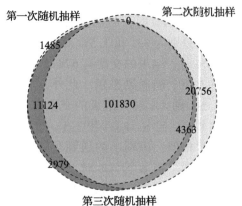

图 8-25 三次随机抽样下的通勤模式车辆关系

口检测器采集了大量车牌识别数据,这些数据蕴含着出行者出行的时间和空间信息。因此,借助于车牌识别数据对出行者的出行行为进行分析成为可能。相较于问卷调查数据,这种数据的数据量更大,对出行者追踪的时间更长,因此基于车牌识别数据对出行者出行行为的刻画也会更加精确。本案例基于车牌识别数据从时间、空间两个维度对车辆的通勤出行行为进行分析。通过对车辆在路网上首次被卡口检测到的时间以及最后一次被卡口检测到的时间的分析,对杭州市的早晚高峰时间段进行确定,并提出了早晚高峰起讫点挖掘方法。在此基础上,共挖掘出 9 个反映通勤车通勤出行的特征,通过对特征的相关性分析,发现可以对它们使用因子分析技术进行降维,最后得到 3 个因子,分别从车辆在一个月的工作日中的早晚高峰出行行为的稳定性、车辆在一个月中的平峰时间段出行行为的稳定性,以及早晚高峰起讫点稳定性 3 个角度刻画通勤出行行为。对整个样本进行 1% 的抽样,然后对该小样本使用 DBSCAN、ISODATA、快速搜索聚类算法三种不同的聚类方法进行聚类,使用轮廓系数比较各算法的聚类结果好坏,结果表明,DBSCAN 无法成功进行通勤模式识别,ISODATA 和快速搜索聚类算法可以成功进行通勤模式识别,且 ISODATA 进行通勤模式识别的效果最优。在聚类分析的基础上,提出了使用决策树模型进行通勤规则提取,最终得到通勤规则:($F_{D1} > 0.31$ & $F_{D2} > 0.214$)或($F_{D2} > 0.595$ & $F_{D1} \leqslant 0.31$)。然后借助该规则对整个样本进行通勤模式车辆识别,得到杭州市限行区内通勤车共有 114439 辆,其中杭州市本地车牌(浙 A)111945 辆,外地车牌车辆(非浙 A)2494 辆。此外,本节详细分析了不同的早晚高峰时间段取值对通勤规则提取和通勤模式识别的影响,并检验了随机性对结果的影响,结果表明本案例提出的通勤模式车辆识别算法具有较强的鲁棒性。通过对通勤模式车辆的出行行为进行分析,发现通勤模式车辆出行的时空规律性远强于非通勤模式车辆,其中,非通勤模式车辆的 F_1、起讫点稳定性系数 F_s 的平均值比通勤车辆小 70% 以上。在收集的车牌识别数据中,通勤模式车辆的被检测记录数量占全部记录数量的 27.48%,早晚高峰期间,平均每天通勤模式车辆数占全部车辆的 34.48%,通勤车辆检测频次占全部车辆的 34.36%。此外,研究还发现,平均 78% 的通勤模式车辆首次被检测时间在 6:30—10:30,平均 77.8% 的通勤模式车辆最后一次被检测时间在 15:30—21:30 之间,然而,对于非通勤模式车辆而言,在早晚高峰期间开始或结束出行的现象并不明显。

  本案例结论可为进一步提高交通需求管理措施的效果提供支持。

8.3 基于 IC 卡和 GPS 数据的公交信号优先控制方法研究

8.3.1 案例背景

随着机动车保有量的快速增加，我国城市交通拥堵问题日趋严重。发展公共交通，实行公交优先是缓解城市交通拥堵问题的有效措施之一。目前，在城市道路实现公交运行优先主要是从空间和时间两方面实施。空间上的公交运行优先主要是在道路上划设公交专用道，为公交车辆提供在道路上运行的专用路权。时间上的公交运行优先则主要是通过对道路交叉口的信号配时方案进行优化，赋予公交车辆一定的优先通行权。

交叉口是城市道路路网的重要组成部分，是车流和行人聚集疏散的重要节点，同时是绝大多数交通拥堵发生的地点，也是公交运行准点率的重要影响因素。在城市交叉口处实行公交优先策略能有效提高公交车辆通行效率。但目前我国城市道路交叉口实行公交信号优先时采用的传统控制方法往往是只针对公交车辆实行绝对优先，未依据公交车辆的实际载客量大小进行控制，使得载客量很少甚至为空车的公交车辆也得到优先通行，这违背了"公交优先"的精神，也不符合"以人为本"的理念。

为了解决这一问题，本案例结合智能交通、智能公交等先进技术，对 IC 卡和 GPS 等交通大数据进行融合分析，对公交乘客上车、下车行为进行挖掘，确定公交车辆实际载客量，将公交车辆实际载客量考虑到公交信号优先方法中，对交叉口信号方案进行公交优先优化控制，给予公交车辆更为合理的优先通行权，减少人均延误，提高交叉口车辆的综合通行效率，更好地实现公交优先。

8.3.2 数据概述

1. 数据来源

（1）公交 IC 卡数据　乘客上车时在车载收费终端刷公交 IC 卡，对应产生一条刷卡记录。刷卡记录通过车载收费终端中的存储设备存储，而后将数据汇集并上传到 IC 卡管理中心，最终传输到数据库中。

本案例获取的重庆市主城区公交 IC 卡收费方式是"一票制"，所储存的信息主要包括线路编号、IC 卡编号、刷卡类型、刷卡日期、刷卡时间、刷卡金额和车辆编号等字段。公交 IC 卡的数据结构见表 8-16。

表 8-16　IC 卡的数据结构

字段	中文解释	数据类型	示例	说明
LH	线路编号	整型	111	终端设备车辆对应的线路号，未区分上下行
V1	IC 卡编号	长整型	4000000005026098	公交 IC 卡的唯一标识
V2	刷卡类型	字符型	2	分别对应不同刷卡群体
V4	刷卡日期	长整型	20190121	刷卡的具体日期，精确到"日"
V5	刷卡时间	长整型	101631	刷卡的具体时刻，精确到"秒"
V6	刷卡金额	浮点型	1.8	刷卡实际扣除金额，对应不同 IC 卡类型
V14	车辆编号	整型	81540	刷卡时安置终端设备车辆对应的唯一编号

(2) GPS 数据　本案例获取的重庆市主城区公交 GPS 数据每隔 10s 会自动回传车辆定位信息，存储在公交 GPS 终端设备中，然后发送至公交大数据平台存储。重庆市主城区公交 GPS 数据主要包括车辆编号、定位日期、定位时间、定位经纬度、线路编号、速度等字段，原始数据格式和 IC 卡数据相同，为 .txt。

本案例所采用的公交车载 GPS 的数据结构见表 8-17。

表 8-17　GPS 数据结构

字段	中文解释	数据类型	示例	说明
V1	车辆编号	整型	10738	每辆公交车辆终端对应的唯一编号
V2	定位日期	日期	2019/1/21	GPS 定位的具体日期，精确到"日"
V3	定位时间	时间	18:01:28	GPS 定位的具体时刻，精确到"秒"
V4	经度/(°)	双精度	106.496126	GPS 定位时车辆所处位置点的经度
V5	纬度/(°)	双精度	29.372955	GPS 定位时车辆所处位置点的纬度
LH	线路编号	整型	121	GPS 定位时车辆的线路编号
V6	速度/(km/h)	双精度	19.46	GPS 定位时记载的瞬时车速

(3) 静态公交数据　本案例获取的静态公交数据主要有公交运行线路数据和公交站点数据。

公交运行线路数据是由公交公司制定的每条公交线路上、下行依次经过公交站点数据组成的序列，包括线路编号、设备车数、线路性质、线路长度、线路站点设置、高峰平均发车间隔和平峰平均发车间隔等字段信息，见表 8-18。

公交站点数据记录了公交站点所处的位置和站点序号等信息，包括公交线路编号、线路上下行方向、站点序号、站点名称和站点中心经纬度等字段信息，见表 8-19。

表 8-18 线路信息数据结构

线路编号	设备车数/辆	线路性质	线路长度/km	线路站点设置	高峰平均发车间隔/min	平峰平均发车间隔/min
121	40	中级线路	22.5	—	4~5	6~8
188	11	中级线路	17.25	—	6~8	10~15
301	27	中级线路	15.25	—	4~5	6~8
306	10	中级线路	5.9	—	3~5	7~8
308	30	中级线路	23.95	—	3~5	8~10
326	14	穿梭客车	8.0	—	4	7~8

表 8-19 站点地理信息数据结构

字段名称	示例	说明
公交线路编号	121	对应 121 公交线路
线路上下行方向	1	1 代表上行，2 代表下行
站点序号	1	站点在线路上对应的序号
站点名称	丹龙路	站点在线路上的中文名称标识
站点中心经度/(°)	106.540318	站点中心位置所处的经度
站点中心纬度/(°)	29.515641	站点中心位置所处的纬度

2. 数据处理

在现实世界中，数据通常是不完整、不一致的，且极易受到噪声的侵扰。公交 IC 卡和公交 GPS 原始数据各自字段的格式和类型存在差别，包含了许多与研究问题本身无关的字段。此外，受到数据收集设备和外部环境等因素的影响，数据在采集和传输中会出现各类的偏差或错误。因此，为了提高研究所需数据的质量，有必要对这两种公交原始数据进行预处理，如图 8-26 所示，包括研究时段选取、关键字段提取、数据的清洗和排序等。

提取到指定日期的公交 IC 卡和公交 GPS 等数据后，由于公交原始数据量相对较大，若是单纯依靠人力处理，不但工作烦琐，而且会耗费大量时间，需要借助相应的计算机软件进行处理。为了更为方便快捷地处理数据，利用 Python3 的 Pandas 模块在 jupyter notebook 交互平台中进行数据处理，对公交 IC 卡和公交 GPS 数据预处理的流程如图 8-27 所示。

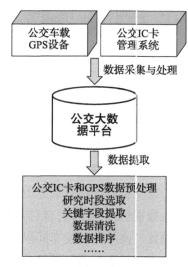

图 8-26 原始公交数据获取与处理流程

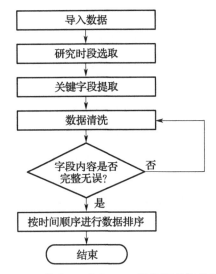

图 8-27 公交 IC 卡和 GPS 数据预处理总流程

8.3.3 融合算法

1. 数据融合

乘客公交出行行为过程一般由上车、下车和换乘三部分组成，乘客出行 OD 矩阵的构建需要用到这三类信息。然而对于公交车辆行驶到某一地点时的实际载客量的获取，则只需要知道乘客的上下车站点相关信息，不需要分析乘客的换乘行为。如果公交 IC 卡数据和公交 GPS 数据中都不包含乘客上下车站点数据的相关字段，就无法通过数据直接获得某一公交车辆的实际载客量。公交 GPS 数据和公交站点数据之间具有空间位置信息的关联，公交 GPS 数据和公交 IC 卡数据之间存在时间上的关联，因此，将这几类公交数据进行融合分析，可得到乘客上下车站点数据。在公交数据预处理的基础上，对数据进一步挖掘，构建模型算法，进行乘客上车站点数据匹配和下车站点数据推算，并评价数据的有效性，以得到公交车辆通过交叉口时的实际载客量。公交数据融合总体思路如图 8-28 所示。

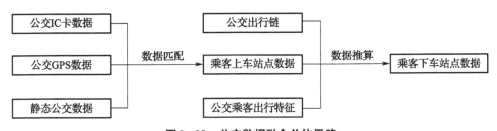

图 8-28 公交数据融合总体思路

2. 基于数据融合的公交实际载客量分析

（1）乘客上车站点数据匹配　为了得到乘客刷卡上车的公交站点，必须先得到该乘客乘坐的公交车到达该站点的具体时刻，然后以时间为条件对 IC 卡数据进行匹配，得到该站点在各个时间的刷卡数据。为此，将公交数据进行两次匹配：第一次匹配是以线路编号和经纬度信息作为关联字段，将相同线路的公交 GPS 数据的经纬度与公交站点的经纬度相关联，得到公交车辆到达线路各个站点的时间；第二次匹配是以车辆编号和得到的公交车辆的到站时间为关联字段，将公交 GPS 数据和 IC 卡数据相关联，进行乘客上车站点匹配，以此得到公交车辆在线路各个站点的上车人数。乘客上车站点数据匹配的基本流程如图 8-29 所示。

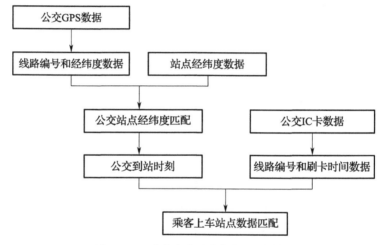

图 8-29　乘客上车站点数据匹配流程

（2）乘客下车站点数据推算　由于重庆市主城区的公交 IC 卡刷卡收费系统采取"一票制"，公交乘客只需要在上车时刷卡，而在下车时不需要刷卡，因此不能直接通过类似于乘客上车站点的时空匹配方法，利用公交 IC 卡和 GPS 数据获得公交乘客的相关下车站点数据。故需要结合得到的公交乘客上车站点数据，借助合适的模型和算法进行公交乘客下车站点数据推算。

对公交乘客下车站点数据推算的方法主要有两种：出行链理论法和下车站点概率推断法。基于出行链理论的算法是根据乘客的连续出行记录对乘客的下车站点进行判断，使用条件是乘客具有完整闭合的出行链。该方法得到的乘客下车站点结果精度相对较高，但识别率相对较低。基于下车站点概率的推断法是依据乘客的出行特征，选取合理的影响因素对乘客下车站点的可能程度进行推算，但需要考虑的影响因素过多，且难以衡量它们的重要程度，只能通过主观赋予权重值计算乘客下车站点选择的概率分布，以此得到各个站点的下车人数。这种方法无法得到每个乘客具体的下车站点，也不能体现一天中不同时间段的乘客出行选择差异，并且这种方法主观性相对太强且计算结果精确度较低。

本案例作为城市交叉口公交信号优先控制研究，并不需要得到公交乘客的出行 OD，所以不需要推算出乘客具体的下车站点，只需要知道乘客是否在所乘坐公交车辆通过交叉口之前的站点下车。在这样的前提条件下，本案例在对乘客公交出行进行分析的基础上，结合以往研究成果，综合运用公交出行链和乘客公交出行特征对乘客下车站点数据进行推算，总体框架如图 8-30 所示。

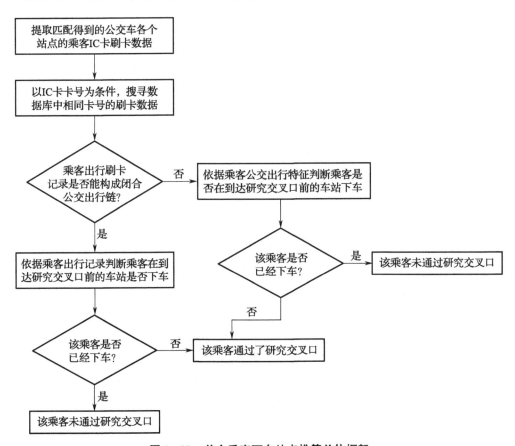

图 8-30　单个乘客下车站点推算总体框架

(3) 公交实际载客量计算　进行了乘客上车站点数据匹配和下车站点数据推算后，即可得到公交车行驶到某一交叉口时的实际载客量。

设某条线路的公交站点有 n 个，上行站点标记为 S_1、S_2、$\cdots$、S_n，其中与研究交叉口相邻的公交站点为 S_u、S_d；下行站点标记为 X_1、X_2、$\cdots$、X_n，其中与研究交叉口相邻的公交站点为 X_u、X_d，如图 8-31 所示。

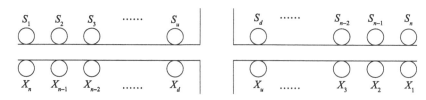

图8-31 研究交叉口上下行公交站点分布示意图

记工作日高峰期某一班公交车辆上行方向站点 S_u 前匹配的上车人数为 C_1，推算出的下车人数为 C_2，则该公交车辆通过该交叉口时的实际载客数 P_r 可表示为

$$P_r = C_1 - C_2 \tag{8-28}$$

3. 信号优先控制优化模型构建

（1）模型假设条件　以城市典型十字形信号交叉口为对象，建立公交信号优先模型。为了减少不确定因素的干扰，更好地构建模型，现做以下假设：

1）各进口道车辆到达率稳定，车辆离开符合均匀分布，且公交车辆发车频率不变。

2）交叉口流量一直处于非饱和状态，不考虑过饱和状态的情况。

3）为避免信号灯的频繁切换引起驾驶人的情绪紧张导致错误操作，在一次公交信号优先方案触发及实施期间，不产生新的信号方案。

（2）目标函数的确定　一般在高峰时期，公交车辆的载客数明显大于社会车辆的载客数，但常规的延误计算模型将这两种车型同等看待，只考虑车的延误，不计算人的延误，这不符合公交优先的实际需求。鉴于此，有必要在延误模型中设置一个影响系数，以此来体现公交车辆在交叉口车流中的重要度。考虑公交车辆的实时运行状况，结合上述对公交车辆实际载客量和到站时刻的研究，使用公交实际满载率和公交延误系数构建一个影响系数，即公交优先强度系数。

1）公交实际满载率。计算公交车影响系数的第一个指标是公交实际满载率。以往对公交信号优先控制的研究大多将公交载客量设为定值，这明显不符合公交载客量是变动的实际情况。公交实际载客量对公交信号优先策略的实施效果影响很大，若在实际载客量很少的情况下仍给予公交车辆很高的通行权，就会增大交叉口车辆乘客的延误时间。

因此，基于上述公交实际载客量的研究，可以得到公交实际满载率的计算公式为：

$$c_r = \frac{p_b^i}{p_e} \tag{8-29}$$

式中，p_b^i 为公交优先相位 i 的公交实际载客量；p_e 为公交额定载客量，可按国家标准 GB 7258—2017《机动车运行安全技术条件》计算。

2) 公交延误系数。计算公交车影响系数的第二个指标是公交延误系数。公交延误系数取决于公交车到站的准点性。公交准点到站不仅可以节约乘客出行时间，提高出行效率，同时也有利于乘客出行规划与决策判断，便于乘客形成自身出行链的规律性。尽管准点性是乘客公交出行的基本要求，但由于气候等自然条件以及道路运行状况等不确定性因素的影响，现有的交通信号控制方法往往难以保证公交全线任意时段的准点运行，此外公交到站时刻预测本身具有非确定性与复杂性，因此公交的准时也只能是相对于乘客心理预期而言的，允许存在一定范围的微小偏差。

公交延误系数由公交车实际调度延误、公交车可接受调度延误和公交车最大调度延误决定，计算公式为：

$$f_L = \begin{cases} 0, & \text{TL} \leq 0 \\ 1, & \text{TL} \in (0, \text{TL}_a) \\ \dfrac{\text{TL}_m - \text{TL}_a}{\text{TL} - \text{TL}_a}, & \text{TL} \in [\text{TL}_a, \text{TL}_m] \\ 2, & \text{TL} > \text{TL}_m \end{cases} \quad (8-30)$$

式中，f_L 为公交延误系数；TL 为公交车实际调度延误；TL_a 为公交车可接受调度延误；TL_m 为公交车最大调度延误。公交车可接受调度延误和公交车最大调度延误由公交发车间隔时间决定。

综合上述两个计算指标，得到公交线路某公交车的公交优先强度系数 β 如下：

$$\beta = c_r f_L \quad (8-31)$$

本案例以乘客延误为研究对象，将公交优先强度系数加入交叉口公交车辆乘客的延误中，以交叉口加权人均总延误减少量最大为优化目标，得到公交信号优先控制优化模型的目标函数为：

$$\max f(\Delta g_j, \Delta r_j) = (1 + \beta)(p_b^i \Delta d_b^i) + p_c^i \Delta d_c^i + \sum_{j=1}^{n-1} p_c^j \Delta d_c^j \quad (8-32)$$

式中，p_b^i 为公交车辆的实际载客数；p_c^i 为公交优先相位 i 的平均社会车辆载客数；d_b^i 和 d_c^i 为公交优先策略实行期间公交优先相位 i 的实际社会车辆数和平均社会车辆数；p_c^j 为第 j 个非公交优先相位的平均社会车辆载客数；d_c^j 为公交优先策略实行期间第 j 个非公交优先相位的社会车辆数。其余符号意义与前述相同。

(3) 约束条件的确定

1) 绿灯时间约束。当饱和度达到 0.9 时，交叉口进口车道就已经无法正常处理当前所到达的车流。一般在这种情况下，饱和度超过 0.9 的进口车道会开始出现较长排队，这时整个信号交叉口的总体延误大大增加。本案例考虑的是非饱和状态下的交叉口，故设定交叉口饱和度应不高于 0.9，可得到考虑清空排队机动车的最小绿灯时间为：

$$g_{k\min}^1 = \frac{Cy_k}{x_k} = \frac{Cy_k}{0.9} \tag{8-33}$$

式中，C 为周期时长 (s)；x_k 为 k 相位的饱和度；y_k 为 k 相位的流量比，等于该相位车辆到达率和饱和流率的比值。

另一方面，考虑行人过街要求的最小绿灯时间为：

$$g_{k\min}^2 = 7 + \frac{l_p}{v_p}\alpha - I \tag{8-34}$$

式中，l_p 为行人过街横道长度（m）；v_p 为行人过街速度，一般取 1.2m/s；α 为折减系数，若有安全岛，取值为 0.5，若无安全岛，取值为 1；I 为绿灯间隔时间。

所以，k 相位的最小绿灯时间为：

$$g_{k\min} = \max[g_{k\min}^1, g_{k\min}^2] \tag{8-35}$$

2) 周期时长约束。因为信号周期时长不变，所以需要保证各个相位的绿灯时长和损失时间之和等于周期时长，即：

$$C = \sum_{k=1}^{n}(g_k + l_k) \tag{8-36}$$

式中，l_k 为相位的损失时间；其余符号意义与前述相同。

综上所述，交叉口公交信号优先控制优化模型可表示如下：

$$\begin{cases} \max f(\Delta g_j, \Delta r_j) = (1+\beta)(p_b^i \Delta d_b^i) + p_c^i \Delta d_c^i + \sum_{j=1}^{n-1} p_c^j \Delta d_c^j \\ \text{s.t.} \\ g_e = \Delta g_1 \\ r_s = \Delta r_1 \\ C = \sum_{k}^{n}(g_k + l_k) \\ g_{k\min} \leqslant g_k \\ x_k \leqslant 0.9 \end{cases} \tag{8-37}$$

上述模型可以认为是一个多元非线性优化问题。考虑到遗传算法具有一定的全局搜索能力，本案例采用遗传算法求解该模型。

4．模型求解

遗传算法是一种基于自然原则原理和群体遗传机制的寻优算法，它模拟了自然选择遗传过程中的繁衍、交配和突变现象，其实质是通过群体搜索技术，根据适者生存的原则逐代进化，最终得到最优解。遗传算法首先需要随机产生初始群体并得到每一个体的适应度，然后对个体的基因进行选择、交叉、变异等操作，得到下一代群体，按此方法使群体逐代进化，直到满足进化终止条件。

对于本案例的公交信号优先控制优化模型，使用遗传算法求解步骤如下：

（1）染色体编码　由于遗传算法不能直接处理问题空间的参数，因此必须将要求解的问题表示成遗传空间的染色体或者个体，这一转换操作就叫作编码。遗传算法中主要有二进制编码、格雷码编码和实数编码等编码技术。

考虑到二进制编码和格雷码编码连续函数离散化时的映射误差，对等式约束的处理效果较差，而本案例模型中存在等式约束，所以使用实数编码技术。对于各个信号相位阶段，采用相位最小绿灯时间 $g_{\min}$ 和最大绿灯时间 $g_{\max}$ 之间的值进行编码。个体的变量数目需要由信号相位数决定。

（2）种群初始化　种群的初始化方法一般有两种：有条件地产生和随机产生，前者需要预先对解的范围等情况有所了解，后者则不需要。

本案例模型的解为信号各相位的绿灯时间分配情况，而不同相位的绿灯时间已具有一定约束，因此可选择有条件地产生的种群初始化方法。

（3）适应度函数构造　通常来说，适应度函数是根据模型的目标函数来确定。若目标函数为最大值，可直接将目标函数作为适应度函数；若目标函数为最小值，可通过将目标函数作一定的变换后再作为适应度函数使用；若目标函数比较复杂，无法通过相应变换作为适应度函数，可采用界限构造法等方法对适应度函数进行构造。

本案例模型的目标函数是最大值，因此，可以直接将目标函数作为适应度函数。

（4）规则选择　选择是为了把初始群体中适应度相对更高的个体按照规则遗传到下一代群体中。轮盘赌规则是遗传算法中最简单且常用的方法，它能够更大概率地保留适应度较高的个体，本案例采用轮盘赌规则。

（5）交叉　交叉是通过染色体的交换和组合，形成适应度更好的个体。本案例中采用单点交叉规则，设定交叉概率，随机选取交叉位置，实现基因之间的交换和组合。例如：有两组个体基因分别为（0.2, 0.3, 0.4, 0.5）和（0.5，

0.4, 0.3, 0.2), 若交叉点为第 2 个位置, 则交叉产生的新的个体为: (0.2, 0.4, 0.4, 0.5) 和 (0.5, 0.3, 0.3, 0.2)。

(6) 变异 为了在已知参数取值范围中获得质量更高的解, 有必要进行变异。本案例采用单点变异规则, 设定变异概率, 确定变异基因位置, 在变异位置产生取值范围内的新的随机数, 得到新的基因。例如: 有个体基因为 (0.2, 0.3, 0.4, 0.5), 若第 2 个点发生变异, 假设变异为 0.6, 则产生的新的个体基因为 (0.2, 0.6, 0.4, 0.5)。

8.3.4 案例分析

1. 研究对象

本案例选取重庆市江北区龙山大道和龙山路相交的某一四路交叉口为研究交叉口, 该交叉口和各相邻交叉口的距离均超过 1km, 相互影响较小, 适合做单点信号控制研究。以通过研究交叉口的一条公交线路——重庆市 809 路为研究线路, 该线路总长约 18.8km, 大体呈南北走向。本案例研究设定从南到北方向为线路上行方向, 从北到南方向为线路下行方向。其中, 上行线路起点站为四公里枢纽站, 终点站为冉家坝站, 共有 22 个站点, 线路具体方向和位置如图 8-32 所示。上行线路公交车辆从研究交叉口的东进口驶入, 西进口驶出, 通过交叉口前的站点共 18 个。

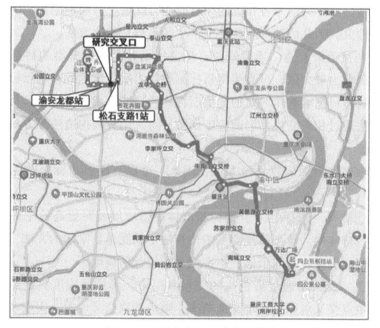

图 8-32 重庆市 809 路上行线路

2. 数据预处理

(1) 公交 IC 卡数据预处理　将获取的公交 IC 卡数据转换为 csv. 格式，导入 jupyter notebook 交互平台，然后进行预处理。

1) 公交 IC 卡数据研究时段选取。选取 2019 年 1 月 21 日至 1 月 25 日公交 IC 卡数据的 6:00—23:00 为研究时段。

2) 公交 IC 卡数据关键字段提取。提取的公交 IC 卡数据关键字段为 IC 卡编号、刷卡日期、刷卡时间、线路编号和车辆编号。

3) 公交 IC 卡数据清洗。基于本案例所提出的公交 IC 卡数据清洗方法，处理公交 IC 卡数据可能存在的数据错误、数据缺失、数据重复或代刷记录的问题。

4) 公交 IC 卡数据排序。将处理后的公交 IC 卡数据根据"刷卡时间"记录顺序从小到大排列，并保存在表格中。经过预处理后，公交 IC 卡数据条数由 2295539 条减少到 1724603 条。

(2) 公交 GPS 数据预处理　将获取的公交 IC 卡数据转换为 csv. 格式，导入 jupyter notebook 交互平台，然后进行预处理。

1) 公交 GPS 数据研究时段选取。选取 2019 年 1 月 21 日至 1 月 25 日公交 GPS 数据的 6:00—23:00 为研究时段。

2) 公交 GPS 数据关键字段提取。提取的公交 GPS 数据关键字段为车辆编号、线路编号、定位时间、定位经度和纬度。

3) 公交 GPS 数据清洗。基于本案例所提出公交 GPS 数据清洗的方法，处理公交 GPS 数据可能存在的数据重复、数据缺失、数据错误、数据偏移的问题。

4) 公交 GPS 数据排序。将处理后的公交 GPS 数据根据"定位时间"记录顺序从小到大排列，并保存在表格中。经过预处理后，公交 GPS 数据条数由 17359097 条减少到 16971330 条。

3. 模型结果

为了对本案例所提出的公交信号优先控制优化模型进行求解，借助 Matlab R2016a 软件，利用遗传算法搜寻模型的最优解。

按国家标准 GB 7258—2017《机动车运行安全技术条件》，可取公交额定载客数为 50 人。又查询公交车辆排班表可知，809 路公交高峰平均发车间隔时间为 4min。结合案例中提出的公交车实际载客量数据和到站时刻数据计算公式，由此计算公交车辆通过研究交叉口时的公交优先强度系数为：

$$\beta = c_r f_L = \frac{p_b^i}{p_e} \times 1 = \frac{53}{50} \times 1 = 1.06 \qquad (8-38)$$

根据美国《道路通行能力手册（2010 版）》的方法，取直行车道的饱和流率为 1800pcu/h，左转车道的饱和流率为 1550pcu/h。前后启动损失时间相对较小，可以忽略，故每相位损失时间可取 3s，则该信号周期总的损失时间 $L=12s$，由式（8-35）可以得到研究交叉口现状信号方案三个非公交优先相位（第Ⅱ、Ⅲ、Ⅳ相位）的最小绿灯时间分别为 18s、20s、15s。

设社会车辆的平均载客数为 2 人/辆，将参数代入式（8-32），可得到目标函数表达式为

$$\max f = 2.06 \times 53 \times \Delta d_b^i + 2 \times \Delta d_c^i + \sum_{j=1}^{3} 2 \times \Delta d_c^j \qquad (8-39)$$

之后将上述数据代入 Matlab 软件，利用遗传算法进行模型的求解。

(1) 改进绿灯时间延长策略分析　若检测到重庆 809 路编号为 12339 的公交车辆即将到达交叉口，该公交车到达交叉口停车线时为公交优先相位绿灯时间末尾，需要延长至少 8s 绿灯时间才能使公交车辆不停车通过交叉口，则根据交叉口规模，取最小绿时延长时间为 8s。

通过实验测试不同参数模型的优化效果，最终遗传算法相关参数设置见表 8-20。

表 8-20　遗传算法相关参数值

参数名称	参数取值
种群大小	40
进化代数	300
交叉概率	0.6
变异概率	0.05

设公交优先相位为第Ⅰ相位。考虑非公交优先相位绿灯时间的取值范围，最终通过迭代计算得到各相位最优绿灯时间参数见表 8-21。

表 8-21　各相位最优绿灯时间参数计算结果　（单位：s）

相位	Δg_j	Δg_{j+1}	Δd_g	$\max f(\Delta g_j)$
第Ⅰ相位	0	10	472.38	7764.64
第Ⅱ相位	10	6	-143.48	
第Ⅲ相位	6	3	-93.82	
第Ⅳ相位	3	0	-40.48	

注：Δd_g 为实行改进绿灯时间延长策略后各相位的车辆延误时间减少量。

由表 8-21 可知，本案例提出的改进绿灯时间延长策略使公交优先相位延长的 10s 绿灯时间逐级分散到各非公交优先相位中，其中，第Ⅱ相位压缩的绿灯时间为 4s，第Ⅲ相位压缩的绿灯时间为 3s，第Ⅳ相位压缩的绿灯时间为 3s。从各相位车辆延误时间减少量来看，没有出现非优先相位车辆延误时间增加过多的情

况,避免了某一相位因绿灯时间压缩过多而出现拥堵的情况,同时整个交叉口车辆的加权人均总延误时间减少量为 7764.64s,通行效益得到提高。

公交信号优先控制优化配时方案见表 8-22。

表 8-22 公交信号优先控制优化配时方案

项目	相位Ⅰ	相位Ⅱ	相位Ⅲ	相位Ⅳ
车流方向	东西直行	东西左转	南北直行	南北左转
绿灯时间/s	49	18	21	16
黄灯时间/s	3	3	3	3

(2) 改进红灯早断策略分析 若检测到重庆 809 路编号为 12339 的公交车辆即将到达交叉口,该公交车到达交叉口停车线时为公交优先相位前一相邻非优先相位绿灯时间末尾,需要早断至少 8s 红灯时间才能使公交车辆不停车通过交叉口,同样根据交叉口规模,取最小红灯早断时间为 8s。

设公交优先相位为第Ⅳ相位。同样考虑非公交优先相位绿灯时间的取值范围,最终通过迭代计算得到各相位最优绿灯时间参数见表 8-23。

表 8-23 各相位最优绿灯时间参数计算结果 (单位:s)

相位	Δr_{j+1}	Δr_j	Δd_r	$\max f(\Delta r_j)$
第Ⅰ相位	0	4	-54.99	2007.37
第Ⅱ相位	4	5	-30.33	
第Ⅲ相位	5	8	-33.28	
第Ⅳ相位	8	0	693.57	

注:Δd_r 为实行改进红灯早断策略后各相位的车辆延误时间减少量。

由表 8-23 可知,本案例提出的改进红灯早断策略使公交优先相位提前开启的 8s 绿灯时间逐级分散到各非公交优先相位中,其中,第Ⅰ相位压缩的绿灯时间 4s,第Ⅲ相位压缩的绿灯时间为 1s,第Ⅳ相位压缩的绿灯时间为 3s。从各相位车辆延误时间减少量来看,同样没有出现非优先相位车辆延误时间增加过多的情况,保障了各相位车辆的正常通行,同时整个交叉口车辆的加权人均总延误时间减少量为 2007.37s,通行效益得到提高。

优化后的信号配时方案见表 8-24。

表 8-24 改进红灯早断优化后的信号配时方案

项目	相位Ⅰ	相位Ⅱ	相位Ⅲ	相位Ⅳ
车流方向	东西左转	南北直行	南北左转	东西直行
绿灯时间/s	18	23	16	57
黄灯时间/s	3	3	3	3

4. 基于 VISSIM 的公交信号优先模型仿真

本案例借助 VISSIM 5.0 软件，在实地交通调查的基础上构建了仿真环境，如图 8-33 所示。

将实地调查得到的交通流量数据输入仿真环境，构建 3 种信号控制方案：研究交叉口现状信号方案、传统公交信号优先控制方案和本案例公交信号优先控制优化方案。

图 8-33 交叉口

（1）研究交叉口现状信号控制方案 未针对公交车辆采取公交信号优先控制，采用固定信号配时。

（2）传统公交信号优先控制方案 给予公交车辆绝对优先行驶权，仅压缩相邻非优先相位的绿灯时间，保障公交车辆不停车通过交叉口。

（3）本案例公交信号优先控制优化方案 综合考虑了公交车辆和其他车道社会车辆的通行效益，依据交叉口加权人均延误时间减少量最大的目标来实行信号控制。

以本案例中的改进绿灯时间延长的公交优先策略为例，将 3 类信号控制方案导入 VISSIM 中进行仿真，仿真时长为 3600s，时间步长为 1s。

仿真结果如表 8-25、图 8-34 和图 8-35 所示。

表 8-25 研究交叉口仿真人均延误时间变化

方案	人均延误/s	增减量/s	增减率（与研究交叉口现状信号方案相比，%）
研究交叉口现状信号控制方案	41.5	—	—
传统公交信号优先控制方案	37.3	4.2	-10.1
本案例公交信号优先控制优化方案	36.0	5.5	-13.3

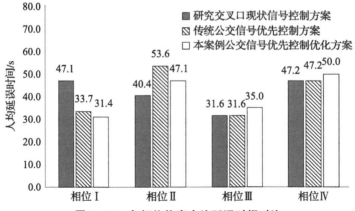

图 8-34 各相位仿真人均延误时间对比

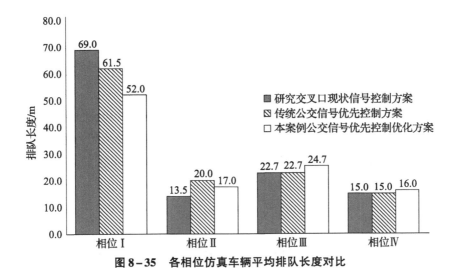

图 8-35　各相位仿真车辆平均排队长度对比

由表 8-25 可以看出，研究交叉口现状信号控制方案、传统公交信号优先控制方案、本案例信号优化控制优化方案仿真得到的人均延误时间分别为 41.5s、37.3s、36.0s。相较于研究交叉口现状信号方案，传统公交信号优先控制方案和本案例公交信号优先控制方案均有效降低了通过交叉口车辆乘客的人均延误时间。其中，传统公交信号优先方案使得通过交叉口乘客的人均延误时间降低了 4.2s，降低幅度为 10.1%；本案例公交信号优先控制方案使得通过交叉口乘客的人均延误时间降低了 5.5s，降低幅度为 13.3%，由此说明本案例的公交信号优先控制方案效果更好。

由图 8-34 可以看出，一方面，与研究交叉口现状信号控制方案相比，传统公交信号优先控制方案和本案例提出的公交信号优先控制优化方案均使得公交优先相位（相位Ⅰ）的人均延误时间显著降低，降低值分别为 13.4s、15.7s，降低幅度分别为 28.5%、33.3%，且本案例的公交信号优先控制优化方案效果更好。另一方面，本案例公交信号优先控制优化方案使得非公交优先相位的人均延误时间都有所增加，但由于各非优先相位共同承担了公交优先策略带来的绿灯时间损失，相位Ⅱ到相位Ⅳ增加的人均延误时间分别为 6.7s、3.4s、2.8s，各相位延误时间增加较为平缓，避免了单独相位承担绿灯时间损失而出现车流量过饱和进而导致拥堵的情况。

由图 8-35 可以看出，与研究交叉口现状信号控制方案相比，传统公交信号优先控制方案和本案例提出的公交信号优先控制优化方案均减少了公交优先相位（相位Ⅰ）车辆的平均排队长度，分别减少了 7.5m 和 17m，减少幅度为 10.9% 和 24.6%。但传统公交信号优先控制方案导致了相邻非公交优先相位（相位Ⅱ）车辆的平均排队长度增加了 6.5m，增加幅度为 48.1%，较为严重地影响了该相位车辆的通行。而本案例提出的公交信号优先控制优化方案由于将绿灯时间损失均衡到了各非优先相位，相位Ⅱ到相位Ⅳ增加的车辆的平均排队长度分别为3.5m、2.7m、1m，使得各非优先相位车辆的平均排队长度增量相对较小，保障了各非优先相位车辆的通行。

综合来看，本案例提出的公交信号优先控制优化方案使得交叉口车辆乘客人均延误时间相比于现状信号方案显著减少，又避免了传统公交信号优先控制方案可能导致的相邻非优先相位车辆拥堵问题，满足了交叉口车辆的综合通行效益，充分体现了公交优先的理念。

8.3.5 结论

本案例以城市典型十字形信号交叉口为研究对象。首先对公交IC卡和GPS等动态运行数据，以及公交线路和公交站点等静态公交数据进行分析处理。然后，利用数据融合、公交出行链和乘客公交出行特征结合等方法，分析推算得到了乘客上、下车站点数据和公交车实际载客量。然后，运用公交实际满载率和公交延误系数构建了公交优先强度系数，建立了以通过交叉口乘客加权人均总延误时间减少量最大为目标的公交信号优先控制优化模型，提出了应用遗传算法求解。最后，以重庆市主城区一处四路交叉口为例，运用实际公交数据和实地调查数据对模型进行了求解，将最优解用VISSIM软件进行了仿真分析。研究结果表明：相较于现状固定信号方案，传统公交信号优先控制方案和本案例公交信号优先控制优化方案使通过交叉口乘客的人均延误时间分别降低了4.2s、5.5s，降低幅度分别为10.1%、13.3%，本案例公交信号优先控制优化方案仿真效果优于传统公交信号优先控制方案。

本案例基于公交IC卡和GPS数据建立的公交信号优先控制优化模型，相较于传统的公交信号优先控制模型，考虑了单辆公交车的实际运行状况，更符合目前城市"公交优先"的理念，研究成果对城市道路交叉口公交信号优先配时方法有一定的补充完善。

地图导航平台路段速度数据和浮动车GPS速度数据融合案例

8.4.1 案例背景

行车速度数据是重要的交通数据之一，是道路运行状况评价的重要指标，同时也是交通规划、交通设计、交通管理和交通安全的研究基础。地图导航平台路段速度数据和浮动车GPS速度数据具有数据量大、数据更新稳定、容易获取等优点，因而被广泛应用于交通领域，是常用的道路运行车速数据源。然而单独使用一种数据进行相关研究存在实时更新数据路网覆盖率低、数据质量不稳定等问题。为此，提出一种基于数据可靠性的动态权值数据融合方法，将地图导航平台路段速度和浮动车 GPS 速度融合，先将两种数据进行空间和时间同步化处理，并针对路段速度数据和 GPS 速度数据设计不同的数据可靠性评估算法，再将实时更新的地图导航平台路段速度和浮动车 GPS 速度基于数据可靠性融合得到最终的路段速度。

8.4.2 数据概述

1. 实验数据

本案例所用到的数据包括地图导航平台路段速度数据和浮动车 GPS 速度数据，地图导航平台路段速度数据采用的是高德地图推出的路段速度数据，浮动车 GPS 速度数据采用的是营运车辆车载 GPS 产生的速度数据，数据所在区域均为佛山市，数据时间范围为 2019 年 10 月 15 日—2019 年 11 月 14 日。高德路段速度数据是以不同长度的路段为单元进行反馈，共计 52752 条路段，产生 731732350 条数据记录，数据时间粒度为 2 min，路段速度数据的主要字段及释义见表 8-26。

表 8-26 路段速度数据字段及释义

字段	字段类型	字段释义	字段	字段类型	字段释义
gid	string	路段编号	lane_wide	float	单车道宽度/m
roadname	string	路段名称	direction	int	路段方向
roadclass	int	路段等级	ad_code	int	行政区代码
length	float	路段长度/m	geom	geometry	地理范围
width	float	路段宽度/m	updatetime	timestamp	更新时间
maxlanes	int	路段车道数	speed	int	速度/(km/h)

浮动车 GPS 数据主要包括出租客运、公交客运、网约车、普通货运等十类营运车辆车载 GPS 所产生的数据，共计 92827 辆浮动车，产生约 50 亿条数据记录，数据更新时间不定，浮动车 GPS 数据的主要字段及释义见表 8-27。

表 8-27 GPS 数据字段及释义

字段	字段类型	字段释义	字段	字段类型	字段释义
RegistrationNo	String	车牌号码	Longitude	decimal	经度
Carclass	String	车辆类型	Altitude	float	海拔高度
GpsTime	timestamp	更新时间	Speed	int	速度/(km/h)
Latitude	decimal	纬度	Direction	int	行车方向

2. 数据预处理

由于地图导航平台路段速度数据是以不同长度的路段为单元进行反馈，而浮动车 GPS 数据是以车辆 GPS 点为单元生成数据记录，且两种数据的更新频率不同，数据融合前需要先将两种数据进行空间和时间同步化处理，主要是对浮动车 GPS 数据进行处理，处理过程包括 GPS 数据清洗、统一空间坐标系、路网匹配以及路段速度计算四个部分，处理成为时间粒度为 2 min 的 GPS 路段速度数据。

浮动车 GPS 数据清洗是为了剔除经纬度异常、速度异常、时间异常、长期停驶等异常数据。浮动车 GPS 数据以经纬度为坐标，采用 WGS84 空间坐标系，而高德路段数据采用 GCJ02 坐标系，因此需要将两者统一到同一坐标系下。本案例采用的方法是将 GPS 数据坐标和路网地图的坐标转化到同一投影坐标下进行计算，所采用的投影坐标是：Xian_1980_3_Degree_GK_Zone_38，WKID 为 2362。使用投影坐标的优点是可以将经纬度转化成以 m 为单位，以计算浮动车 GPS 点与道路的距离，便于后续的路网匹配算法的计算。

路网匹配算法主要是利用方向匹配法和最短距离法进行路网匹配。根据浮动车 GPS 数据的行车方向与高德路段数据行车方向的一致性以及最短距离原则，将浮动车 GPS 数据匹配到距离最近且与行车方向一致的路段。随机选择一辆公交车在一定时段内产生的 GPS 数据进行验证，预处理后的 GPS 数据有 4162 条，正确匹配的数据有 3965 条，匹配准确率达到 95.3%，则认为该匹配方法能够满足研究需求。路段速度计算是将浮动车 GPS 数据的速度字段作为瞬时速度，计算 2 min 内在同一路段上的所有浮动车的速度的平均值，将其作为这条路段在 2 min 内的速度。

3. 数据问题分析

地图导航平台路段速度数据和浮动车 GPS 数据的数据终端采集、传输等均不相同，因此数据的更新频率和更新范围也有差异。经统计分析发现路段速度数据实时更新较为稳定，更新数据空间范围也相对固定，但更新的部分路段数据质量较差，存在路段更新速度一直为 0 km/h、连续多次更新速度为同一值，以及个别速度值异常等问题。以 2019 年 11 月 14 日为例，有数据更新的路段有 32614 条，占佛山市总路段条数的 61.83%，路段数据更新情况如图 8-36 所示，平均每 2 min 有更新的路段为 32604 条，但全天路段更新速度一直为 0 km/h 的路段有 897 条，出现连续 30min 以上更新速度为同一值的路段有 11843 条，这两类异常数据占佛山市总路段条数的 24.15%。

将浮动车 GPS 数据清洗后匹配到路段，通过统计分析发现 GPS 路段数据的更新空间范围较广，但由于实时车辆路段覆盖强度不同，存在部分路段数据缺失、不完整等问题。以2019年11月14日为例,有数据更新的路段有51708条,占佛山市总路段条数的98.02%,路段数据更新情况如图8-36所示,但平均每2 min有GPS数据更新的路段为11773条,仅占佛山市总路段条数的22.32%。

通过上述分析可知两种数据各有优缺点,地图导航平台路段速度数据更新稳定,但范围不够广,浮动车GPS数据更新范围广,但实时更新稳定性较差,而且由于两种数据源不同,两种数据实时更新的路段覆盖范围也不相同。考虑融合两种数据的特征,不仅可以有效提高路段速度数据的准确率,同时可以提高实时更新数据的路网覆盖率,即同时可以提高查准率和查全率。

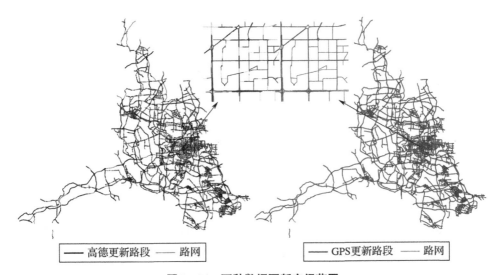

图8-36 两种数据更新空间范围

8.4.3 融合算法

1. 算法概述及框架

本案例所提出的基于数据可靠性的地图导航平台路段速度和浮动车GPS速度融合的算法框架如图8-37所示,框架包含三部分内容,第一部分是高德路段速度数据可靠性评估,从历史数据中提取历史时刻数据集合,通过实时数据与历史数据对比分析得到实时数据的可靠性指数。第二部分是GPS数据可靠性评估,首先将GPS数据清洗匹配到路段上形成GPS路段数据,再依据GPS历史时刻数据更新情况进行可靠性评估。第三部分是将两类数据基于数据可靠性指数进行加权平均得到路段融合后实时更新的数据。数据的可靠性评估是整个算法中最重要的部分,评估指标是可靠性指数r,$r \in (0,1)$,r越大表示数据越可靠。

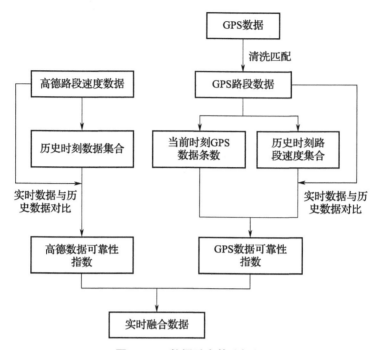

图 8-37 数据融合算法框架

2. 高德路段速度数据可靠性评估算法

路段速度数据本质上是由交通出行者决定的，而出行者的出行特征总体上具有一定的时间空间分布规律，因此路段速度数据也具有一定的时间周期性和时空相关性。本案例提出以路段历史速度数据和与之相邻的上下游路段历史速度数据进行路段速度数据可靠性评估的算法。城市路网中存在交叉口将不同道路打断成多条封闭路段，需要说明的是为排除交叉口对路段速度的影响，封闭路段不包括交叉口临近路段，封闭路段如图 8-38 所示，封闭路段内的多条小路段速度相互影响，则路段的上下游路段是指封闭路段内与其相接壤的上下游路段，即路段的上下游路段唯一或没有（交叉口临近路段无上下游路段），路段速度数据的可靠性评估算法流程如图 8-39 所示，与之相对应的字段释义见表 8-28。

图 8-38 封闭路段

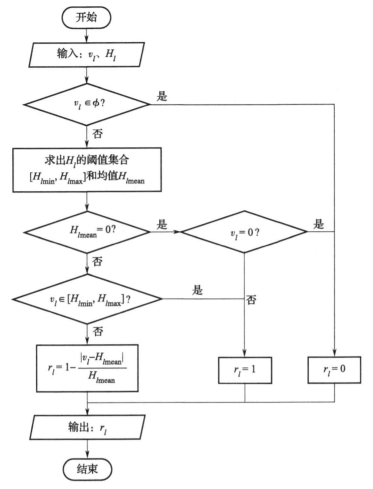

图 8-39 高德路段速度数据可靠性评估算法流程

表 8-28 高德路段速度数据可靠性评估算法流程字段释义

字段	释义
v_l	某路段当前更新时刻的高德路段速度
H_l	某路段及其上下游路段历史数据中同星期几、同时、同分的速度值组成历史数据集
r_l	某路段速度数据的可靠性指数

在高德路段速度数据中加入一列表征星期几的列,取值为 1~7。输入某路段当前更新时刻的高德路段速度 v_l 和该路段及其上下游路段历史数据中同星期几、同时、同分的速度值组成历史数据集 H_l,求出该数据集的阈值集合 $[H_{l\min}, H_{l\max}]$ 和均值 $H_{l\text{mean}}$。若实时路段速度 $v_l \in [H_{l\min}, H_{l\max}]$,说明该速度数据较为

可靠,则输出当前更新时刻路段数据的可靠性指数 r_l 为 1;若实时路段速度 $v_l \notin [H_{l\min}, H_{l\max}]$,则该路段速度数据的可靠性指数与实时速度和历史数据集均值的差值成反比。若该路段的历史数据集均值等于 0 且当前实时速度等于 0,则该路段速度数据的可靠性指数为 0;若该路段的历史数据集均值等于 0 且当前实时速度不为 0,则该速度数据的可靠性指数为 1。

3. 浮动车 GPS 数据可靠性评估算法

浮动车 GPS 数据的应用是通过将其匹配到具体的路段上来进行路段速度计算,因此浮动车 GPS 数据的可靠性评估就包括两部分,一部分是 2 min 时间间隔内成功匹配到某一路段上的 GPS 数据条数直接决定了 GPS 数据的可靠性,GPS 数据条数越多数据可靠性就越高,反之越少则存在数据偶然性的概率越大;另一部分是基于该路段历史同更新时刻且匹配 GPS 数据条数较多的路段速度组成的历史数据集,该路段当前更新时刻的路段速度与历史数据集的偏差决定了 GPS 数据的可靠性,偏差越大,可靠性越低。

利用数理统计方法确定基于路段平均速度估计的最小 GPS 数据样本量,即对于某条路段,若给定允许速度误差 δ、样本标准差为 s,置信度水平为 $(1-\alpha)$,则 GPS 数据样本数量 n 应满足:

$$n \geq \left(\frac{t_{\frac{\alpha}{2}, n-1} \times s}{\delta}\right)^2 \quad (8-40)$$

式中,$t_{\frac{\alpha}{2}, n-1}$ 为 $n-1$ 自由度的 t 分布值。

由式 (8-40) 可计算出,当某条路段时间粒度 GPS 数据样本数量 $n \geq 5$ 时,置信度水平 $(1-\alpha) \geq 0.9$。也就是说,若当前时刻成功匹配到某路段上的 GPS 点数大于等于 5 个,则该路段的可靠性指数较高。路段浮动车 GPS 数据可靠性评估算法流程如图 8-40 所示,与之相对应的字段释义见表 8-29。

表 8-29 GPS 数据可靠性评估算法流程字段释义

字段	释义
v_g	某路段当前更新时刻的 GPS 路段速度
n_g	匹配到该路段的 GPS 点数
H_g	某路段历史数据中同星期几、同时、同分且匹配到路段的 GPS 个数大于等于 5 的路段速度值组成的历史数据集
r_g	某路段速度数据的可靠性指数

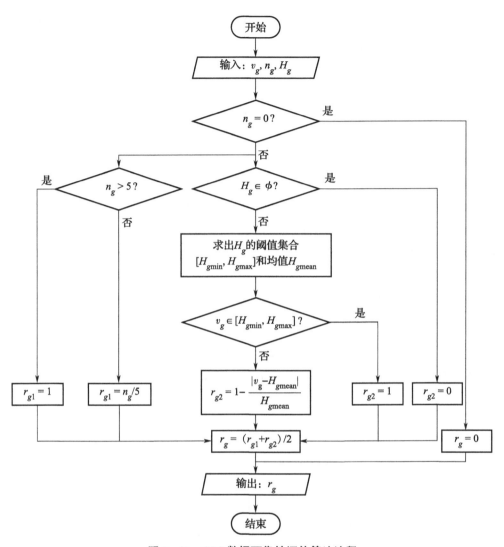

图 8-40 GPS 数据可靠性评估算法流程

在浮动车 GPS 数据中加入一列表征星期几的列，取值为 1~7。整个可靠性评估算法包含两部分，一部分是由成功匹配到路段的 GPS 点数决定路段 GPS 样本量可靠性指数 r_{g1}，另一部分是将该路段历史数据中同星期几、同时、同分且匹配到该路段的 GPS 个数大于等于 5 的路段速度值组成历史数据集，评估方法与高德路段数据相同，得出 GPS 路段速度的可靠性指数 r_{g2}，最后将两部分的可靠性指数进行平均，得到该路段当前更新时刻浮动车 GPS 数据可靠性指数 r_g。

4. 数据融合

在进行高德路段速度数据和浮动车 GPS 数据的数据可靠性评估后，可得出当前时刻的高德路段速度数据的可靠性指数 r_l 和 GPS 路段数据的数据可靠性指数 r_g，将实时更新的高德路段速度 v_l 和浮动车 GPS 平均速度 v_g，基于数据可靠性指数进行加权平均得到路段融合后最终的速度 v，路段当前更新时刻的最终速度可表示为：

$$v = \frac{v_l r_l + v_g r_g}{r_l + r_g} \tag{8-41}$$

8.4.4 案例分析

1. 数据可靠性评估

案例中高德路段速度数据和浮动车 GPS 数据的历史数据集均为 2019 年 10 月 15 日—2019 年 11 月 13 日的数据，共 30 天，以 2019 年 11 月 14 日的数据为研究测试集。实验数据样例见表 8-30、表 8-31。数据均以路段为单元进行展示，共计 52752 条路段，更新时间粒度为 2 min，但由于表中只展示有更新的路段数据，某些路段某些时刻高德路段速度无更新或者无成功匹配到路段的 GPS 数据，表中存在路段编号不连续现象。

表 8-30 高德路段数据可靠性评估

编号	星期	更新时间	速度/(km/h)	历史数据阈值区间	历史数据集均值	r_l
3	4	2019-11-14 00:02	50	[40, 90]	58.25	1.00
4	4	2019-11-14 00:02	63	[51, 88]	60.92	1.00
5	4	2019-11-14 00:02	67	[40, 90]	61.62	1.00
……	……	……	……	……	……	……
18397	4	2019-11-14 12:58	70	[54, 78]	67.83	1.00
18398	4	2019-11-14 12:58	58	[54, 78]	65.25	1.00
18399	4	2019-11-14 12:58	76	[61, 74]	68.50	0.89
……	……	……	……	……	……	……
52747	4	2019-11-14 24:00	69	[63, 75]	69.33	1.00
52748	4	2019-11-14 24:00	71	[63, 75]	69.75	0.85
52749	4	2019-11-14 24:00	52	[23, 40]	35.75	0.55

表 8-31 GPS 数据可靠性评估

编号	星期	更新时间	速度/(km/h)	GPS 个数	r_{g1}	历史数据阈值区间	数据集均值	r_{g2}	r_g
2	4	2019-11-14 00:02	48.75	8	1.00	[60.40, 73.50]	66.95	0.73	0.87
3	4	2019-11-14 00:02	35.00	2	0.40	—	—	—	0.40
4	4	2019-11-14 00:02	42.00	4	0.80	—	—	—	0.80
……	……	……	……	……	……	……	……	……	……

(续)

编号	星期	更新时间	速度/(km/h)	GPS个数	r_{g1}	历史数据阈值区间	数据集均值	r_{g2}	r_g
18396	4	2019-11-14 12:58	56.25	8	1.00	[33.36, 68.40]	47.97	1.00	1.00
18397	4	2019-11-14 12:58	61.00	2	0.40	[55.33, 80.75]	65.46	1.00	0.70
18398	4	2019-11-14 12:58	59.00	2	0.40	[21.25, 70.25]	45.12	1.00	0.70
……	……	……	……	……	……	……	……	……	……
52716	4	2019-11-14 24:00	63.00	2	0.40	—			0.40
52743	4	2019-11-14 24:00	67.20	10	1.00	[52.33, 70.50]	64.19	1.00	1.00
52745	4	2019-11-14 24:00	68.00	2	0.40	—			0.40

2. 实验结果与分析

为了验证本案例所提出的融合算法具有较高的有效性和实用性，设计验证实验将基于数据可靠性的实时动态权值融合数据与单独使用某一种数据或固定权值的融合数据的数据质量进行对比分析。为了度量数据质量的优劣，本案例以平均时间粒度数据更新路网覆盖率（Road Network Coverage，RNC），采用路段速度平均绝对误差（Mean Absolute Error，MAE）为评价指标。定义如下：

$$\mathrm{RNC} = \frac{1}{LT} \sum_{j=1}^{T} \sum_{i=1}^{N} l_i \times 100\% \qquad (8-42)$$

$$\mathrm{MAE} = \frac{1}{T} \sum_{i=1}^{T} |v - v_s| \qquad (8-43)$$

式中，N 为每个时间粒度更新的路段数；l_i 为更新路段的长度；L 为路网总长度；v 为更新数据中的速度值；v_s 为实际测量的速度值；T 为时间粒度的个数。

3. 平均时间粒度更新路网覆盖率对比分析

将本案例提出的基于数据可靠性的路段速度和浮动车 GPS 速度动态权值融合数据、单独使用高德路段速度数据、单独使用浮动车 GPS 数据的平均时间粒度更新路网覆盖率进行对比，三种数据对比结果如图 8-41 所示。从图 8-41 中可以看出，由于白天路网中行驶的车辆较多，产生的 GPS 数据路网覆盖率较高，相对的融合数据路网覆盖率也较高，但 GPS 数据更新情况不稳定，存在某个时刻路网覆盖率突降的情况。高德路段数据更新情况较为稳定，更新数据路网覆盖率维持在 60% 左右。据统计，GPS 数据平均时间粒度数据更新路网覆盖率为 33.43%，高德路段数据为 60.32%，而基于动态权值融合数据达到 74.29%，显著高于其他两种数据。

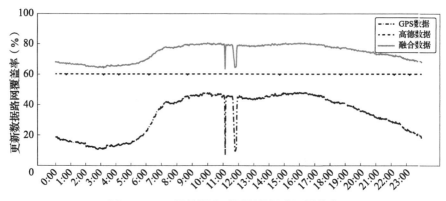

图 8-41 不同数据实时更新数据路网覆盖率

4. 路段速度平均绝对误差对比分析

为了对融合的速度数据的准确度进行校验，本案例采用了实地调查的方式。在佛山市主城区随机选取了 6 条两类数据更新状况均良好的路段，调查人员站在调查路段中间位置，所选路段及测量点如图 8-42 所示。

图 8-42 所选路段及测量点

调查时间为 2019 年 11 月 14 日。调查时段分为早高峰 7:00—9:00，晚高峰 17:00—19:00，平峰时段 10:00—12:00 和 14:00—16:00，每个时间段为 2h，选取其中 1h 进行不间断测量，保证每条路段被测时段包含一个高峰时段和一个平峰时段。测量路段的编号、名称、道路等级、长度等基本属性，以及测量时段见表 8-32。

表 8-32　测量路段信息

编号	道路名称	长度/m	宽度/m	车道数	道路等级	行车方向	平峰测量时段	高峰测量时段
37732	佛山大道中	392.8	10.5	3	快速路	3	15:30—16:30	17:00—18:00
37999	佛山大道北辅路	272.1	9	3	主干路	3	15:30—16:30	17:00—18:00
38784	汾江南路	189.4	9	3	主干路	2	8:00—9:00	10:00—11:00
39830	佛山大道中	392.2	10.5	3	快速路	2	15:30—16:30	17:00—18:00
40315	汾江南路	164.8	9	3	主干路	2	8:00—9:00	10:00—11:00
42204	汾江中路	214	6	2	主干路	2	8:00—9:00	10:00—11:00

将高德路段速度、GPS 路段速度和两种数据按 1:1 固定权值融合速度，以及本案例提出的实时动态权值的融合速度，与实测速度值进行对比如图 8-43 所示。图中波动曲线不连续，一是由于测量时段不连续，在平峰时段与高峰时段断

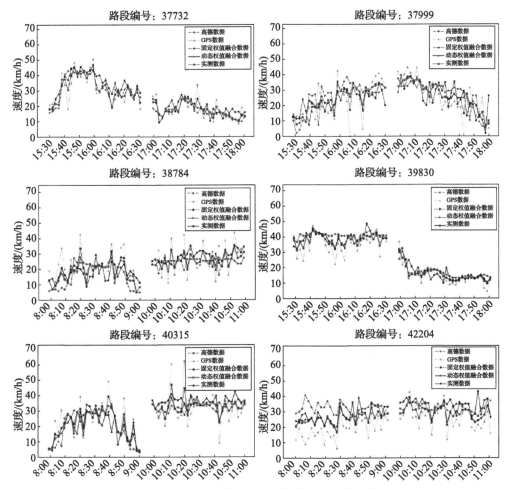

图 8-43　各测量路段的不同数据速度波动曲线

开；二是由于某些时刻某种数据无更新。从图 8-43 中可以看出，当高德路段速度和 GPS 路段速度数据质量都较好时，固定权值融合速度和动态权值融合速度波动曲线几乎重合，且都与实测速度值拟合较好，如路段 37732 和 39830，但当高德路段速度和 GPS 路段速度数据质量不稳定，尤其是 GPS 数据波动较大时，动态权值融合速度波动曲线与实测速度值拟合性明显优于其他三种数据源，如路段 37999 和 40315。将各路段结果进行处理，得出测量时段的速度平均绝对误差，见表 8-33。实验结果表明，在随机选取的 6 条路段上，基于动态权值融合的速度数据准确度较高，所有测量时段的速度平均绝对误差为 3.82 km/h，测量高峰时段的速度平均绝对误差为 3.69 km/h，测量平峰时段的速度平均绝对误差为 3.95 km/h，在几种数据源中表现最优，充分表明了本案例所提出的融合方法的有效性。

表 8-33　不同数据源路段速度平均绝对误差对比

数据源	测量时段 MAE/(km/h)	测量高峰时段 MAE/(km/h)	测量平峰时段 MAE/(km/h)
高德数据	4.80	5.23	4.37
GPS 数据	6.67	6.25	7.09
固定权值融合数据	4.00	3.85	4.13
动态权值融合数据	3.82	3.69	3.95

8.4.5　结论

行车速度数据是重要的交通数据，常用的数据源有地图导航平台路段速度数据和浮动车 GPS 速度数据，单独使用其中某一种数据存在数据质量不稳定和实时更新数据路网覆盖率低等问题。鉴于此，本案例提出了一种基于数据可靠性的动态权值融合方法，将地图导航平台路段速度数据和浮动车 GPS 速度数据进行融合。以佛山市的高德路段速度数据和浮动车 GPS 数据为例，先对两类数据进行空间和时间同步化处理，再针对高德路段速度数据和浮动车 GPS 数据设计不同的可靠性评估算法，并将实时更新的高德路段速度和 GPS 路段速度基于数据可靠性指数进行加权平均得到融合后最终的路段速度。验证实验结果表明：基于数据可靠性的动态权值融合方法有效地提高了实时更新数据的路网覆盖率和数据准确度，不仅降低了单一数据源出现异常造成的误差，同时避免了固定权值融合不考虑数据源质量简单加权融合的弊端。在实际应用中，为区域交通相关研究的基础数据处理提供理论支撑。

本案例提出的方法虽然在地图导航平台路段速度数据和浮动车 GPS 速度数据

融合中具有较好的应用效果，但不同类型数据源的特征不同，在后续的研究工作中，尝试将该方法应用到其他类型数据源融合场景中。此外，可以挖掘更多的速度数据特征，进一步优化数据融合算法，提高融合数据精度。

8.5 基于多源数据融合的网约公交站点选取与时刻表编制

网约公交是一种融合常规公交与需求响应式公交的新型公共交通方式，既有承载能力大、成本低的优点，同时也可以满足乘客多样化和高质量的出行需求。开展网约公交方式的研究和建设，促进网约公交方式与现有公共交通系统融合，可以有效提升公交线网覆盖率，有效提高乘客换乘效率，从而大幅提高公共交通服务水平，使公共交通承担更多的居民出行量。鉴于网约公交在我国尚未有应用案例，因此缺少网约公交的乘客出行数据，为解决网约公交在我国的适应性问题，以实现网约公交实际情境下调度为目标，将滴滴出行平台数据作为网约公交的潜在乘客出行数据，构建网约公交管控平台，完成基于多源数据融合的网约公交运行组织。

8.5.1 案例背景

网约公交是指一般情况下沿基准路线行驶，在固定站点停靠，收到乘客乘车请求后，偏离基准路线接送乘客的一类车辆。这类公交形式很早就出现在欧美低密度出行区域，并经过理论和实例验证，其在低密度出行区域可以为乘客提供更优质的服务，为公交公司提供更多的运营收益。在国内也有许多与网约公交形式相似的公共交通运营方式，如定制线路公交、需求响应式公交、拼车出行。虽然国内暂时没有网约公交，但可以预见在信息实现实时交互、居民出行难以通过步行或骑行满足的今天，网约公交在我国拥有广阔的发展前景。

鉴于网约公交在我国尚没有应用案例，因此缺少网约公交的乘客出行数据，若只根据常规公交运行组织数据与乘客出行数据对网约公交进行规划设计与运营管控，必然不能体现出其灵活特性与成本效益，因此需要与其他出行数据进行融合，使网约公交的运行组织更加贴合实际和高效可靠。

8.5.2 数据概述

考虑到土地性质、环境、成本等多方面因素，公交线网很难实现全区域覆盖，当出行者难以忍受步行到公交站台或乘坐常规公交到达目的地绕行较远时，一般会选择网约车、出租车、私家车出行，同时由于网约车和网约公交的预约出行行为较为相似，因此如果网约公交可以提供便捷、高效、廉价的出行服务，出行时网约车的使用者有很大概率会被网约公交吸引。基于此，为解决网约公交在我国的适应性问题，以实现网约公交实际情境下调度为目标，本案例将公交数据与滴滴网约车数据进行融合处理与分析，假设滴滴网约车出行数据为网约公交潜在乘客出行数据，构建基于 Agent 技术的网约公交管控平台，完成公交数据与滴滴出行数据融合下的网约公交运行组织。该案例可为今后我国发展网约公交提供强有力的理论支撑，为网约公交运营系统的开发和管控提供依据，从而满足乘客多样化的出行需求，构建完善的城市公共交通体系。

1. 乘客数据模块设计

（1）乘客数据模块结构设计　乘客 Agent 是网约公交管控平台的重要组成部分，其设计模拟了乘客从出发点至终点的出行全过程，涵盖了乘客步行时间、等车时间、车上时间、选取的交通方式四要素，直接影响网约公交的调度和对调度方案优劣的评价。其设计结构如图 8-44 所示。乘客 Agent 根据自身出行计划完成自身的初始化。然后向管控平台 Agent 发送乘车申请，由管控平台 Agent 向乘客反馈乘客附近车辆数，网约公交 Agent 向乘客反馈车辆预计接送时间。最后，乘客 Agent 通过查阅地铁及私家车所需行程时间，结合反馈信息，综合考虑后选择乘车方式，并反馈。

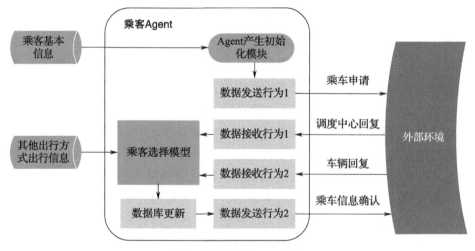

图 8-44　乘客 Agent 结构

（2）乘客数据模块行为设计　乘客 Agent 行为包括：初始化、与管控平台 Agent 通信、接收管控平台 Agent 反馈、接收网约公交 Agent 反馈、交通方式选择、与网约公交 Agent 通信。

初始化：乘客 Agent 从乘客基础数据库读取乘客编号、乘客出行起讫点经纬度、乘客出行时间信息。

与管控平台 Agent 通信：向管控平台发送格式为 cfp. 的信息，告知管控平台出行起讫点经纬度及出行时间。

接收管控平台 Agent 反馈：获取管控平台反馈的格式为 propose. 的信息，获知周边网约公交车辆数和常规公交车辆数。

接收网约公交 Agent 反馈：根据获知的周边网约公交车辆数，依次接收格式为 cfp. 的信息，获知网约公交编号及对应车辆预计到站时间、到站地点经纬度和出行花费。

交通方式选择：根据网约公交 Agent 反馈信息和查询到的其他交通方式所需时间，完成对交通方式的选择。

与网约公交 Agent 通信：向网约公交反馈格式为 propose. 的信息，告知网约公交最后选择。

（3）乘客数据模块属性设计

根据乘客 Agent 特性，设计了多个属性用于说明，见表 8-34。

表 8-34　乘客 Agent 属性

序号	属性名称	属性代码	数据来源
1	乘客编号	psgNo	乘客基础数据库
2	乘客起点经度	pOLon	乘客基础数据库
3	乘客起点纬度	pOLat	乘客基础数据库
4	乘客终点经度	pDLon	乘客基础数据库
5	乘客终点纬度	pDLat	乘客基础数据库
6	出行时间	psgT	乘客基础数据库
7	选择交通方式	Mode	仿真时选择
8	步行时间	Walk	仿真时选择后计算
9	等车时间	Wait	仿真时选择后计算
10	车上时间	Bus	仿真时选择后计算
11	出行花费	Cost	仿真时选择后计算

2. 网约公交数据模块设计

（1）网约公交数据模块结构设计　网约公交 Agent 是网约公交仿真平台的关键部分，模拟了网约公交在市区路网的行驶，其内部结构如图 8-45 所示。网约公交 Agent 根据初始时刻表，按时间被激活，完成自身初始化，然后生成车辆运动轨迹，自主运行。同时，网约公交 Agent 会定时将位置信息发送给管控平台 Agent，便于管控平台 Agent 查找到乘客附近车辆。当管控平台 Agent 向其发送乘客请求时,网约公交 Agent 根据自身行驶情况选择是否接送乘客,并向乘客 Agent 发送结果,在乘客 Agent 做出决策后,接收乘客 Agent 反馈信息。

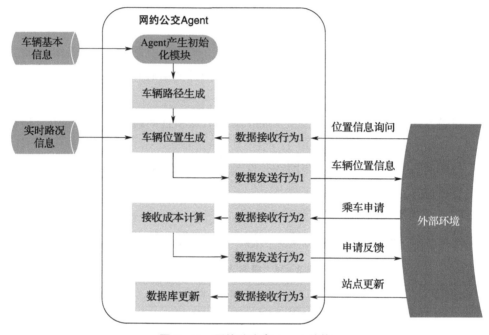

图 8-45 网约公交车 Agent 结构

(2) 网约公交数据模块行为设计 网约公交 Agent 行为包括:初始化、车辆运动轨迹生成、接收管控平台 Agent 的信息 1、与管控平台 Agent 的通信 1、接收管控平台 Agent 的信息 2、自主决策、与乘客 Agent 的通信、接收乘客 Agent 反馈。

初始化:网约公交 Agent 在初始化时读取初始时刻表、行车计划表,获得车辆编号、发车时间、站点编号。

车辆运动轨迹生成:根据车辆的途经站点编号和站点表,借助百度地图 API 平台,规划站点间行进最短路线,对车辆的实时位置进行周期性更新。

接收管控平台 Agent 的信息 1:接受管控平台以固定的周期(5s)发出的格式为 cfp. 的询问信息。

与管控平台 Agent 的通信 1:向管控平台反馈格式为 accept. 的信息,告知其车辆编号及位置信息。

接收管控平台 Agent 的信息 2:接收管控平台发出的格式为 inform. 的乘客乘车申请信息,包括乘客编号、乘客出行起讫点经纬度。

自主决策:根据自己的行驶路线,自主决定是否新增站点,接受乘客申请,具体决定模型在第 5 章展开研究。

与乘客 Agent 的通信：在完成自主决策后，回复乘客是否接受申请，格式为 cfp.。

接收乘客 Agent 反馈：接收乘客反馈的格式为 propose.的信息，若乘客选择乘坐则更新自己的行车路径。

（3）网约公交数据模块属性设计　为满足网约公交 Agent 运行，网约公交涵盖以下属性，见表 8-35。

表 8-35　网约公交 Agent 属性

序号	属性名称	属性代码	数据来源
1	车辆编号	bNo	时刻表
2	车辆发车时刻	bT	时刻表
3	车辆发车班次	bClass	时刻表
4	车辆计划途经站点编号（含起终点）	bStop	行车计划表
5	车辆新增途经站点编号	bNewStop	仿真时动态计算，并修改行车计划表
6	车辆实时经度	bLon	仿真时动态计算
7	车辆实时纬度	bLat	仿真时动态计算

3. 管控平台数据模块设计

（1）管控平台数据模块结构设计　管控平台 Agent 主要承担数据的接收、记录、发送和更正，是网约公交仿真平台的核心模块。管控平台 Agent 是乘客 Agent、网约公交 Agent 之间的通信纽带，其结构设计如图 8-46 所示。管控平台 Agent 接收乘客 Agent 申请并反馈，询问网约公交 Agent 位置并接收反馈，向网约公交 Agent 发送乘客申请。

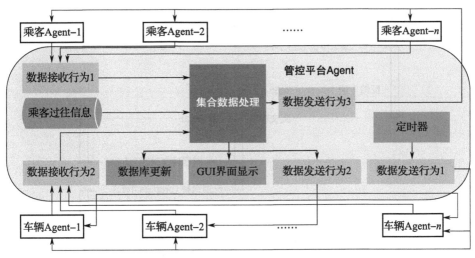

图 8-46　管控平台 Agent 结构

（2）管控平台数据模块行为设计　管控平台 Agent 行为包括：接收乘客 Agent 的信息、与乘客 Agent 的通信、与网约公交 Agent 的通信 1、接收网约公交 Agent 的反馈 1、与网约公交 Agent 的通信 2。

接收乘客 Agent 的信息：接收乘客发送的格式为 cfp. 的信息。

与乘客 Agent 的通信：在经过与区域内车辆通信后，向乘客发送格式为 accept. 的信息，告知乘客可选择的网约公交车辆数和常规公交车辆数。

与网约公交 Agent 的通信 1：定时（5s）向车辆发出格式为 cfp. 的询问信息，询问其实时位置。

接收网约公交 Agent 的反馈 1：接收车辆反馈的格式为 accept. 的信息，更新数据库内车辆位置信息。

与网约公交 Agent 的通信 2：向车辆发送格式为 inform. 的对应区域的乘客申请信息，包括乘客编号、乘客出行起点和终点经纬度。

4. 多数据模块网络通信设计

Agent 之间实现信息交互是构建多 Agent 系统的前提，同时信息交互需要遵循时序性，如管控平台 Agent 在回复乘客 Agent 之前，需提前与网约公交 Agent 完成交互，具体交互时序如图 8-47 所示。

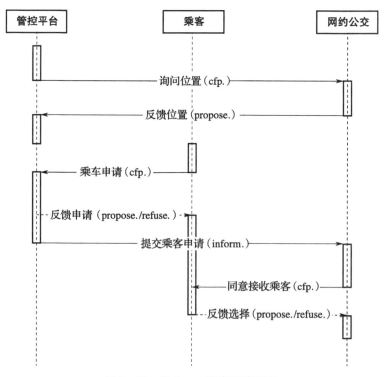

图 8-47　多 Agent 仿真系统时序

5. 数据库设计

本案例选择 MySQL 作为后台数据库，用来存储乘客出行数据、各类型车辆发车时刻表、各类型车辆行车数据、站点数据等。数据库由多个数据表构成，具体数据表设计见表 8-36～表 8-41，各数据表之间关联如图 8-48 所示，为管控平台查询设计了表 8-41，独立于表 8-36～表 8-40。

其中，表 8-36 用于完成乘客 Agent 初始化，并允许被乘客 Agent 修改其第 7～10 行字段，若乘客选择乘坐网约公交，则暂不填写第 8～10 行字段。

表 8-37 用于乘客 Agent 反馈网约公交 Agent 同意乘坐后，由网约公交 Agent 进行编辑，填写第 1～5 行。在全部循环完成后，通过对行车记录表搜索，完成对表 8-37 中 6～7 行和表 8-36 中 8～10 行字段填写。

表 8-38 用于记录站点位置，供网约公交 Agent 在调用行车记录表时完成路径规划。

表 8-39 用于完成网约公交 Agent 初始化，其 4～7 行字段供管控平台查询及修改。

表 8-40 用于配合表 8-39 完成网约公交 Agent 初始化，在出现新增站点时，由网约公交对表 8-39 第 2 行字段及表 8-40 全部字段进行编辑。

表 8-41 用于管控平台 Agent 编辑和查询，以将乘客分配给对应位置的网约公交。

为表述不产生歧义，表述中均选择了"行"描述字段，在数据表中每字段实际对应数据表每列。

表 8-36 乘客基础数据库

字段编号	字段	描述	数据类型	备注
1	psgNO	乘客编号	INT	主键/非空/唯一
2	pOLon	出行起点经度	DOUBLE	—
3	pOLat	出行起点纬度	DOUBLE	—
4	pDLon	出行终点经度	DOUBLE	—
5	pDLat	出行终点纬度	DOUBLE	—
6	psgT	出发时间	INT	—
7	psgClass	出行方式	INT	—
8	walk	步行时间	INT	—
9	wait	等车时间	INT	—
10	car	车上时间	INT	—
11	psgType	乘客类型（预约/实时）	INT	—

表 8-37 网约公交乘客乘坐记录

字段编号	字段	描述	数据类型	备注
1	tripNO	记录编号	INT	主键/非空/唯一
2	t_psgNO	乘客编号	INT	外键
3	t_bNO	车辆编号	INT	外键
4	t_ON	乘客上车站点编号	INT	外键
5	t_OFF	乘客下车站点编号	INT	外键
6	psgONtime	乘客上车时间	INT	—
7	psgOFFtime	乘客下车时间	INT	—

表 8-38 站点属性

字段编号	字段	描述	数据类型	备注
1	sNO	站点编号	INT	主键/非空/唯一
2	sLon	站点经度	DOUBLE	—
3	sLat	站点纬度	DOUBLE	—

表 8-39 车辆基础属性

字段编号	字段	描述	数据类型	备注
1	bNO	车辆编号	INT	主键/非空
2	bT	车辆发车时刻	INT	—
3	b_bClass	车辆发车班次	INT	外键
4	b_sNO	已到达站点编号	INT	外键
5	bTime	到达时间	INT	—
6	b_psNO	即将到达站点编号	INT	外键
7	bPreTime	即将到达时间	INT	—

表 8-40 车辆行车计划

字段编号	字段	描述	数据类型	备注
1	bClass	车辆发车班次	INT	主键/非空
2	s_bStop	车辆途经站点	INT	外键
3	bSTime	车辆到达站点时间	INT	—

表 8-41 车辆位置

字段编号	字段	描述	数据类型	备注
2	NO	车辆编号	INT	主键
3	startLon	车辆已到达站点经度	DOUBLE	—
4	startLat	车辆已到达站点纬度	DOUBLE	—
5	Tim	车辆已到达站点时间	INT	—
6	endLon	车辆终点经度	DOUBLE	—
7	endLat	车辆终点纬度	DOUBLE	—

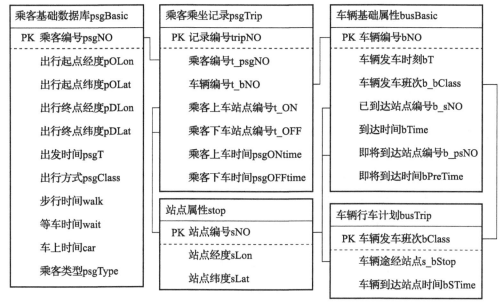

图 8-48 数据表之间关联

8.5.3 融合算法

1. 乘客数据模块交通方式选择模型

乘客 Agent 构建的核心在于交通方式选择模块的设计，用于模拟乘客从自身角度出发，在多种交通方式共同运营的情况下，比选出出行交通方式的行为。交通方式选择模块的完成，是探讨网约公交在我国城市多种交通方式存在的情况下，所能获得的乘客数、运营收益、整体效益的基础。

（1）模型构建 鉴于网约公交与常规公交存在一定的相关性，故在问卷调查时隐去了交通方式名称，受访者仅凭提供的交通方式特性选择出行，因此，网约公交与常规公交、汽车又存在平行关系。本案例通过选项独立性（IIA）验证，证明三者具有独立关系，建立多项 Logit 模型即可。

（2）交通方式选择模块设计 根据多项 Logit 模型构建及参数标定，完成对于乘客 Agent 交通方式选择模型的设计，选择考虑交通方式差异性的多项 Logit 模型进行计算，具体执行步骤如下：

1）计算网约公交对应效用函数。

2）计算汽车出行对应效用函数。

3）计算公交出行对应效用函数。

4）选择交通方式。

2. 网约公交调度模型

网约公交 Agent 主要功能包括车辆行驶行为管控和车辆动态调度管控，车辆行驶行为管控借助百度地图 API 即可实现，车辆动态调度管控需要构建网约公交调度模型，是本案例网约公交 Agent 的核心模块。

网约公交调度模型是针对网约公交行驶路线变化所提出的数学模型，用于决定网约公交是否偏移基准路线服务乘客。鉴于乘客是否选择网约公交可由乘客 Agent 根据已有信息自行做出决策，因此，仅从网约公交运营收益角度出发，决定网约公交是否偏移基准路线服务乘客。根据乘客是否提前预约，设置预调度和实时调度两种动态调度方式，在预调度部分构建模型，在实时调度部分提出实时调度策略。

（1）预调度模型构建　网约公交的运营初衷是提高车辆运营收益和公共交通社会效益。本案例不考虑由绕行服务特殊人群或交通不便地区人群所带来的社会效益，以公交运行收益最大为目标函数，构建基于均值方差的调度模型并进行求解。

（2）实时调度策略　实时调度是为满足临时申请乘坐或最终拒绝乘坐网约公交的乘客需求，调度策略执行流程如图 8-49 所示。考虑到实时响应效率，对于临时申请乘客遵循先申请、先服务原则，以不大幅降低网约公交服务水平为前提，以尽可能为更多乘客提供服务为原则，选用插入式算法进行计算，不大幅降低网约公交服务水平转化为约束条件即绕行距离不超过网约公交允许最大绕行距离，与预调度模型表示相同。

对于最终拒绝乘坐的乘客，若乘客乘坐站点仅存在拒绝的乘客上车或下车，且为临时站点，则取消临时站点，修改车辆途经站点、车辆行驶路径及车辆到站时刻表，以方便车辆为更多临时预约乘客提供服务。

3. 管控平台数据模块静态调度模型

静态调度规划是在网约公交已知过往潜在乘客出行信息的情况下，制定车辆行驶基线、停靠站点和发车时刻。车辆行驶基线根据网约公交运行特征可简化为固定站点间的最短路径规划，因此，本案例主要解决网约公交固定站点设置和发车时刻安排问题，分固定站点规划和时刻表编制两部分进行分析。

（1）网约公交固定站点规划　DBSCAN 算法最终仅能根据数据特征划分聚类类别，无法选定聚类中心，在聚类间距过大情况下，该算法的聚类效果还会受到严重影响。SING 算法虽然可以处理大量数据，且不影响其处理时间，但聚类的质量和准确性不高。K-means 算法作为应用最为广泛的算法，虽有多种不足，如需要给定 K 值，容易陷入局部最优解，只能处理数值属性数据，但可以很好地体现聚类的几何意义，而公交站点设置的特性，也恰好弥补了其不足。因此，本案例选用 K-means 算法，并根据网约公交实际需求进行改进，从而完成固定站点规划。

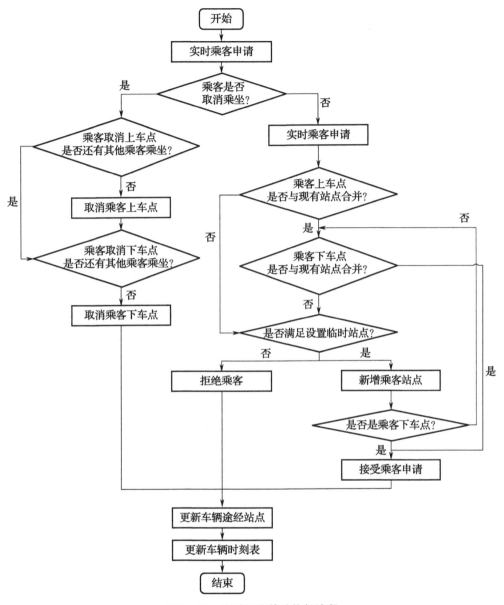

图 8-49 实时调度策略执行流程

（2）网约公交时刻表编制 网约公交时刻表编制分为单线路时刻表编制和多线路时刻表耦合两部分，对于单一线路的时刻表，确定合适的发车间隔即可，多线路时刻表耦合则是在线路发生重叠时，为提升网约公交总体服务质量，进行多条线路时刻表的统一调整。

1）单线路时刻表编制。生成单线路时刻表即确定对应线路网约公交适宜发车间隔和首末班发车时间。网约公交作为辅助型的公共交通，其运行与常规公交具有相似性，需要为乘客提供规律、可靠的通行服务，而因为其辅助的特性，其发车间隔大小有一定弹性，生成合理的时刻表是保障其服务规律、可靠、高效的前提条件。高频率的时刻表设置代表更好的公共交通服务和更大的前期投入，若得不到市场回报，则会后继乏力；低频率的时刻表设置代表较少的前期投入和较差的公共交通服务，面临长期得不到市场回报的局面。因此，发车间隔的设置需注重车队运营效益和乘客出行服务水平两者的平衡。

常规公交一般采用最大客流法（站点调查）或断面客流法（跟车调查）确定发车频率，进而生成车辆发车时刻表，计算车队规模。网约公交由于尚未运营，且存在动态站点，运营周期不固定，因此，以往学者多通过构建数学模型完成对网约公交时刻表的编制。已有的网约公交时刻表以系统成本最小化为目标，系统成本包括公交运营成本和乘客出行成本；以满足车辆行驶松弛时间、车辆最大发车间隔、车辆最小发车间隔、车队规模为约束函数。此模型可有效计算出在给定车队规模、乘客需求的情况下，单线路网约公交适宜的均匀发车间隔。本案例假设发车间隔均匀，不考虑线路之间影响，延用常规公交车辆发车间隔计算方法，编制初始时刻表，作为临时公交站点选取的参数，在实时调度部分根据网约公交所接载乘客的预约特性，灵活调整对应班次的发车时间。

2）多线路时刻表耦合。已知单线路车辆时刻表、车辆行驶路线及固定站点乘客出行时间，进行多线路车辆时刻表耦合。现有研究多通过时刻表耦合实现乘客换乘时间最短，网约公交不存在乘客换乘问题，时刻表耦合是为提升线路重叠部分的网约公交服务质量。因此，以乘客总等车时间最小为目标函数，以发车间隔和运行周期最短为约束条件，建立数学模型。

8.5.4 案例分析

考虑到网约公交在国内尚未推行，网约车出行理念与网约公交理念最为相符，而选择网约车出行的群体是公共交通尚未覆盖但易于争取的群体，他们对于新型交通方式接受程度高，对于门到门出行有更强烈的意愿，同时愿意支付更多的费用。本案例以成都市二环区域滴滴网约车出行数据为网约公交潜在乘客需求进行实证分析。

1. 数据预处理

为避免无效、冗余的数据影响计算结果，过量数据延长计算时间，需要对数据进行预处理。

（1）数据结构处理 本案例所采用的数据为2016年11月1日至11月30日成都市二环区域65km^2内滴滴平台的订单驾驶人轨迹数据，约20万条/天，数据结构见表8-42，数据范围为：[30.727818, 104.043333]，[30.726490, 104.129076]；[30.655191, 104.129591]，[30.652828, 104.042102]。

表8-42 滴滴订单数据结构

字段	类型	示例	备注
订单ID	String	mjiwdgkqmonDFvCk3ntBpron5mwfrqvI	已经脱敏处理
开始计费时间	String	1501581031	unix时间戳，单位为s
结束计费时间	String	1501582195	unix时间戳，单位为s
上车位置经度	String	104.11225	GCJ-02坐标系
上车位置纬度	String	30.66703	GCJ-02坐标系
下车位置经度	String	104.07403	GCJ-02坐标系
下车位置纬度	String	30.68630	GCJ-02坐标系

将订单ID由1开始进行重新编码，开始计费时间减去最小值变为[0, 86400]区间内数值，表示一天内0:00—24:00的时间，单位为s，删除结束计费时间，将上下车位置的经纬度运用Matlab中utmstruct命令转化为平面坐标系，以便于后续距离计算。更改各字段数据类型为数学定义，更新后数据结构见表8-43。

表8-43 更新后数据结构

字段	类型	示例	备注
编码	Int	1, 2, 3……	—
开始计费时间	Int	82195	在[0, 86400]内
上车位置x轴坐标	Double	411622.877219033	—
上车位置y轴坐标	Double	3404192.16431185	—
下车位置x轴坐标	Double	410232.596001617	—
下车位置y轴坐标	Double	3384484.04616748	—

（2）数据筛选与抽样 滴滴平台的数据量达到20万条/天，数据覆盖区域超过480km^2，以网约公交固定站点为例，改进的K-means算法仅以一天的数据为基础，计算复杂度达到了10^9，而固定站点的设置应以至少一周的数据为支撑，即140万条数据以上。以网约公交服务区域为例，过往学者大多假设网约公交服务10km^{2}范围内乘客需求，现有乘客需求点覆盖面积远超一条网约公交可覆盖的区域。数据量过大，覆盖区域过广不利于进行有效的案例分析，需要对数据进行有效的筛选与抽样，以保证计算的快速和准确。

在进行数据筛选与抽样之前，需要对数据有全面和清晰的认知，以一周数据为例，按数据时间和空间分布绘制乘客出行起讫点密度图、乘客出行起讫点分布热力图，乘客出行分布OD图、乘客出行时间分布图，分别如图8-50至图8-53所示。

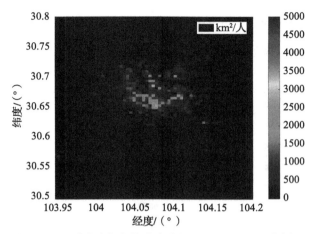

图 8-50 乘客出行起讫点密度图（以 11 月 1 日为例）

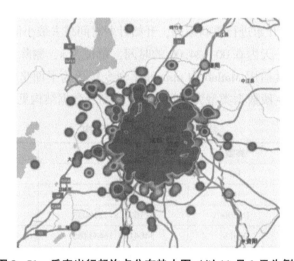

图 8-51 乘客出行起讫点分布热力图（以 11 月 1 日为例）

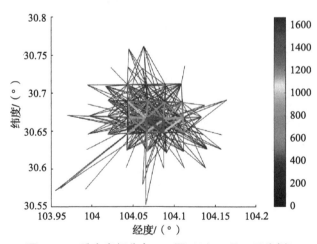

图 8-52 乘客出行分布 OD 图（以 11 月 1 日为例）

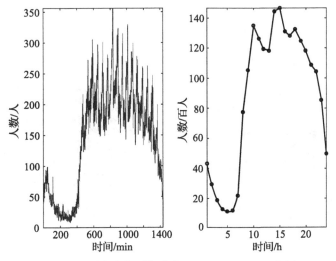

图 8-53 乘客出行时间分布图（以 11 月 1 日为例）

由图 8-50、图 8-51 可知，成都市乘客出行起讫点集中于 [30.65，104.05] 和 [30.66，104.07] 区段，从乘客出行起讫点分布热力图中，也可看出乘客出行分布集中于成都市一环区域，由图 8-52 验证图 8-50、图 8-51 所得，同时发现乘客出行呈由中心向四周扩散趋势，一环区域内的区块间出行最多。如图 8-52 所示，在区域设置为 $1km^2$ 时，也存在大量跨区块出行。由图 8-53 发现乘客出行时间集中在 10:00—20:00，且分布较为均匀，在 10:00—20:00 区段每分钟乘客出行呈上下波动状态，且波动较大，这从侧面说明了网约公交时刻表实时调整的必要性。

成都市一环以内区域交通需求密集，公共交通服务密集，网约公交为辅助性的公共交通方式，难以发挥自己的辅助性能，同时，大量的交通需求会造成大量的计算，超过单台计算机承载能力，选取成都市一环以北区域，以纬度 30.70°为界，舍弃起讫点纬度小于 30.70°的交通需求数据。同时，由于网约公交仍为公共交通服务设施，难以为单个乘客需求服务，舍弃每平方千米仅有一个需求点的乘客需求。

在数据空间筛选的基础上，进行数据的时间筛选，根据乘客出行时间分布选择 10:00 开始和 20:00 结束作为网约公交首末班发车时间，选择乘客出行时间在 10:00 至 21:00 的交通需求作为此次仿真中乘客出行时间数据。

在数据筛选后数据量缩小为一万条/天，数据覆盖区域约为 $200km^2$。在此基础上，选择分层随机抽样法，将每小时内样本分为一组，每组样本按 1:10 的比例进行随机抽取，抽取后数据量缩小为一千条/天，数据覆盖区域约 $200km^2$。以一天数据为例绘制指定区域抽取前后乘客出行起讫点局部密度图、乘客出行分布局部热力图，乘客出行分布局部 OD 图、乘客出行时间局部分布图，以确定抽取样本保留了原样本的数据特征。绘制图如图 8-54 至图 8-57 所示。

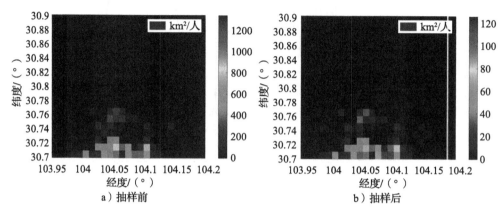

图 8-54　乘客 11 月 1 日出行起讫点局部密度图

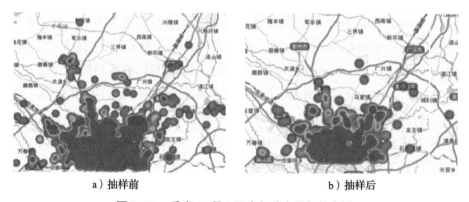

图 8-55　乘客 11 月 1 日出行分布局部热力图

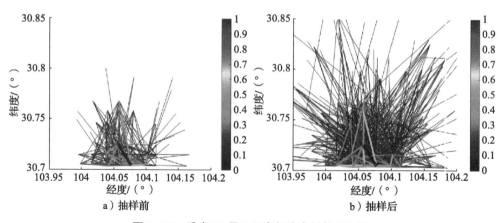

图 8-56　乘客 11 月 1 日出行分布局部 OD 图

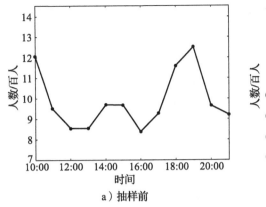
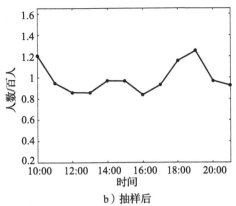

a）抽样前　　　　　　　　　　　　b）抽样后

图 8-57　乘客 11 月 1 日出行时间局部分布图

抽样前后，乘客总体出行趋势没有发生大的改变，如图 8-54、图 8-55 所示，区域间乘客出行密度之比及强度基本维持原样。如图 8-57 所示，乘客出行时间变化趋势同样维持原样。图 8-55 则反映出由于乘客出行总量的减少，部分原需求较少的区域的需求被加强，部分区域则完全省略，因此，乘客出行 OD 图在抽样前后有较大差异，但应注意抽样后数据在较多乘客出行的线路中仍保持抽样前特点。综上所述，抽样后数据虽然集聚性不如抽样前数据，但基本保持了抽样前数据的基本特征，可以用于模拟真实情况下的乘客出行。

2. 管控平台 Agent 静态调度规划

本案例假设成都市一环区域以北区域为网约公交服务区域，进行网约公交固定站点规划和时刻表编制。

（1）网约公交固定站点规划　运用管控平台 Agent 静态调度模型中改进的 K-means 算法，选取 2016 年 11 月 7 日至 2016 年 11 月 13 日的数据，求解网约公交固定站点。算法涉及参数设置如下：

1）设定固定站点间间距为 $r=2km$。
2）由于乘客主要需求覆盖区域约 $80km^2$，$K=S/(\pi r^2)=80/(\pi \times 2^2) \approx 6$。
3）考虑到计算强度，种群大小设置为 $m=50$ 组。
4）交叉概率设置为 $\rho_c=0.1$。
5）变异概率设置为 $\rho_m=0.2$。
6）最大迭代次数为 $GEN=1000$。
7）为加速迭代进程，设置子代直接遗传适应度最高的父代个体，遗传率为 $GAP=0.1$。

固定站点位置见表 8-44。由于固定站点的计算未考虑到实际道路信息，部分固定站点位于小区内部或商场内部，部分固定站点位于多个需求集聚点中心，但周边无需求。根据道路位置数据、需求点及固定站点间的衔接,进行细微调整,运算的迭代优化过程如图 8-58 所示。运算的迭代过程由急速下滑到达平台期、再次急速下滑、再次到达平台期组成,说明改进的 K-means 算法由于其中交叉算子和变异算子的设置,极好地避免了 K-means 算法因初始解而陷入局部最优解,而在第 400~1000 次迭代中,最优解始终没有发生变更。

表 8-44 固定站点位置

站点编号	计算结果		调整后结果			
	GCJ-02		GCJ-02		BD-09	
	经度/(°)	纬度/(°)	经度/(°)	纬度/(°)	经度/(°)	纬度/(°)
1	104.034788	30.712538	104.030716	30.719721	104.037136	30.726018
2	104.069071	30.712690	104.068648	30.712300	104.075163	30.718271
3	104.111424	30.714958	104.109144	30.709773	104.115712	30.715531
4	103.960277	30.755587	103.940470	30.774436	103.946937	30.780561
5	104.053491	30.767834	104.053311	30.772321	104.059750	30.778576
6	104.159742	30.788184	104.159960	30.789364	104.166366	30.795679

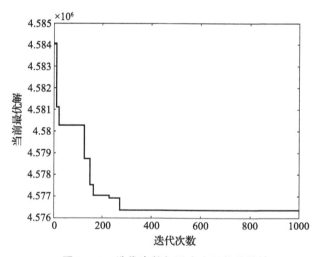

图 8-58 迭代次数与适应度函数收敛情况

乘客需求分布点聚类情况如图 8-59 所示,固定公交站点分布情况如图 8-60 所示,由图 8-60 可知运用改进的 K-means 计算固定站点位置,既可满足高密度区域乘客出行需求,还能兼顾低密度区域乘客出行需求,同时找到低密度区域乘客出行集聚点。以成都市 2016 年 11 月 1 日乘客 10:00—21:00 出行为例,区域内共有乘客数 11862 个,上下车均在固定站点 300m 范围内乘客数 13 个,占总乘客数的 0.11%；上下车均在固定站点 500m 范围内乘客数 92 个，占总乘客数的 0.78%；上下车均在固定站点 800m 范围内乘客数 493 个，占总乘客数的 4.16%；上下车均在固定站点 1000m 范围内乘客数 861 个，占总乘客数的 7.26%。若放宽限制，上车点或下车点在固定站点 1000m 范围内乘客数达 5467 个，占总乘客数的 46%，说明固定站点设置有效覆盖了乘客出行起讫点。

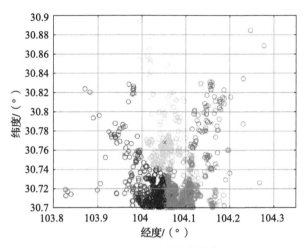

图 8-59 乘客需求分布点聚类情况

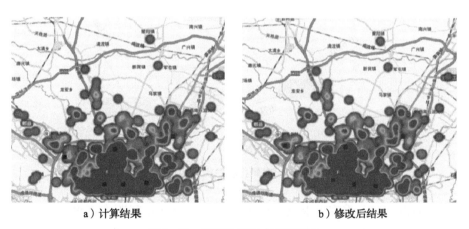

a）计算结果　　　　　　　　　　　　b）修改后结果

图 8-60 固定公交站点分布情况

（2）网约公交单时刻表编制　为进行网约公交时刻表计算，需要先明确单条线路的网约公交途经的站点以及乘客各断面的流量。本案例不对多站点车辆路径规划问题进行研究，仅根据固定站点周边乘客出行 OD 进行研究，如图 8-61 所示，参照常规公交线路设置，设计车辆行驶路径，车辆行驶路径如图 8-62 所示，不考虑车辆由场站发车，以固定站点为车辆的起终点，具体如下：

1）线路1：站点4—站点1—站点2—站点3。
2）线路2：站点1—站点2—站点5。
3）线路3：站点5—站点2—站点3。
4）线路4：站点1—站点2—站点3—站点6。

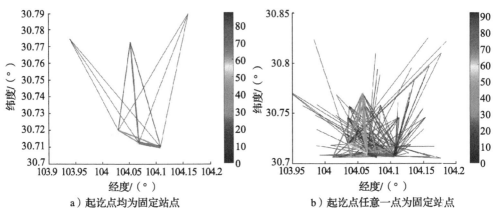

a）起讫点均为固定站点　　　　b）起讫点任意一点为固定站点

图 8-61　固定站点周边乘客出行 OD 图（见彩插）

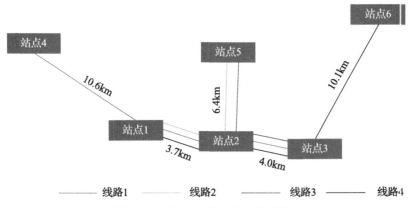

图 8-62　车辆行驶路径（见彩插）

规划后由于部分乘客需求点的过于分散，固定站点间距大于设想中 1~3km 的网约公交固定站点间距，本案例按 1~3km 为固定站点间距，重新计算了网约公交适宜的固定站点数为 18 站，以 18 为 K 值，重新计算了网约公交站点位置，如图 8-63 所示，固定站点间乘客出行 OD 分布如图 8-64 所示。

对比发现新增站点主要集中于纬度 30.70°至 30.72°之间，而乘客出行需求并不集中于此区域内，有很大一部分乘客需求向外发散。若按 $K=18$ 设置固定站点，一方面仍然满足不了固定站点间间距 1~3km 的设想，另一方面会导致网约公交在交通需求密集区域因固定站点的设置过密错过潜在乘客，因此，仍选择

$K=6$ 设置网约公交固定站点。在实际运行情况下，可根据后期运营需求将常用临时站点转变为网约公交固定站点。

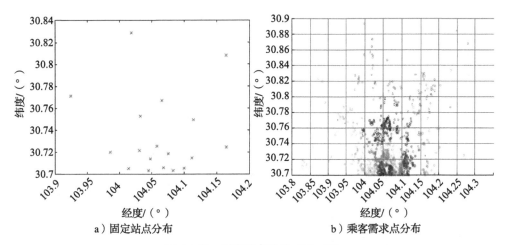

图 8-63　固定站点位置（$K=18$）

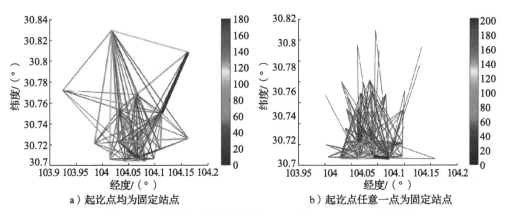

图 8-64　固定站点间乘客出行 OD 分布（$K=18$）（见彩插）

根据网约公交时刻表编制模型，计算发车频率，若站点被多条线路经过，则假设每条线路在站点处分到相同的乘客数，并假设其中 53% 的在固定站点上车的乘客选择乘坐网约公交，乘客期望拥挤度 $d=1$，车辆运力 $c=19$，车辆站点间最低运行车速为 $v=20\text{km/h}$，运算结果见表 8-45，以 32400s（10:00 起始）为首班发车时刻，以 75600s（21:00 结束）为末班发车时刻，对应时刻表以 s 为单位。需要注意的是乘客出行起讫点均在固定站点附近的出行，仍是少部分出行，因此网约公交断面客流难以衡量，不选择断面客流法进行网约公交初始发车间隔计算。

表 8-45　网约公交初始发车频率及车队规模运算结果

线路	每小时站点双向最大客流/veh	双向发车频率/(veh/h)	车队车辆数/veh
线路 1	22	2	2
线路 2	19	1	1
线路 3	22	2	2
线路 4	22	2	2

（3）网约公交多线路时刻表耦合　由于线路 1、线路 2、线路 3、线路 4 存在不同程度上的重合，为提升网约公交整体服务水平，提高网约公交整体竞争力，进行多线路时刻表耦合。为降低计算难度，假设各线路发车间隔保持不变，乘客选择 3min 以内到达站点的车辆进行乘坐，选择遍历算法进行计算。计算后，车辆时刻表适宜优化顺序为：线路 4（站点 6—站点 1）、线路 3（站点 5—站点 3）、线路 1（站点 3—站点 4）、线路 1（站点 4—站点 3）、线路 4（站点 1—站点 6）、线路 3（站点 3—站点 5）、线路 2（站点 5—站点 1）、线路 2（站点 1—站点 5）。各线路网约公交发车时刻表优化结果见表 8-46。

四川成都 2016 年 11 月 1 日一天 10:00—21:00 区域内出行总人数为 11862 人，假设固定站点 1km 以内乘客选择固定站点出行，固定站点上车人数为 5090 人，占全区域乘客数的 42.91%，根据问卷调查结果，计划选择网约公交乘坐的人数为 6287 人，车辆承载人数由优化前最少 683 人，变为最少 1042 人，提高承载效率 52.56%，优化后占固定站点出行总人数的 20.47%，占可能选择总人数的 16.57%。实际承载人数与可能选择人数的差距一方面说明网约公交的发车班次不足以满足乘客对出行时间的需求，另一方面说明网约公交承载的多数乘客不是来源于固定站点。经计算，多线路网约公交一天发车 49 班车，平均一辆车在固定站点接送乘客 21 人。多线路时刻表耦合可以有效提升网约公交整体竞争力，但网约公交承载人数占固定站点出行总人数的比例仍有很大提升空间，后续可对网约公交适应发车频率计算展开深入研究。可以想象，若将时刻表耦合细化至每一班次，则可进一步提升网约公交竞争力。

表 8-46　网约公交发车时刻表优化结果

线路	首班车适宜发车时间/s	
	顺行	逆行
线路 1	32700	32940
线路 2	32400	36000
线路 3	32880	32400
线路 4	32400	34518

3. 基于管控平台的网约公交运行调度

（1）参数设定　对于模型中涉及参数设定如下：

1）松弛时间设置。松弛时间设置与站点间距和车辆运行车速及乘客接受车辆最低运行车速直接相关，松弛时间计算方法可表示为：

$$C_{\max} = \frac{L}{\bar{v}} - \frac{L}{v_{\min}} \qquad (8-44)$$

式中，L 为站点间距；$\bar{v}$ 为网约公交平均车速；$v_{\min}$ 为网约公交最低行程车速。

参照过往学者研究和对城市公交平均运行车速的统计报告，假设网约公交平均车速为 30km/h，最低行程车速为 20km/h。

2）风险厌恶系数。风险厌恶系数决定了风险高低与收益高低对于目标函数的影响程度，鉴于网约公交可以实时调整其车辆路径，因此，本案例认为网约公交可以承受较高的风险，将风险厌恶系数定为 1。

3）乘客出行花费。结合已有定制公交定价、常规公交定价、地铁定价，根据乘客日常出行花费调查及过往学者研究，同时为了简化计算，将预约乘客的出行票价定为 3 元，实时请求乘客票价定为 4 元。

4）网约公交每公里行驶成本。现有公交每百公里油耗在 30~35L 之间，每 L 油价在 5.5~6.5 元之间。本案例假设网约公交每百公里油耗 35L，每 L 油价 6 元，因此，其每公里行驶成本为 2.1 元。

5）乘客最长忍耐时间。本案例允许乘客拒绝乘坐网约公交，因此，在网约公交预调度部分若设置过短的乘客最长忍耐时间，如 3min，可能使网约公交错过潜在乘客需求，若设置过长，则可能导致乘客频繁拒绝乘坐网约公交，参考问卷调查中居民日常出行等车时间，将乘客最长忍耐时间设置为 10min。

6）乘客出行起讫点及时间。本案例选用滴滴盖亚开源数据所提供的 2016 年 11 月 7 日至 2016 年 11 月 13 日成都一环以北（大于纬度 30.70°）出行数据为历史潜在乘客出行数据，选用 2016 年 11 月 14 日至 2016 年 11 月 20 日成都一环以北（大于纬度 30.70°）出行数据为乘客当日出行数据，进行网约公交运行仿真。

（2）结果分析　假设出行乘客中前 70% 或前 30% 选择预约出行，后 30% 或后 70% 选择实时申请出行，运行程序，获得 2016 年 11 月 14 日各线路网约公交承载乘客数，如图 8-65 所示，网约公交线路对应客流见表 8-47。

将图 8-65 同图 8-59 相比，各线路承载乘客数和乘客出行需求出行波动相似，网约公交在各出行时段都具有一定的竞争力。线路 2 由于发车频率低，线路运行短，承载乘客数显著少于线路 1、3、4，但线路 3 承载乘客数与线路 1、4 相似，线路运行长度同线路 2 相似，因此，认为线路 2 承载乘客较少是由发车频率较低造成。若以每车承载乘客数计算，则线路 3 显著高于线路 1、2、4，线路 2

发车频率低,车辆在首末站停放时间过久,线路1、4则是由于运行线路过长,存在运力浪费。

将图 8-65 中 a、b 相比,网约公交在 70% 乘客预约出行的情况下,可以满足更多乘客的需求,但在 30% 乘客预约出行的情况下,承载乘客数并未出现大幅下降,若以网约公交运营收益衡量,其运营收益还有小幅增长,说明预调度模型可以有效地避免个别预约乘客出行起讫点过远导致的公交运力浪费。总体而言,网约公交调度模型仍更适用在乘客选择预约出行的环境。

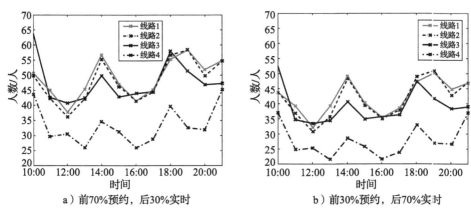

a) 前70%预约,后30%实时   b) 前30%预约,后70%实时

图 8-65 乘客选择总量一日时间分布

表 8-47 网约公交线路对应客流

线路编号	站点编号	时间												max
		10:00	11:00	12:00	13:00	14:00	15:00	16:00	17:00	18:00	19:00	20:00	21:00	
1	4	3	6	5	3	4	3	1	2	1	3	4	3	22
	1	3	4	4	4	7	6	4	5	7	7	5	10	
	2	15	13	12	12	15	15	11	12	15	13	16	19	
	3	18	14	12	16	18	15	17	17	21	22	17	11	
	max	18	14	12	16	18	15	17	17	21	22	17	19	
2	1	3	4	4	4	7	6	4	5	7	7	5	10	19
	2	15	13	12	12	15	15	11	12	15	13	16	19	
	5	15	6	7	4	3	3	6	5	8	4	3	5	
	max	15	13	12	12	15	15	11	12	15	13	16	19	
3	5	15	6	7	4	3	3	6	5	8	4	3	5	22
	2	15	13	12	12	15	15	11	12	15	13	16	19	
	3	18	14	12	16	18	15	17	17	21	22	17	11	
	max	18	14	12	16	18	15	17	17	21	22	17	19	
4	1	3	4	4	4	7	6	4	5	7	7	5	10	22
	2	15	13	12	12	15	15	11	12	15	13	16	19	
	3	18	14	12	16	18	15	17	17	21	22	17	11	
	6	4	2	1	1	3	2	0	0	3	3	1	3	
	max	18	14	12	16	18	15	17	17	21	22	17		

由于70%预约出行，30%实时出行的情况下，实时出行乘客得到满足的数量较少，为避免数据的偶然性，选择30%预约出行，70%实时出行进行乘客人均用时及花费的统计，2016年11月14日至2016年11月20日乘客人均用时及花费见表8-48。由表8-48可知，选择预约与实时请求的乘客所需要付出的行程花费相差不大，说明网约公交可为预约出行乘客和实时出行乘客提供质量相似的服务。同时也说明由于乘客出行选择模型存在于仿真平台内，若网约公交无法为乘客提供性价比更高的选择，则会被乘客放弃。选择实时出行的乘客相较于预约出行的乘客在步行时间、等车时间、车上时间、乘客总行程花费方面均普遍高于预约出行，对于实时出行的乘客，只有在出行距离相对较远时，才会选择乘坐网约公交。

线路1、2、3线路长度不同，但人均车上时间相差不大，结合图8-65，各线路每小时承载人数相似，因为线路1和线路4所途经的站点4和站点6附近乘客需求密度较低，发车时间能够满足的乘客需求更少，所以各线路乘客人均出行时间还是由承载乘客数多的站点1至站点3区域乘客出行需求决定。在实际运营情况中，站点1至站点4及站点3至站点6附近乘客，可能会因为网约公交的便捷性，而改变自己的出行时间，因此，本案例对网约公交覆盖低需求密度区域仍持有积极态度。

表8-48 乘客人均用时及花费

线路	乘客人均步行时间/min	乘客人均等车时间/min	乘客人均车上时间/min	乘客总行程花费（含时间成本和票价）/元
线路1（预约）	3.48	4.03	17.22	8.09
线路1（实时）	4.55	6.09	19.65	10.07
线路2（预约）	2.57	3.98	17.06	7.91
线路2（实时）	3.23	5.90	19.88	9.91
线路3（预约）	2.69	3.79	17.40	7.99
线路3（实时）	3.05	5.87	21.87	10.35

8.5.5 结论

1. 提出潜在乘客出行信息表示方法

在网约公交长期的研究中，研究人员一直受困于没有网约公交在我国的实际运营数据。本案例基于网约公交运营与网约车运营的部分相似性，尝试以网约车运营数据表示网约公交潜在乘客，完成案例分析。所获结果可能与实际情况仍有较大偏差，但相较于理想情况已有了大幅提升。

2. 提出基于过往潜在乘客需求的预调度模型

在针对网约公交的调度研究部分，首次考虑了乘客出行数据的规律性对于网约公交动态调度的影响，这使得预约乘客和实时乘客均可享受到较好的网约公交服务，网约公交所能获得的运营收益也相对稳定。

8.6 基于多源数据融合的网约公交出行需求分析与路径规划设计

网约公交是一种融合常规公交与需求响应式公交的新型公共交通方式，既能满足固定站点的出行需求，又可以偏离固定线路接送在固定站点外的出行者。开展网约公交方式的研究和建设，促进网约公交方式与现有公共交通系统融合，可以有效提升公交线网覆盖率，有效提高乘客换乘效率，从而大幅提高公共交通服务水平，使公共交通承担更多的居民出行量。鉴于网约公交在我国尚未有应用案例，因此缺少网约公交的乘客出行数据，为解决网约公交在我国的适应性问题，以实现网约公交实际情境下的调度为目标，融合摩拜单车出行数据，将其作为网约公交的潜在乘客出行数据，构建网约公交管控平台，完成基于多源数据融合的网约公交出行需求分析与路径规划设计。

8.6.1 案例背景

随着公交优先的措施逐步实行，公共交通建设取得了巨大的成就，各个国家主要城市的公交线网覆盖率大多超过了50%，公共交通成为居民最主要的出行方式。然而考虑到土地性质、环境、成本等多方面因素，公交线网很难实现全区域覆盖，势必会产生诸多问题。比如出行者乘坐常规公交到达目的地绕行较远或步行到公交站台的距离较远，或开通的常规公交线路上座率不高、空驶率增加导致公交盈利能力不足等。因此需要研究一种适合出行需求分散情况的新型公交，这种新型公交既能保障居民的出行质量，又能降低公交企业的运营成本。

为解决以上问题，结合移动互联网技术，网约公交应运而生。网约公交是一种融合传统固定线路公交与需求响应式公交的新型公共交通方式。它既有承载能力大、成本低的优点，同时也可以满足乘客多样化和高质量的出行需求。

目前网约公交研究相关模型构建与案例分析主要依托于仿真模拟，缺乏真实的出行需求分析，研究成果难以直接运用到真实场景中。本案例以此为基础，对基于真实出行需求和路网的网约公交车辆路径设计问题开展分析研究，通过融合多模式交通出行方式的数据（如：共享单车、出租车、网约车等），挖掘出网约公交的潜在用户，从而帮助网约公交根据乘客多样化的出行需求信息设置灵活站点和更新车辆行驶路径。

8.6.2 数据概述

共享单车主要用于出行者在公司和住所之间的通勤，而大多数具有通勤目的的共享单车用户一般需要乘坐传统的公共交通工具，然后使用共享单车完成第一/最后一公里的交通。共享单车的灵活性为出行者提供了便利，但由于道路的复杂性和自行车的特性，很可能降低出行的安全性、效率和满意度。共享单车用户的出行需求特征与网约公交的服务对象非常相似，因此本案例尝试融合公交数据与共享单车数据，分别见表8-49与表8-50通过分析多源多模式交通出行方式的数据，挖掘出网约公交的潜在用户，从而帮助网约公交根据乘客多样化的出行需求信息设置灵活站点和更新车辆行驶路径，将乘客快速便捷地接送到目的地，减少乘客的出行时间，提高乘客换乘效率。

表8-49 公交线路与站点数据信息

字段名	中文名称	数据长度	数据类型	描述及要求
ROUTEID	线路编号	20	BYTES	线路编号
ROUTENAME	线路名称	20	BYTES	线路名称
ROUTECODE	线路编码	20	BYTES	线路编码
ORGID	所属组织	20	BYTES	所属组织
ROUTESTYLE	线路运行方式	1	BYTE	1：上下行；2：环行
ISEXISTSACCOMMODATIONROAD	线路上是否存在公交专用道	1	BYTE	线路上是否存在公交专用道
DISPATCHTYPE	调度类型	1	BYTE	调度类型（1：单边调度；2：双边调度；3：集合调度）
CITYAREA	市区分类	1	BYTE	市区分类（1是；0否）
ROUTEORDER	排序字段	4	UINT32	排序字段
ROUTELENGTH	线路长度	4	UINT32	线路长度
STATIONID	站点ID	20	BYTES	—
STATIONNO	站点编号	20	BYTES	—
STATIONNAME	站点名	20	BYTES	—
ALIASNAME	别名	20	BYTES	—
LONGITUDE	经度	4	UINT32	—
LATITUDE	纬度	4	UINT32	—
STATIONPOSITION	站点位置	20	BYTES	—
REGIONLEVEL	所属区域	1	BYTE	主城区，近郊区
REGIONAREA	所属城市区域	20	BYTES	各城市行政区
STATIONTYPE	站点类型	1	BYTE	首末站、中间站
ROUTEIDS	途经线路ID	20	BYTES	—
ROUTENAMES	途经线路名称	20	BYTES	—
ISBRT	站点类型	1	BYTE	1普通站点，2BRT站点

表 8-50　共享单车动态数据信息

动态数据	字段	类型	示例	备注
骑行开始与结束时间数据	骑行开始时间（Otime）	字符串	2017/9/20 7:29:42	—
	骑行结束时间（Dtime）	字符串	2017/9/20 7:44:52	—
骑行开始与结束位置的 GPS 数据	上车位置经度（Olong）	字符串	118.86061822	GCJ-02 坐标系
	上车位置纬度（Olat）	字符串	32.01803168	GCJ-02 坐标系
	下车位置经度（Dlong）	字符串	118.86393202	GCJ-02 坐标系
	下车位置纬度（Dlat）	字符串	32.03651177	GCJ-02 坐标系

为更加高效、快捷、准确地分析多源数据，本案例的研究范围仅限于南京市主要区域，如图 8-66 所示。网约公交因为具有常规公交的特性，所以需要按照固定站点的发车时间和到达时间准时发车和到达，研究区域的常规公交线路和站点如图 8-67 所示。

共享单车作为最后一公里的有效解决方案，一定程度上帮助乘客在公交未覆盖区域提高出行效率，但同时也会增加换乘次数，并且在恶劣天气下会带来不便。如果共享单车的骑行起点或终点位于公交站点附近，那么使用者有很大概率是需要乘坐公交车或刚完成公交出行，因此，这一部分共享单车的使用者很有可能是网约公交的潜在用户。如果网约公交运行组织合理，它便可以通过改变运行线路将这部分乘客接驳到固定公交

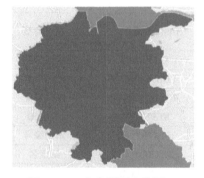

图 8-66　本案例研究范围

站点或目的地，能够在减少乘客换乘次数的同时提高出行效率和舒适度。

本案例对 2017 年 9 月南京市摩拜共享单车的运行数据进行分析。选择 9 月 20 日的数据为基础数据（工作日，天气良好），将骑行路径的起点或终点在公交站点附近的出行数据提取出来（本节设置为 50m 内），并剔除夜间出行数据（20：00—6：00）和骑行历时较长的数据（超过 20min）。将起点与终点距离超过 1mile（1mile=1.609km）的剔除，并做稀疏处理。最终得到起点或终点在公交站点区域的骑行 OD 对，如图 8-68 所示。

图 8-67　研究区域常规公交线路和站点

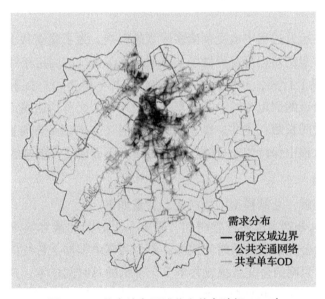

图 8-68　公交站点区域共享单车骑行 OD 对

8.6.3　模型构建

使用共享单车完成最后一公里的共享单车用户出行方式一般为：①乘坐常规公交到目的地附近的公交站点，然后骑自行车到目的地；②骑共享单车到公交站点，然后乘坐常规公交到目的地；③先骑共享单车到公交站点乘坐常规公交，然后在目的地附近的站点下车再骑共享单车去目的地。这三种情况正好符合可变线路公交使用者的特性。因此本案例引入网约公交来接驳需要使用公交车的共享单车用户，意图是让共享单车用户不需要再骑车进行换乘，只需要乘坐公交车就可以完成出行，使出行更加便捷、舒适、高效。

在这一部分中，对网约公交接送共享单车用户的路径问题进行了优化研究，建立了网约公交的路径设计模型和共享单车用户的出行事件成本模型。通过比较两种出行方式的时间成本，分析网约公交接驳共享单车用户的可行性。

1. 模型假设

网约公交在运营过程中受到诸多因素的影响。为建立车辆路径设计模型，本案例对网约公交的运行过程做如下假设：①为便于分析，本节仅考虑上下方向之一的乘客；②车辆行驶时保持匀速；③乘客一定会根据预订信息完成行程；④根据现有研究，虚拟网格路网可以更好地模拟实际路网，本部分采用网格路网，即车辆沿 X 方向或 Y 方向直线行驶；⑤提前预订的乘客的上下车位置和预定上车时间是已知的。尽管这些假设可能会被视为有争议，但所有假设都已在之前的研究中采用。

共享单车在运营过程中也受到诸多因素的影响。为了建立共享单车用户的出行成本模型，本案例对运行过程做了如下假设：①传统的固定路线公交始终在固定（基准）路线上行驶，并保持匀速行驶；②共享单车用户在乘坐公交车时会骑共享单车到最近的固定车站；③共享单车用户在公交车到达固定站点时准时上车，无论等待时间长短；④共享单车在网格路网 X 方向或 Y 方向直线行驶；⑤共享单车在骑行过程中保持匀速行驶；⑥只考虑上下方向之一的乘客。

2. 符号说明

为了方便理解，总结模型中的参数、变量如下：

ω_1、ω_2、ω_3 分别为车辆行驶时间、乘客车上时间和乘客等车的时间各自的权重；Z 为网约公交系统的总时间成本；Z' 为共享单车加上传统固定路线公交的总时间成本；F 为网约公交系统或共享单车系统的总时间成本；F_1、F_2、F_3、F_4 分别为网约公交系统或共享单车系统的车辆行驶时间成本、乘客车上时间成本、乘客等待时间成本和共享单车骑行时间成本；λ_1、λ_2、λ_3 分别为网约公交车辆行驶时间、乘客在车时间、乘客等待时间的成本函数权重系数；μ_1、μ_2、μ_3 分别为共享单车车辆行驶时间、乘客车上时间、共享单车骑行时间的成本函数权重系数；P 为系统中的乘客数；ψ 为传统固定路线公交的固定车站数量；v 为车辆的运行车速；δ 为共享单车骑行速度；ξ 为共享单车开锁/关锁时间；σ_t 为 t 时刻公交车上的乘客人数；θ 为公交车的额定载客数；d_{ij} 为点 i 到点 j 间的曼哈顿距离；$d_{i\alpha}$ 为点 i 与最近的固定站点 α 之间的曼哈顿距离；d_φ 为传统固定线路公交基线总长；$t_{u_i(q)}$ 为乘客 q 在站点 i 上车的时间；$t_{o_j(q)}$ 为乘客 q 在站点 j 下车的时间；$t_{u_\alpha(q)}$ 为乘客 q 在固定站点 α 的上车时间；$t_{o_\beta(q)}$ 为乘客 q 在固定站点 β 的下车时间；rt_q 为乘客 q 在检查站外的预留上车时间；mt_q 为乘客 q 在检查站外的最晚上车时间；TC 为固定站点集合，$TC = \{1, 2, \cdots, P\}$；NT 为非固定站点集合，$NT = \{P+1, P+2, \cdots, P+P\}$；$A$ 为线路上所有站点集合，$A = TC \cup NT$；Φ 为一组传统固定路线公交的固定站点，其中 $\varphi = \{1, 2, \cdots, \psi\}$；$x_{ij}$ 为 $0-1$ 变量，当存在从 i 到 j 的路径时，$x_{ij} = 1$，否则 $x_{ij} = 0$；t_i 为固定站点 i 计划发车时间；c_i 为车辆到达固定站点 i 时间；t_c 为车辆在固定站点的服务时间；T 为网约公交允许的最长单程行驶时间；Q 为乘客集合，即 $Q = N_1 \cup N_2 \cup N_3 \cup N_4$；$N_1$、$N_2$、$N_3$、$N_4$ 分别为第一类、第二类、第三类和第四类乘客数量；d_b 为允许车辆逆行的最大距离；x_i 为停靠站点 i 的横坐标；Δt 为乘客能容忍的等待时间。

3. 模型构建

（1）网约公交线路设计模型　公共交通系统的性能与企业的运营成本、车辆成本和乘客出行成本密切相关。本节研究单车系统的路线设计问题。对于不同的路线，车辆成本差别不大。因此，本节系统的总成本由两部分组成：车辆单向行驶时间成本和乘客时间成本。乘客时间成本包括车上时间成本和等待时间成本。这里引入车上时间成本，是因为网约公交偏离基本路线接送乘客，必然会增加乘客的车上时间。增加这部分可以更合理、准确地反映网约公交的时间成本，从而使比较结果更有说服力。考虑松弛时间约束、车辆运行规则、乘客时间窗口等约束条件，以系统总成本最小为目标，建立网约公交路线设计模型。

$$\min Z = \frac{\lambda_1 \sum_{i \in A} \sum_{j \in A} x_{ij} d_{ij}}{v} + \lambda_2 \sum_{i \in A} \sum_{j \in A} \sum_{q \in Q} (t_{o_j(q)} - t_{u_i(q)}) + \lambda_3 \sum_{i \in NT} \sum_{q \in N_3 \cup N_4} (t_{u_i(q)} - rt_q) \tag{8-45}$$

s.t.

$$\frac{\sum_{i \in A} \sum_{j \in A} x_{ij} d_{ij}}{v} \leq T \tag{8-46}$$

$$t_{o_j(q)} \geq t_{u_i(q)} + \frac{x_{ij} d_{ij}}{v}, \quad \forall (i, j) \in A \tag{8-47}$$

$$t_{u_i(q)} < t_{o_j(q)}, \quad \forall q \in Q \tag{8-48}$$

$$rt_q \leq t_{u_i(q)} \leq mt_q, \quad \forall q \in (N_3 \cup N_4) \tag{8-49}$$

$$mt_q = rt_q + \Delta t \tag{8-50}$$

$$t_i \geq c_i + t_c, \quad \forall i \in TC \tag{8-51}$$

$$\sum_{i=1}^{A} x_{ij} = 1, \forall j \in A/\{1\} \tag{8-52}$$

$$\sum_{j=1}^{A} x_{ij} = 1, \forall i \in A/\{P\} \tag{8-53}$$

$$\sigma_t \leq \theta, \quad \forall t \in (0, T) \tag{8-54}$$

$$x_i - x_j \geq -d_b \tag{8-55}$$

(2) 共享单车出行时间成本模型 共享单车加上传统固定路线公交的总系统成本也由两部分组成：车辆单程行驶时间成本和乘客时间成本。车辆单程行驶时间成本是传统固定路线交通沿基准路线从始发站行驶到终点站的时间成本，乘客时间成本包括共享单车骑行时间成本和车上时间成本。

$$Z' = \frac{\mu_1 d_\varphi}{v} + \mu_2 \sum_{\alpha \in \varphi} \sum_{\beta \in \varphi} \sum_{q \in Q} (t_{o_\beta(q)} - t_{u_\alpha(q)}) + \mu_3 \sum_{i \in NT} \sum_{\alpha \in \varphi} \left(\frac{d_{i\alpha}}{\delta} + 2 \times \xi \right) \tag{8-56}$$

(3) 时间成本比较模型 为了比较系统的时间成本性能，本节定义系统的时间成本性能指标 F 如下：

$$F = \omega_1 F_1 + \omega_2 F_2 + \omega_3 F_3 + \omega_4 F_4 \tag{8-57}$$

$$F_1 = \begin{cases} \dfrac{\lambda_1 \sum\limits_{i \in A} \sum\limits_{j \in A} x_{ij} d_{ij}}{v}, & \text{多线路公交系统} \\ \dfrac{\mu_1 d_\varphi}{v}, & \text{共享单车系统} \end{cases} \tag{8-58}$$

$$F_2 = \begin{cases} \lambda_2 \sum\limits_{i \in A} \sum\limits_{j \in A} \sum\limits_{q \in Q} (t_{o_j(q)} - t_{u_i(q)}), & \text{多线路公交系统} \\ \mu_2 \sum\limits_{\alpha \in \varphi} \sum\limits_{\beta \in \varphi} \sum\limits_{q \in Q} (t_{o_\beta(q)} - t_{u_\alpha(q)}), & \text{共享单车系统} \end{cases} \tag{8-59}$$

$$F_3 = \begin{cases} \lambda_3 \sum\limits_{i \in NT} \sum\limits_{q \in N_3 \cup N_4} (t_{u_i(q)} - rt_q), & \text{多线路公交系统} \\ 0, & \text{共享单车系统} \end{cases} \tag{8-60}$$

$$F_4 = \begin{cases} 0, & \text{多线路公交系统} \\ \mu_3 \sum_{i \in NT} \sum_{\alpha \in \varphi} \left(\dfrac{d_{i\alpha}}{\delta} + 2 \times \xi \right), & \text{共享单车系统} \end{cases} \quad (8-61)$$

8.6.4 案例分析

1. 研究区域

在高峰时段由于出行需求高且稳定，宜采用固定线路公交接驳乘客。而在平峰时段由于出行需求较低且波动性较大，可以允许车辆偏离基线更远距离接驳乘客，以满足乘客的不同出行需求。案例研究区域为南京 100 路公交线路（单程全长 15.4km），如图 8-69 所示。9 月 20 日平峰时段的共享单车在公交站点区域的 OD 对也在图 8-69 中显示。

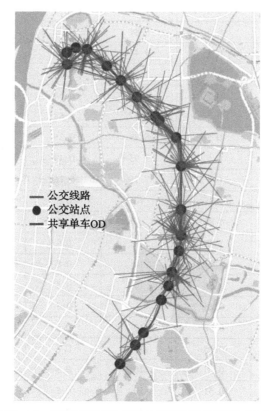

图 8-69　案例南京 100 路公交线路与共享单车 OD 对

2. 网约公交系统与共享单车系统对比

考虑到白天的出行需求，该地区单线单车单程出行需求密度初步设定为 30min/趟。为了体现灵活路线过境的特点，将四种乘客（N_1、N_2、N_3 和 N_4）的比例设置为 1∶4∶4∶1。因此,从实际共享单车 OD 对中随机抽取 27 组(共享单车 OD 对均为 N_2、N_3、N_4 乘客),随机产生 3 组 N_1 乘客。乘客出行需求的相对位置信息见表 8-51。

表 8-51 乘客出行需求的相对位置信息

类型	起始横坐标	起始纵坐标	终点横坐标	终点纵坐标	预留时间	编号
N_1	0	0.5	10	0.5	0	1
N_1	0	0.5	5	0.5	0	2
N_1	0	0.5	5	0.5	0	3
N_2	5	0.5	9.16	0.9	20	4
N_2	5	0.5	6.92	0.3	20	5
N_2	5	0.5	9.4	0.92	20	6
N_2	0	0.5	4.83	0.5	0	7
N_2	0	0.5	8.84	0.2	0	8
N_2	0	0.5	5.44	0.31	0	9
N_2	0	0.5	7.92	0.84	0	10
N_2	5	0.5	7.08	0.64	20	11
N_2	0	0.5	6.17	0.68	0	12
N_2	5	0.5	6.73	0.36	20	13
N_2	0	0.5	7.95	0.49	0	14
N_2	0	0.5	7.75	0.76	0	15
N_3	8.17	0.85	10	0.5	33	16
N_3	1.92	0.86	5	0.5	9	17
N_3	2.85	0.7	5	0.5	13	18
N_3	5.46	0.64	10	0.5	21	19
N_3	9.27	0.86	10	0.5	40	20
N_3	0.89	0.24	5	0.5	2	21
N_3	1.99	0.98	10	0.5	10	22
N_3	1.75	0.85	10	0.5	8	23
N_3	9.62	0.57	10	0.5	41	24
N_3	1.77	0.51	10	0.5	8	25
N_3	1.65	0.49	10	0.5	5	26
N_3	1.99	0.62	10	0.5	9	27
N_4	0.26	0.32	5.33	0.33	1	28
N_4	1.35	0.91	6.02	0.36	6	29
N_4	6.41	0.66	6.75	0.74	26	30

为防止仿真过程中发生事故，共进行了500次仿真实验，并对所得结果取平均值。采用两种出行方式，由于运行规则不同，车辆的行驶路线和总行驶距离（TDD）也不同。同时，等待时间成本（CWT）、车上时间成本（CIT）、驾驶时间成本（CDT）、系统总成本（TCS）也不同。具体结果如图8-70所示。

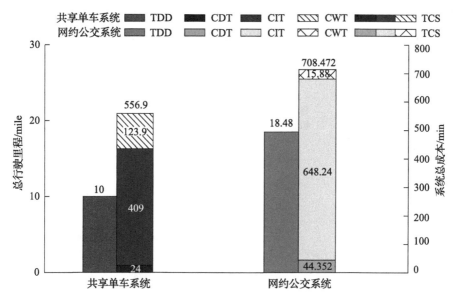

图8-70 两种出行方式成本对比

根据图8-70的结果可以看出，由于共享单车系统中传统的固定路线运输始终遵循基本路线，因此车辆行驶里程是一个较小的固定值。网约公交需要偏离基本路线接送乘客，因此车辆行驶里程较大。同时，网约公交与基本路线的偏差会导致车内乘客绕道而行，导致车上时间变长。综合来看，共享单车系统中的乘客虽然不需要绕道，但需要产生更长的骑行时间。因此，两个系统的总时间成本之和相差不大（乘客乘坐网约公交时，每位乘客平均只会多花5min左右），说明网约公交在一定程度上可以接送共享单车用户。考虑到网约公交可以提供更好的舒适性和便利性，同时有助于城市交通组织更加有序。网约公交的引入对于改善乘客出行方式、提升城市交通管理管控具有一定的积极作用。

3．灵敏度分析

这部分重点介绍模型相关因素的敏感性分析。敏感性分析主要用于探索乘客需求密度、固定站点间距、出行偏好等因素对网约公交系统和共享单车系统出行模式的影响。在模型仿真分析过程中，为保证结果的稳定性，每次进行500次仿真实验。在服务区内随机多次生成10/人次、20人次/人次、30人次/人次、40人次/人次和50人次/人次的乘客需求点并计算平均值。根据现有调查研究，大多数大中城市居民单程通勤距离平均在 5mile 以上。因此，为了避免模拟中生成需求时随机生成的 OD 距离过短，与实际情况不符，一定比例的 OD 距离应大于 5mile。

（1）出行需求密度影响分析　为了比较和分析乘客需求密度对共享单车系统和网约公交系统的影响，在保持其他参数不变的前提下，上述 5 个需求密度分别为 10min/趟、20min/趟、30min/趟、40min/趟和 50min/趟，用于模拟系统在不同需求条件下的各种时间成本。图 8-71 显示了不同乘客需求密度下不同系统指标的变化趋势。

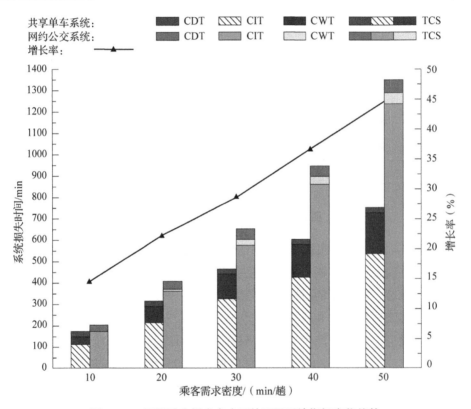

图 8-71　不同乘客需求密度下的不同系统指标变化趋势

在乘客需求密度相同的情况下，共享单车系统的时间成本低于网约公交系统。共享单车系统中的乘客乘坐的是固定路线中转，因此没有绕道。网约公交需要偏离基本路线接送乘客，造成绕道，导致乘客在公交车上的时间成本较大。随着乘客需求密度的增加，网约公交系统的时间成本相对于共享单车系统的时间成本的增加幅度如图 8-71 所示。从增长率可以看出，当需求密度较低时，两个系统的时间成本差异值很小。随着需求密度的增加，时间成本的差异值越来越大。

当密度较低时,由于共享单车用户在乘坐固定路线公交时不走弯路,两种系统的差异值较小,CIT 较小,但会产生较高的 CWT,结果两个系统的总时间成本比较接近。当需求密度高时,差值变大,随着乘客数量的增加,超额在车时间也增加,且增加的速度变快。因此,考虑到安全性和舒适性,在郊区或需求密度较低的非高峰期,可以引入网约公交来接送用户。在市中心或需求密度高的高峰期,共享单车系统可以帮助用户更方便、更高效地出行。为吸引更多乘客在需求密度高的地区或时段选择公交,相关部门可从公交路权分配、公交专用道设置、公交调度等方面着手,降低公共交通系统的时间成本,提高乘客的出行效率。

(2) 固定站点间距影响分析　为对比分析站点间距对共享单车系统时间成本的影响,设置不同数量的固定站点(不同站点间距),分析不同需求密度和不同需求下共享单车系统时间成本的变化。本节根据案例区范围,固定站数初步设置为 21、11、5、3、2,对应的站距分别为 0.5mile、1mile、2.5mile、5mile 和 10mile。图 8 - 72 为不同站距下系统指标的变化趋势。实线表示共享单车系统,虚线表示网约公交系统。

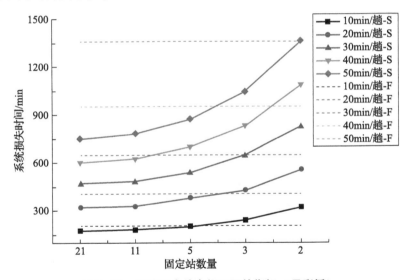

图 8 - 72　不同固定站点间距下的指标（见彩插）

当网约公交系统偏离基本路线接送乘客时,其时间成本不受固定站点数量的影响,因此时间成本相对不变。共享单车系统的时间成本会随着站点间距的增加而增加。这是因为随着车站间距的增加,用户需要乘坐更长的时间才能到达所需公交路线上的固定车站,同时乘客在车上的行驶距离会增加,车上时间也会增加。当站点间距过大时,共享单车系统的时间成本会超过网约公交的时间成本,共享单车系统在安全性、舒适性和便捷性方面会更低。因此,在郊区或其他公共交通车辆较少、车站间距较大的地区，可引入网约公交模式，接送需要乘坐传统公共交通的共享单车用户。

（3）出行偏好影响分析　乘客在不同的条件下对时间有不同的感知。骑共享单车或等车时，乘客会因疲劳、焦虑等情绪而感到时间比在车内时慢。由于乘客在骑共享单车或乘公共汽车时对时间的感知不同，ω_1/ω_2 和 ω_3/ω_4 的比例分别为 1:1 和 1:2，对不同 ω 比例下系统时间成本的变化进行了分析。当 ω_1、ω_2 和 $\omega_3(\omega_4)$ 的比例为 1:1:1 时，将 ω_1、ω_2 和 $\omega_3(\omega_4)$ 分别设置为 1/3、1/3 和 1/3。当 ω_1、ω_2 和 $\omega_3(\omega_4)$ 的比例为 1:1:2 时，将 ω_1、ω_2 和 $\omega_3(\omega_4)$ 分别设置为 0.25、0.25 和 0.5。图 8-73 显示了不同乘客需求密度、不同车站间距、不同 ω 比例下系统指标的变化趋势。图中两个黑点之间的黑色实线代表了当 ω 比例为 1:1 时共享单车系统在不同需求密度和不同站距下的时间成本值范围。两个红点之间的红色虚线代表了共享单车系统在不同需求密度、不同站距下，ω 比例为 1:2 时的时间成本值范围。蓝色实线代表当 ω 比例为 1:1 时，不同需求密度下网约公交系统时间成本的变化趋势。蓝色虚线代表当 ω 比例为 1:2 时，不同需求密度下网约公交系统时间成本的变化趋势。

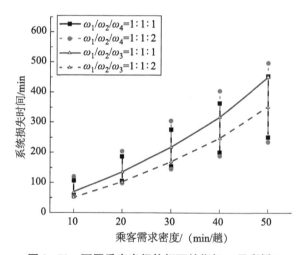

图 8-73　不同乘客出行偏好下的指标（见彩插）

灵活的功能、骑行文化和节能意识将增加乘客对共享单车的选择率。公交站点附近自行车站设施的增加可以促进共享单车的使用，而公交车实时到站信息不准确和拥挤的内部环境也会促进共享单车的使用。共享单车优惠信息的提供也将提高其选择率。所有这些情况都会促进共享单车的使用。用户骑共享单车时不会感到额外的焦虑，使 ω 比例达到 1:1。在出行需求大、公交网络密集的地区，共享单车系统的时间成本低于网约公交系统，可为乘客提供更快、更高效的出行。

可见共享单车对城市交通有很好的补充。在出行环境中，OD 与公交换乘站的距离越大，共享单车的使用就越少。降水、降雪、高温等极端天气会减少共享单车的使用。安全护栏不足、车道宽度窄、交叉路口过多等都会降低骑行的舒适性和安全性，因此对共享单车的负面影响显著。携带老人或小孩会减少共享单车的使用。共享单车投放不足，损坏率高，会降低共享单车的选择率。用户疲倦或想要放松也会减少共享单车的使用。所有这些情况都会抑制共享单车的使用。这些情况会导致用户骑车时产生焦虑感，使得 ω 比例为 1:2。共享单车系统的时间成本明显高于网约公交系统，说明此时引入网约公交接送共享单车用户是可行且可取的。

8.6.5 结论

本案例拟根据城市交通现状，结合共享单车及用户的特点，引入网约公交接送共享单车用户，协调城市交通系统，同时满足多样化的需求和乘客高质量出行需求。本案例以网约公交需求分析为切入点，通过挖掘共享单车数据和公交数据，分析网约公交的潜在用户、出行需求和灵活站点的选择。构建、比较和分析共享单车系统和网约公交系统的时间成本模型，探讨网约公交在不同条件下接送共享单车用户的可行性。在路线设计方面，为了优化接送用户的车辆行驶路线，更直观、合理地比较系统间的总时间成本，本案例综合考虑了乘客位置分布、乘客在车内时间和车辆行驶距离等特点，并以车辆行驶时间成本和乘客时间成本之和最小为目标，建立了网约公交路线设计模型。

通过后续的敏感性分析，分别分析乘客需求密度、固定车站间距、出行偏好属性对两个系统的影响。首先，本案例比较了两种系统在不同需求密度下的各种时间成本，发现在郊区村庄或非高峰期等客流需求较低的情况下，引入网约公交接送共享单车用户是可行的。但在交通繁忙的核心区域或高峰期，共享单车可以帮助用户更高效地出行。其次，本案例对比分析了站点间距对共享单车系统时间成本的影响，发现当站点间距过大时，共享单车系统的时间成本会超过网约公交系统的时间成本。因此，可以在公共交通车辆较少、固定站点间距较大的郊区引入网约公交模式，以接送需要乘坐传统公共交通的共享单车用户。最后，引入乘客出行偏好属性，研究各种情况对两种系统时间成本的影响。研究发现，在一些不利于共享单车使用的情况下，网约公交可以帮助共享单车用户更好地完成出行。

本案例的分析和结果只是揭示网约公交对共享单车用户的影响和吸引力的尝试之一。作者希望这些结果能激发更多关于出行方式转换的研究，尤其是引发如何制定具体的策略来增加公共交通的吸引力的思考。研究乘客出行偏好是出行方式转变的一个研究方向。研究不同情况下乘客的心理，制定相应的政策，吸引他们更多地使用公共交通。考虑到高密度地区或高峰期网约公交成本高，可以考虑多车协同上下客。根据共享单车用户在不同时间、不同地区的特点，可以研究多车调度和路线规划，在最大限度满足乘客出行需求的同时降低系统运行成本。

8.7 路网多态行程时间估计

本案例基于点到点的断面检测器提出了城市道路行程时间的估计方法，首先根据车辆组特性提出"组行程时间"的概念，并结合间断性交通流的特性计算车辆的组内概率和局部密度，最终通过车辆组及其中心的识别获得城市道路行程时间的估计值。

8.7.1 案例背景

在行程时间平面分布特性的解析中，通过上下游信号控制对交通流进行分割，使得于同一上游周期驶入路段、且于同一下游周期驶出路段的车辆形成车辆组。属于同一车辆组的车辆具有相近的上游过车时刻和行程时间，属于不同车辆组的车辆具有截然不同的上游过车时刻或行程时间，这就是城市道路行程时间呈现多态性的本质。因此，以车辆组为基本单元的行程时间估计可以有效描述行程时间的多态性，体现城市道路间断交通流的本质。

如图 8-74 所示，由于各交叉口信号控制的存在，于上游驶入的一股交通流在不同周期通过各个交叉口，导致该股车流被划分为四个车辆组 A、B、C、D。车辆组内部的所有车辆具有相似的行驶轨迹，也就具有相近的行程时间。因此，对于一个特定的车辆组而言，可以采用一个特定值来代表所有组内车辆通过该道路的行程时间，即组行程时间（Grouped Travel Time）。尽管组内车辆通过各交叉口的时刻、通过道路的行程时间不完全一致，但它们的取值是相近的。

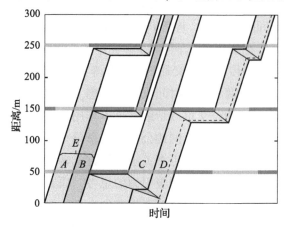

图 8-74　车辆组与组行程时间

实际上，当对象是路径行程时间时，以第一个上游交叉口和最后一个下游交叉口为依据划分车辆组的方法依旧有效。如图 8-74 所示，虽然车辆组 A、B 依次在两个不同周期通过第二个交叉口（150 m），但它们通过第一个上游交叉口（50 m）和最后一个下游交叉口（250 m）的周期一致，换言之，它们具有相近的驶入时刻和驶离时刻，并以相近的行程时间通过整个道路。因此可以将车辆组 A、B 看成是一个更大的车辆组 E。尽管车辆的运行轨迹受中间交叉口的影响，车辆的行程时间还是可以根据首尾两个交叉口确定。为方便表述，后面所述的上游交叉口和下游交叉口分别指代首尾两个交叉口。

8.7.2 融合算法

本部分以两个交叉口形成的路段为例，提出基于点到点的断面检测器的组行程时间估计方法。结合行程时间在平面分布中的聚类特性，城市道路行程时间的估计可以转化为一个聚类问题，即通过识别车辆组和车辆组中心，得到组行程时间的取值。

1. 车辆组的初步识别

如果两辆车于同一上游周期驶入、且于同一下游周期驶出，那么两车属于同一个车辆组。因此，两辆车在同一个周期通过停车线断面是识别车辆组的关键。当车辆以车队的形式驶离停车线断面时，车队中的所有车辆都在同一个周期通过。对于相邻车辆 n、$s(s=n+1)$ 而言，如果两车的车头时距较小（如 5s），则两车属于同一车队。对于非相邻车辆 n、$s(s>n+1)$ 而言，如果在车辆 n、s 之间存在依次相邻且具有较小车头时距的两辆车，车辆 n、s 也属于同一个车队。为了更方便地描述这一特性，定义车辆 n 的反向车头时距 f_n（Backward Headway）为车辆 n 与所在车队最后一辆车的车头时距。如果某车辆 $s(s>n)$ 与 n 属于同一个车队，那么车辆 n、s 的车头时距应该小于车辆 n 的反向车头时距 f_n；否则，两车不属于同一个车队。对于一个车队而言，车辆的反向车头时距随过车时刻的增加而递减，且最大值不超过绿灯时长；对于一个时段而言，反向车头时距的递减模式会随着信号方案的循环反复出现。定义阈值 f_α 为研究时段内所有反向车头时距的 α 分位值，用于初步判断车辆是否属于同一个车队、是否互为组内车辆。如果车辆 n、s 的车头时距小于 f_α，两车更有可能属于同一个车队；反之，两车更有可能属于不同的车队。这是一个初步的、定性的组内车辆判断方法，当 α 取值较大时，更多的车辆被初步识别为组内车辆；反之，较少的车辆被初步识别为组内车辆。尽管具有较大车头时距(大于f_α)的两车也可能属于一个车队，具有较小车头时距(小于f_α)的两车也可能属于不同车队，这样的初步判断方法仍然适用于大部分车辆，后面会证明行程时间的估计结果对参数α的取值并不敏感。由于车辆组是根据上、下游两个断面进行判断的，反向车头时距的阈值也应该被划分为上游阈值f_α^u和下游阈值f_α^d。因此，大部分组内车辆应该满足：

$$\begin{cases} h_{n,s}^u = |t_s^u - t_n^u| \leq f_\alpha^u \\ h_{n,s}^d = |t_s^d - t_n^d| \leq f_\alpha^d \end{cases} \tag{8-62}$$

式中，t_n^u、t_s^u分别为车辆n、s通过上游停车线断面的过车时刻；t_n^d、t_s^d分别为车辆n、s通过下游停车线断面的过车时刻；$h_{n,s}^u$、$h_{n,s}^d$分别为车辆n、s通过上、下游停车线断面的车头时距；f_α^u、f_α^d分别为上、下游停车线断面的反向车头时距阈值，其中α为分位值参数。

2. 车辆的组内概率和局部密度

式（8-63）是一个定性的组内车辆判断方法，可将其进行量化去描述两车属于同一个车辆组的概率，如同聚类算法中采用欧拉距离、切比雪夫距离等去描述两点的相似性。定义该指标为车辆的组内概率（Within-group Probability），在0到1范围内描述两辆车在上、下游停车线断面的相似性，使得相似性高（即具有较小上、下游车头时距）的两车具有较大的组内概率，相似性低（即具有较大上、下游车头时距）的两车具有较小的组内概率：

$$p_{n,s} = \exp\left(-\frac{1}{2} \times \left(\left(\frac{h_{n,s}^u}{f_\alpha^u}\right)^2 + \left(\frac{h_{n,s}^d}{f_\alpha^d}\right)^2\right)\right) \tag{8-63}$$

式中，反向车头时距阈值f_α^u、f_α^d决定了组内概率曲线的形状。组内概率$p_{n,s}$采用了二维高斯函数的形式，由一个指数函数和两个凹函数组合而成，使得组内概率对较小的车头时距敏感，对较大的车头时距不敏感，有利于区分两车之间的相似性。

如图8-75a所示，对于上、下游车头时距都较小的两个车辆，组内概率较大，当上、下游车头时距为零时，两车必然属于同一车辆组。当两车的上游或下游车头时距增加，两车的组内概率呈现指数下降的趋势。如图8-75b所示，假设两车的上（下）游车头时距为0，两车的组内概率随下（上）游车头时距的增加而指数递减；对于固定的两个车辆而言，反向车头时距的阈值越小，两车的组内概率就越小。

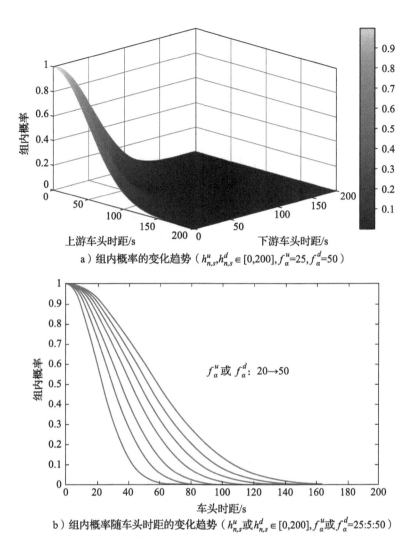

a）组内概率的变化趋势（$h_{n,s}^u, h_{n,s}^d \in [0,200], f_\alpha^u=25, f_\alpha^d=50$）

b）组内概率随车头时距的变化趋势（$h_{n,s}^u$ 或 $h_{n,s}^d \in [0,200], f_\alpha^u$ 或 $f_\alpha^d=25:5:50$）

图 8-75 组内概率的变化曲线

如果两辆车辆之间的组内概率都很高，那么这些车辆属于同一个车辆组；反之，这些车辆属于多个车辆组。计算车辆组个数的过程就是对车辆进行聚类的过程。此处采用密度聚类方法将车辆划分至不同的车辆组。对于一个数据集 X 而言，密度聚类方法的核心是计算各个数据点 x_n 的局部密度 ρ_n，也就是其他数据点对该点的贡献程度。为了方便表述，采用数据点 $x_n = (t_n^u, t_n^d)$ 代表进入时刻和驶离时刻分别为 t_n^u、t_n^d 的车辆 n。如果数据点 x_n 的周围存在密集的数据点，那么该点具有较大的局部密度。通常情况下，局部密度的取值为邻域范围内数据点个数。这种方法无法区分数据点在邻域内的分布差异，使得邻域内的点都具有相同的权重。为区分数据点的贡献程度，此处采用车辆的组内概率来计算局部密度，使得组内概率较大的数据点（距离较近）具有较大的贡献程度，组内概率较小的数据点（即距离较远）具有较小的贡献程度：

$$\rho_n = \sum_{s:s \in \{邻域1, 邻域2\}} p_{n,s} = \sum_{s:h_{n,s}^u \leqslant f_\beta^u, h_{n,s}^d \leqslant f_\beta^d} \exp\left(-\frac{1}{2} \times \left(\left(\frac{h_{n,s}^u}{f_\alpha^u}\right)^2 + \left(\frac{h_{n,s}^d}{f_\alpha^d}\right)^2\right)\right)$$
(8-64)

式中，f_β^u、f_β^d 分别为上、下游停车线断面的反向车头时距阈值；$\beta(\beta > \alpha)$ 为分位值参数；邻域1、2、3为以数据点 x_n 为中心的矩形范围，如图8-76a所示。

$$\begin{cases} 邻域1 = \{(t_s^u, t_s^d) \mid h_{n,s}^u \leqslant f_\alpha^u, h_{n,s}^d \leqslant f_\alpha^d\} \\ 邻域2 = \{(t_s^u, t_s^d) \mid f_\alpha^u < h_{n,s}^u \leqslant f_\beta^u, f_\alpha^d < h_{n,s}^d \leqslant f_\beta^d\} \\ 邻域3 = \{(t_s^u, t_s^d) \mid f_\beta^u < h_{n,s}^u, f_\beta^d < h_{n,s}^d\} \end{cases}$$
(8-65)

局部密度的有效计算范围是数据点 x_n 的邻域1和2：邻域1中数据点与点 x_n 的组内概率最大，因此对局部密度的贡献程度也最大；相较于邻域1，邻域2中数据点的组内概率略低，但也具有一定的贡献，必须考虑在内。然而，邻域3中数据点与点 x_n 的组内概率远小于邻域1和2，因此邻域3中数据点的贡献可忽略。而且随着行程时间样本数的增加，邻域3中数据点的个数也不断增加，排除邻域3的影响有利于消除样本量过大导致的计算效率偏低的问题。

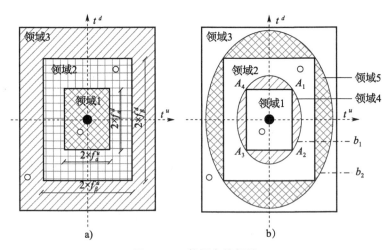

图8-76 数据点的邻域

对于邻域1和2而言，邻域的边界由反向车头时距阈值唯一确定，且在边界处取得组内概率最小值。以图8-76b的邻域1为例，矩形边界由反向车头时距阈值 f_α^u、f_α^d 唯一确定。令矩形的四个顶点分别为 A_1、A_2、A_3、A_4，则在四个顶点处取得车头时距的最大值，即 $h_{n,s}^u = f_\alpha^u$、$h_{n,s}^d = f_\alpha^d$，同时取得组内概率的最小值：

$$b_1 = \exp\left(-\frac{1}{2} \times \left(\left(\frac{f_\alpha^u}{f_\alpha^u}\right)^2 + \left(\frac{f_\alpha^d}{f_\alpha^d}\right)^2\right)\right) = e^{-1} \qquad (8-66)$$

值得注意的是,在邻域 1 的边界上,非顶点处的组内概率不等于 b_1。根据式 (8-66),组内概率等于 b_1 的点应满足:

$$\left(\frac{h_{n,s}^u}{f_\alpha^u}\right)^2 + \left(\frac{h_{n,s}^d}{f_\alpha^d}\right)^2 = \left(\frac{f_\alpha^u}{f_\alpha^u}\right)^2 + \left(\frac{f_\alpha^d}{f_\alpha^d}\right)^2 = 2 \qquad (8-67)$$

因此这些点分布在以 A_1、A_2、A_3、A_4 为外接点的椭圆上,如图 8-76b 所示。由于组内概率的递减特性,外接椭圆内部的点的组内概率都大于 b_1。令外接椭圆和矩形边界形成的封闭区域为邻域 4,那么邻域 4 内数据点的组内概率也大于 b_1。同理,邻域 2 的最小组内概率 b_2 也在该邻域的四个顶点处取得:

$$b_2 = \exp\left(-\frac{1}{2} \times \left(\left(\frac{f_\beta^u}{f_\alpha^u}\right)^2 + \left(\frac{f_\beta^d}{f_\alpha^d}\right)^2\right)\right) \qquad (8-68)$$

如图 8-76b 所示,邻域 2 的矩形边界和外接椭圆形成邻域 5,那么邻域 5 的组内概率也会大于 b_2。

对任一数据点 x_n 而言,令该点邻域 1、2、3 中的其他数据点构成的数学集合为 W_n^1、W_n^2、W_n^3,该点的局部密度 ρ_n 应满足式 (8-69):

$$\rho_n \geqslant \mathrm{card}(W_n^1) \times b_1 + \mathrm{card}(W_n^2) \times b_2 \qquad (8-69)$$

式中,b_1、b_2 分别为邻域 1、2 的最小组内概率。

3. 车辆组中心的识别

得到各数据点的局部密度之后,可采用密度聚类的方法识别聚类中心,即车辆组中心。密度聚类的核心是从数据点的密度出发,考察数据点之间的可连接性,并根据可连接性不断地扩展聚类簇。此处借鉴一种快速识别聚类中心的密度峰值聚类思想 (Clustering by Fast Search and Find of Density Peaks,CFSFDP),通过分析数据点的局部密度和相似性 (距离) 去寻找聚类中心。在 CFSFDP 中,聚类中心具有以下两个特征:①具有较大的局部密度;②与具有更大局部密度的数据点距离都很远,即相似性都很低。该方法提出了快速寻找聚类中心的思路。然而 CFSFDP 的聚类结果容易受阈值的影响,因为局部密度的大小程度、距离的远近程度通常是根据经验确定的。

结合三个邻域空间的划分,对 CFSFDP 方法进行改进,使其能更客观、可靠地识别出车辆组中心。类比 CFSFDP 中聚类中心的特点,车辆组中心应该满足:①具有较大的局部密度;②与具有更大局部密度的数据点之间的相似性都很低

（即组内概率都很低），换言之，与最近的、具有更大局部密度的数据点之间的组内概率很低。对于数据点 x_n 而言，该点与邻域 1、2、3 中其他点的组内概率是依次递减的。因此，邻域空间的划分也可以作为组内概率的高低程度的划分。如果数据点 x_n 是一个车辆组中心，那么该点的邻域 1、2 内应该没有更大局部密度的数据点。也就是说，如果存在比数据点 x_n 的局部密度更大的点，这个点应该出现在数据点 x_n 的邻域 3 中。根据邻域 1、2 内数据点的个数，以及最近的更大密度点的归属邻域，可列举所有的组合情况，见表 8-52。

表 8-52　12 种组合情况

依据	$\rho_n = \max\{\rho_n \mid x_n \in X\}$	$\rho_n \neq \max\{\rho_n \mid x_n \in X\}$										
card(W_n^1)	—	0	0	0	0	1	1	>1	>1	>0	>0	>0
card(W_n^2)	—	0	1	>1	>0	0	0	0	0	>0	>0	>0
最近的更大密度点的归属邻域	—	3	2	2	3	1	3	1	3	1	2	3
情况	1	2	3.1	3.2	3.3	4.1	4.2	4.3	4.4	5.1	5.2	5.3

1）在情况 1 中，数据点 x_n 具有全局最大的局部密度。

2）在情况 2 中，数据点 x_n 的邻域 1、2 内不存在其他数据点（W_n^1、W_n^2 均为空集）。

3）在情况 3.1 至 3.3 中，数据点 x_n 的邻域 1 内不存在其他数据点，而邻域 2 内至少存在一个数据点（W_n^1 为空集，W_n^2 为非空集）。

4）在情况 4.1 至 4.4 中，数据点 x_n 的邻域 2 内不存在其他数据点，而邻域 1 内至少存在一个数据点（W_n^1 为非空集，W_n^2 为空集）。

5）在情况 5.1 至 5.3 中，数据点 x_n 的邻域 1、2 内都存在其他数据点（W_n^1、W_n^2 均为非空集）。

在上述 12 种情况中，情况 2 至 3.3 的 W_n^1 是空集，数据点 x_n 在局部范围内是一个孤立点。在情况 4.1 至 4.2 中，W_n^2 是空集，数据点 x_n 与 W_n^1 中的唯一一个元素形成一组孤立的点对。因此，在情况 2 至 4.2 中，数据点 x_n 的局部密度较低，可以将这类数据点定义为孤立点。在其他情况下，数据点 x_n 的局部范围内更有可能存在较多的数据点，定义这类局部密度较高的点为密集点。

图 8-77 列举了这 12 种情况，其中实心圆点代表数据点 x_n，空心圆点代表局部密度小于 ρ_n 的点，实心矩形代表最近的、局部密度大于 ρ_n 的点 x_s。对于数据点 x_n 而言，如果点 x_s 出现在邻域 1 内，那么点 x_n 不是车辆组中心，可以归属到点 x_s 所属的车辆组中，如情况 4.1、4.3、5.1；如果点 x_s 出现在邻域 2 内，点 n 也可以近似地归属到点 x_s 所属的车辆组中，成为一个非中心的点，如情况 3.1、

3.2、5.2；如果邻域 1、2 中都没有局部密度更大的点，点 x_s 出现在邻域 3 内，那么点 x_n 就是局部范围内的密度最高点，是车辆组的中心或孤立点，如情况 2、3.3、4.2、4.4、5.3。此外，情况 1 对应的数据点也是车辆组中心，并具有全局最大的局部密度。综上所述，情况 1、2、3.3、4.2、4.4、5.3 中的点为车辆组中心；其他情况对应的点为非车辆组中心，可以直接或间接地归属到车辆组中心。根据数据点之间的归属关系，即非车辆组中心与高密度点的连接关系，就可以将所有数据点划分至不同的车辆组。

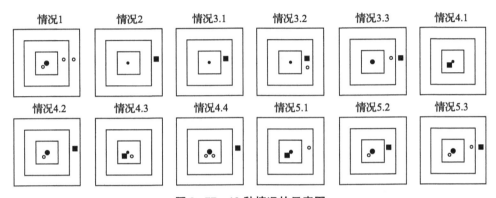

图 8-77　12 种情况的示意图

为了对比改进方法与 CFSFDP 方法的区别，计算 CFSFDP 方法的一个关键指标，即数据点 x_n 与最近的具有更大局部密度的数据点的距离 δ_n。此处，距离 δ_n 对应更大局部密度点的最大组内概率，即：

$$\delta_n = \begin{cases} \max\limits_{s:\rho_s > \rho_n} (\rho_{n,s}) & \text{当} \exists s \text{ s.t. } \rho_s > \rho_n \text{ 时} \\ \min\limits_{s:\rho_s < \rho_n} (\rho_{n,s}) & \text{其他} \end{cases} \quad (8-70)$$

对于全局密度最高的点，令其距离 δ_n 为全局最小的组内概率，因为车辆组中心总是具有较小的距离。表 8-53 分析了 12 种情况下局部密度 ρ_n 与距离 δ_n 的大小关系。

表 8-53　局部密度与距离的关系

情况	ρ_n 与 δ_n 关系
情况 1	$\rho_n = \max\{\rho_n \mid x_n \in X\}$，$\delta_n = \min\{\rho_{n,s} \mid x_s \in X, x_s \neq x_n\}$
情况 2	$\rho_n \neq \max\{\rho_n \mid x_n \in X\}$，$\text{card}(W_n^1) = 0$，$\text{card}(W_n^2) = 0$ $\Rightarrow \forall n: \rho_n = 0, x_s \in W_n^3; \widetilde{\forall} n: \delta_n < b_2$
情况 3	$\rho_n \neq \max\{\rho_n \mid x_n \in X\}$，$\text{card}(W_n^1) = 0$，$\text{card}(W_n^2) > 0$
情况 3.1	$x_s \in W_n^2$，$\text{card}(W_n^2) = 1 \Rightarrow \forall n: b_2 \leq \delta_n = \rho_n; \widetilde{\forall} n: \delta_n < b_1$

(续)

情况	ρ_n 与 δ_n 关系
情况 3.2	$x_s \in W_n^2$, $\mathrm{card}(W_n^2) > 1 \Rightarrow \forall n: b_2 \leq \delta_n < \rho_n$; $\widetilde{\forall} n: \delta_n < b_1$
情况 3.3	$x_s \in W_n^3 \Rightarrow \forall n: b_2 \geq \rho_n$; $\widetilde{\forall} n: \delta_n < b_2$
情况 4	$\rho_n \neq \max\{\rho_n \mid x_n \in X\}$, $\mathrm{card}(W_n^1) > 0$, $\mathrm{card}(W_n^2) = 0$
情况 4.1	$x_s \in W_n^1$, $\mathrm{card}(W_n^1) = 1 \Rightarrow \forall n: b_1 \leq \delta_n = \rho_n$
情况 4.2	$x_s \in W_n^3$, $\mathrm{card}(W_n^1) = 1 \Rightarrow \forall n: b_1 \leq \rho_n$; $\widetilde{\forall} n: \delta_n < b_2$
情况 4.3	$x_s \in W_n^1$, $\mathrm{card}(W_n^1) > 1 \Rightarrow \forall n: b_1 \leq \delta_n$, $2 \times b_1 \leq \mathrm{card}(W_n^1) \times b_1 \leq \rho_n$, $\delta_n < \rho_n$
情况 4.4	$x_s \in W_n^3$, $\mathrm{card}(W_n^1) > 1 \Rightarrow \forall n: 2 \times b_1 \leq \mathrm{card}(W_n^1) \times b_1 \leq \rho_n$; $\widetilde{\forall} n: \delta_n < b_2$
情况 5	$\rho_n \neq \max\{\rho_n \mid x_n \in X\}$, $\mathrm{card}(W_n^1) > 0$, $\mathrm{card}(W_n^2) > 0$
情况 5.1	$x_s \in W_n^1 \Rightarrow \forall n: b_1 \leq \delta_n$, $b_1 + b_2 \leq \rho_n$, $\delta_n < \rho_n$
情况 5.2	$x_s \in W_n^2 \Rightarrow \forall n: b_2 \leq \delta_n$, $b_1 + b_2 \leq \rho_n$, $\delta_n < \rho_n$; $\widetilde{\forall} n: \delta_n < b_1$
情况 5.3	$x_s \in W_n^3 \Rightarrow \forall n: b_1 + b_2 \leq \rho_n$; $\widetilde{\forall} n: \delta_n < b_2$

注：此处忽略邻域 4、5 的影响，并采用符号 $\widetilde{\forall}$ 代表数据点 x_n 满足的主要情况。

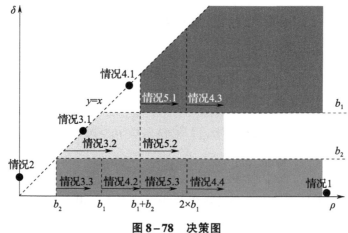

图 8-78 决策图

根据上述分析，可以得到以局部密度为横轴、以距离为纵轴的决策图，如图 8-78 所示。图 8-78 中，12 种情况的数据点分布范围具有明显的界限。情况 2 的数据点分布在纵轴的底部，而其他情况的数据点分布在直线 $\delta = \rho$ 上或该线的右侧区域。值得注意的是，情况 3.1、4.1 的数据点恰好落在直线 $\delta = \rho$ 上。情况 3.3、4.2、5.3、4.4 和 1 的数据点出现在决策图的底部。情况 4.3 和 5.1 的数据点具有较大的距离 δ_n，位于决策图的上方。情况 3.2 和 5.2 的数据点具有相对较低的局部密度和距离，位于决策图的中间，且靠近直线 $\delta = \rho$。情况 1 的数据点出现在决策图的右下角，具有全局最大的局部密度和最小的距离。此外，在不同情况下，数据点的局部密度存在最小取值界限，因此数据点在决策图上的分布具有明显的左边界。在改进方法中，具有较低距离的数据点是聚类中心，如情况 1、2、3.3、4.2、4.4 和 5.3；而在原有 CFSFDP 方法中，具有较大距离的数据点才是聚类中心。两种方法的聚类中心分别具有一低一高的距离特性，但都对应着较低的相似性。

4. 组行程时间的估计

行程时间估计是为了寻找大部分车辆的行程时间代表值，因此行程时间估计值应该是局部密度较大的数据点，而不是局部密度较小的数据点。根据数据点是否为密集点，以及是否为中心点，进一步将数据点划分为四类，见表 8-54。其中，密集的非车辆组中心（情况 4.3、5.1 和 5.2）围绕在密集的车辆组中心（情况 1、4.4 和 5.3）附近。因此，密集的车辆组中心能够代表大部分车辆的情况，其行程时间大小就是行程时间估计值，能够反映城市道路中行程时间的多态性。除了这些密集的数据点以外，还存在一部分密度较小的稀疏点。稀疏点对应小部分车辆的个体行为。在表 8-54 的分类中，情况 3.1、3.2 和 4.1 中的数据点偏离于密集点；情况 2、3.3 和 4.2 中的点被识别为孤立点或者孤立的点对，与密集点相距较远。稀疏点是否被识别为中心点取决于 β 值的大小：较大的 β 值使得更多的点被归属到高密度点邻域 2 中，从而被识别为非中心点。这些稀疏的数据点主要来源于断面检测器的检测误差或者车辆个体的特殊行为。前者指的是检测器错误记录了车辆的过车时刻，如车辆在停车线排队等候时被检测。后者是指车辆之间微弱的跟驰行为或者停车、购物、闯红灯等非常态的驾驶行为。

表 8-54 数据点的四种类别

分类	车辆组中心	非车辆组中心
密集点	情况 1、4.4、5.3	情况 4.3、5.1、5.2
稀疏点	情况 2、3.3、4.2	情况 3.1、3.2、4.1

8.7.3 案例分析

1. 数据介绍

采用贵阳市、青岛市两地的车牌识别数据进行验证。图 8-79 为调查道路的点位分布情况，其中遵义路、宝山路、中华路是贵阳市的城市道路，山东路是青岛市的城市道路；遵义路、山东路是由两个相邻交叉口形成的路段，宝山路、中华路是由三个相邻交叉口形成的短路径。遵义路、山东路、宝山路、中华路这四条道路的数据采集时间分别为 2016 年 3 月 21 日、2014 年 12 月 22 日、2016 年 2

月 21 日、2016 年 2 月 21 日。在数据采集过程中，相关交叉口都在执行多时段固定配时方案，但信号方案存在一定的人工干预，如山东路在 17:50 左右的信号方案。将采集的车牌识别数据分为 10 个数据集，每一个数据集的具体情况见表 8-55，包含时段、交通流流向、上下游信号方案。以数据集 I 为例，高清智能卡口设备采集了从上游直行驶入遵义路、下游左转驶出遵义路的交通流的车牌识别数据。在 14:00—16:00 之间，上、下游交叉口均执行固定配时方案。为了测试行程时间估计方法的适用范围，数据集的划分还考虑了以下因素：①交通流构成的复杂程度，如单股交通流（如数据集 I）或混合交通流（如数据集 Ⅷ）；②信号方案的复杂程度，如单套信号固定配时方案（如数据集 I）或多套固定配时方案（如数据集 Ⅲ）；③绿信比的取值大小，覆盖了 0.17 至 0.57 这样一个较大的范围。

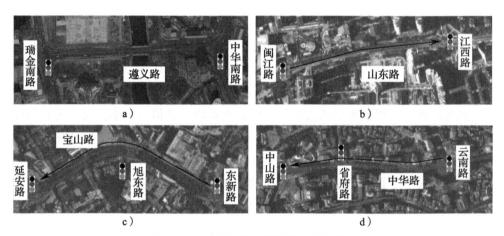

图 8-79　调查道路交叉口点位分布情况

表 8-55　数据集的选取

数据集	道路名称	上游相位	下游相位	时段	上游信号方案*	下游信号方案*
I	遵义路	直行/3	左转/4	14:00—16:00	14:00—16:00 117/21/3	14:00—16:00 110/25/3
Ⅱ	遵义路	直行/3	左转/4	16:30—18:30	16:30—18:30 125/21/3	16:30—18:30 100/24/3
Ⅲ	遵义路	直行/3	左转/4	14:00—22:00	14:00—16:30 117/21/3 16:30—20:00 125/21/3 20:00—22:00 105/19/3	14:00—16:30 110/25/3 16:30—19:30 100/24/3 19:30—22:00 110/25/3
Ⅳ	山东路	直行/4	直行/4	07:30—08:30	07:30—08:30 200/57/3	07:30—08:30 210/104/3
Ⅴ	山东路	直行/4	直行/4	17:00—19:00	17:00—19:00 150/86/3	17:00—19:00 150/81/3
Ⅵ	山东路	直行/4	左转/1	17:00—19:00	17:00—19:00 150/86/3	17:00—19:00 150/53/3

(续)

数据集	道路名称	上游相位	下游相位	时段	上游信号方案*	下游信号方案*
Ⅶ	山东路	直行/4	直行/4	16:00—22:00	16:00—16:30 154/68/3 16:30—17:00 148/63/3 17:00—19:50 150/86/3 19:50—20:00 154/68/3	16:00—16:30 154/76/3 16:30—19:30 150/81/3 19:30—20:00 154/76/3
Ⅷ	山东路	直行/4	直行/4 左转/1	17:00—19:00	17:00—19:00 150/86/3	17:00—19:00 150 150/82/3(直)/53/3(左)
Ⅸ	宝山路	直行/3	直行/3	12:00—14:30	12:00—14:30 120/61/3	12:00—14:30 120/80/3
Ⅹ	中华路	直行/4	直行/4	09:00—14:00	09:00—14:00 130/43/3	09:00—14:00 125/45/3

注：时段和信号方案（周期时长/绿灯时长/黄灯时长）。

根据同时期贵阳市、青岛市两地的数据质量分析，高清智能卡口识别的车牌数分别为观测流量的96.32%、95.36%，正确识别的车牌数分别为观测流量的80.73%、86.01%。换言之，所获得的车牌识别数据、行程时间数据仅仅是总体的一部分。从断面角度来看，高清智能卡口采集了大部分的车牌识别数据，即车辆通过交叉口的过车数据；从区间角度来看，高清智能卡口得到的行程时间数据样本数量要远小于过车数据样本数量，这是因为过车数据的未识别、错误识别会进一步影响行程时间数据的质量。表8-56列举了最终得到的过车数据和行程时间样本数，包含总样本数、单周期的平均样本数。其中，单周期行程时间样本数的变化范围为12.69到77.04，说明车辆组大小的变化幅度很大，即一个车辆组所包含的车辆数可能很多，也可能很少。表8-56还列举了行程时间的平均值和全距。总的来说，行程时间变化范围很大，说明交通状态具有多样性。相同的结

表8-56 数据概况：样本数和行程时间

数据集	Ⅰ	Ⅱ	Ⅲ	Ⅳ	Ⅴ	Ⅵ	Ⅶ	Ⅷ	Ⅸ	Ⅹ
上游过车样本数/veh	1683	1567	5877	1478	5225	5225	10780	5225	4510	5757
下游过车样本数/veh	2434	2504	8211	1024	4175	813	8628	4988	2890	7232
行程时间样本数/veh	1050	1019	3260	701	3089	609	6392	3698	2441	2996
单周期上游过车样本数/veh	27.15	27.02	23.89	82.11	108.85	108.85	75.92	108.85	60.13	39.98
单周期下游过车样本数/veh	37.45	34.78	30.19	60.24	86.98	16.94	53.93	103.92	38.53	52.41
单周期行程时间样本数/veh	16.94	17.57	13.25	38.94	64.35	12.69	45.01	77.04	32.55	20.81
行程时间均值/s	323	189	222	103	192	208	138	195	162	174
行程时间全距/s	749	779	940	631	897	906	917	910	916	889

论也可以从行程时间频率分布直方图中得到，如图 8-80 所示。行程时间的分布较为离散，数据集Ⅳ至Ⅶ甚至出现了明显的多峰分布。值得强调的是，行程时间统计分布的描述对象是较长时间的行程时间总体。尽管行程时间统计分布呈现单态特性，行程时间在短时间内的分组、多态特性依然存在。所以说，短期的行程时间多态性和长期的行程时间单态性是可以共存的。

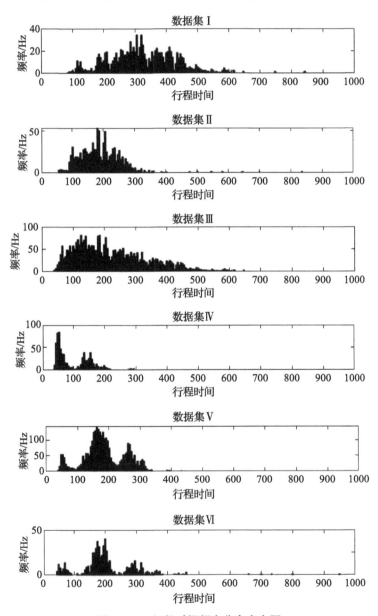

图 8-80　行程时间频率分布直方图

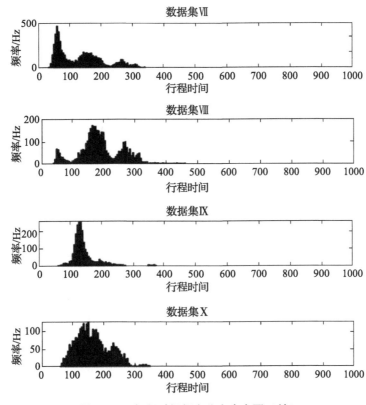

图 8-80 行程时间频率分布直方图（续）

2. 过程和结果

根据行程时间估计方法的基本步骤，首先计算各数据集的反向车头时距阈值。此处以车辆组为单元计算反向车头时距。以车辆组对应的停车线断面为基准，如果任意两车的过车时刻差小于 5s，那么这两辆车在同一个周期通过。图 8-81 为各数据集所有车辆的反向车头时距的累计频率曲线。当数据集的绿灯时长较短时，曲线较陡；当绿灯时长较长时，曲线较缓。理论上来说，最大的反向车头时距应该小于最大绿灯时长。在实际情况下，车辆闯红灯等行为会导致最大反向车头时距大于理论值。图 8-81 的曲线都较为平稳，为获取稳定的反向车头时距阈值提供了基础。在案例分析中，以 $\alpha = 40$、$\beta = 60$ 为例去验证行程时间估计方法的准确性，后面会单独分析结果对参数取值的敏感性。表 8-57 列举了各数据集的反向车头时距阈值，以及邻域 1、2 的最小组内概率。

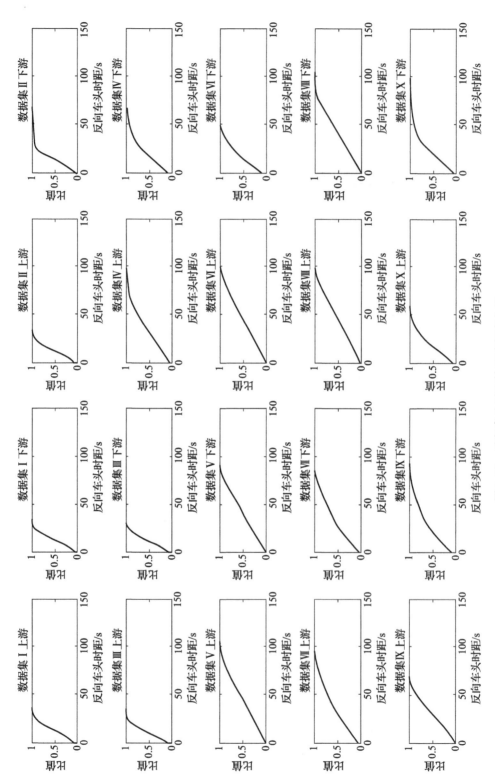

图8-81 反向车头时距的累计频率曲线

表 8-57 各数据集的反向车头时距阈值

数据集	I	II	III	IV	V	VI	VII	VIII	IX	X
$f_{\alpha=40}^{u}/s$	11	10	9	25	36	36	23	36	11	10
$f_{\alpha=40}^{d}/s$	11	11	10	13	31	10	21	33	11	11
$f_{\beta=60}^{u}/s$	16	15	14	39	54	54	39	54	16	15
$f_{\beta=60}^{d}/s$	16	16	15	21	50	19	36	48	16	16
b_1 (%)	36.79	36.79	36.79	36.79	36.79	36.79	36.79	36.79	36.79	36.79
b_2 (%)	12.05	11.27	9.68	8.03	8.84	5.34	5.46	11.27	12.05	11.27

接下来，可以计算任意两车的组内概率。组内概率的取值差异如图 8-82 所示。图 8-82a 和 c 列举了数据集Ⅲ的部分计算结果，其中 x 轴和 y 轴为车辆通过上游停车线断面的次序。图 8-82 中，较高的组内概率形成凸起，而较低的组内概率导致凹陷。由连续凸起形成的较为平滑的表面代表了可能存在的车辆组；而凹陷的多少意味着车辆组之间的超车程度。通过可视化相关车辆的上、下游过车时刻，发现数据中存在严重的组间超车，因此组内概率形成的表面参差不齐。在图 8-82d 中，超车行为较少，因此组内概率形成的表面较为平滑。

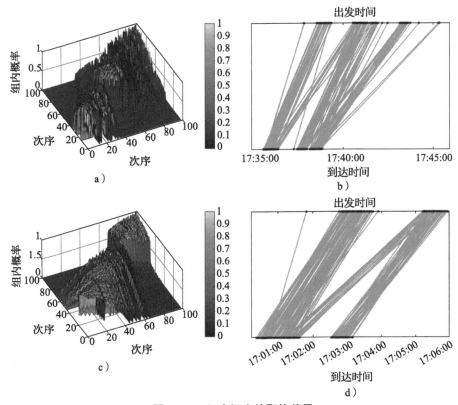

图 8-82 组内概率的取值差异
a) 和 b) 表示频繁的组间超车行为　c) 和 d) 表示少量的组间超车行为

计算各数据点的局部密度，然后将数据点划分为 12 种不同的情况、4 种不同的类别，其比例见表 8 – 58。其中，密集的中心点占总体样本的 2.76% 至 12.15%，却代表了 80.89% 至 98.86% 的密集点。这说明在验证的 10 个数据集中，车辆组中心具有很好的代表性。4 类数据点在单个周期的平均样本数见表 8 – 59。其中，密集的中心点在这 10 个数据集的波动范围为 1.45 至 2.13，意味着大部分从上游一个周期驶入的车辆会分成一个或两个部分驶出。对于密集的非中心点而言，取值与单周期行程时间样本数高度相关。

表 8 – 58　不同情况、类别下数据点的比例　　　　　　　　　　（单位：%）

数据集	I	II	III	IV	V	VI	VII	VIII	IX	X
情况 1	0.10	0.10	0.03	0.14	0.03	0.16	0.02	0.03	0.04	0.03
情况 2	5.71	5.00	8.31	2.57	0.91	3.12	1.35	0.87	4.14	8.18
情况 3.1	1.14	0.88	1.38	0.00	0.00	0.82	0.09	0.03	0.86	1.40
情况 3.2	1.81	1.08	1.93	0.57	0.19	1.31	0.72	0.08	1.56	1.84
情况 3.3	1.52	0.88	2.02	0.57	0.06	0.49	0.11	0.05	0.74	1.60
情况 4.1	0.67	0.59	0.86	0.00	0.00	0.33	0.06	0.00	0.25	0.90
情况 4.2	3.62	2.55	4.60	1.43	0.13	2.30	1.03	0.11	1.47	4.01
情况 4.3	8.57	7.85	7.15	2.14	11.30	6.40	4.91	9.52	1.43	7.78
情况 4.4	4.10	3.73	3.44	0.57	1.29	3.12	1.11	1.05	0.78	2.27
情况 5.1	64.38	69.87	61.41	88.30	84.10	71.92	87.20	86.37	82.59	64.29
情况 5.2	1.62	1.08	1.38	0.14	0.10	1.15	0.44	0.22	1.76	1.80
情况 5.3	6.76	6.38	7.48	3.57	1.88	8.87	2.96	1.68	4.38	5.91
汇总	100	100	100	100	100	100	100	100	100	100
密集的中心点	10.95	10.21	10.95	4.28	3.20	12.15	4.08	2.76	5.20	8.21
稀疏的中心点	10.86	8.44	14.94	4.56	1.10	5.91	2.49	1.03	6.35	13.79
密集的非中心点	74.57	78.80	69.94	90.58	95.50	79.47	92.55	96.11	85.78	73.87
稀疏的非中心点	3.62	2.55	4.17	0.57	0.19	2.46	0.88	0.11	2.66	4.14
密集点	85.52	89.01	80.89	94.86	98.71	91.63	96.64	98.86	90.99	82.08
稀疏点	14.48	10.99	19.11	5.14	1.29	8.37	3.36	1.14	9.01	17.92

表 8-59　4 类数据点在单个周期的平均样本数

数据集	I	II	III	IV	V	VI	VII	VIII	IX	X
密集的中心点	1.85	1.79	1.45	1.67	2.06	1.54	1.84	2.13	1.69	1.71
稀疏的中心点	1.84	1.48	1.98	1.78	0.71	0.75	1.12	0.79	2.07	2.87
密集的非中心点	12.63	13.84	9.27	35.28	61.46	10.08	41.66	74.04	27.92	15.37
稀疏的非中心点	0.61	0.45	0.55	0.22	0.13	0.31	0.39	0.08	0.87	0.86
汇总	16.94	17.57	13.25	38.94	64.35	12.69	45.01	77.04	32.55	20.81

计算 CFSFDP 中各数据点的距离，并将各点的距离和局部密度列举在决策图中。如图 8-83 所示，计算结果与理论分析高度吻合：数据点被直线 $\delta=\rho$ 划分为两个部分，其中一部分出现在纵轴的底部，另一部分落在直线 $\delta=\rho$ 上或直线

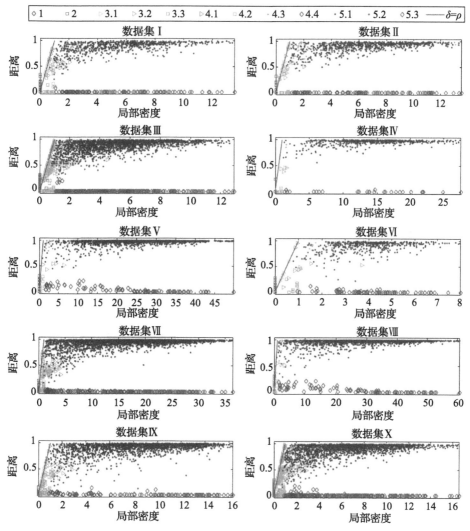

图 8-83　各数据集的决策图（见彩插）

的右侧区域。从垂直角度来看，数据点可以被分成长距离、中等距离、短距离这3个不同的区域，并且呈现出一个向右开口的U形，这也进一步说明了稀疏的非中心点往往具有较低的局部密度。对于中心点而言，稀疏的非中心点主要集中在决策图的左下区域，而密集的中心点几乎覆盖了整个底部区域，并且在右下角取得全局最大值。总之，基于数据绘制的决策图与理论分析的吻合程度进一步证实了理论分析的正确性。

图8-84是组行程时间的估计结果，其中灰色圆点代表全样本的行程时间数据，蓝色圆点是组行程时间估计值。可以观察到，无论是在单个路段中，还是在短路径中，组行程时间都能有效地捕捉道路行程时间的多态性。因此，车辆组和组行程时间为分析城市道路交通流提供了一个有效的手段。

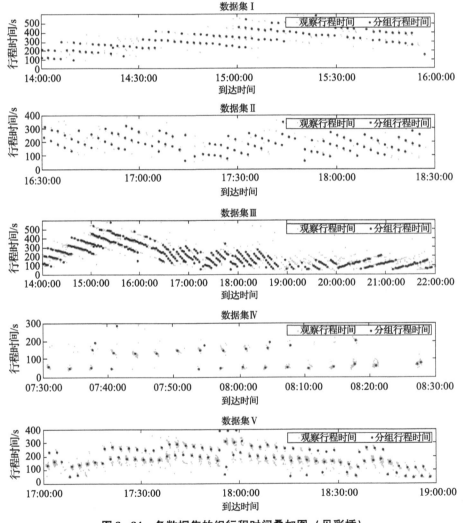

图8-84 各数据集的组行程时间叠加图（见彩插）

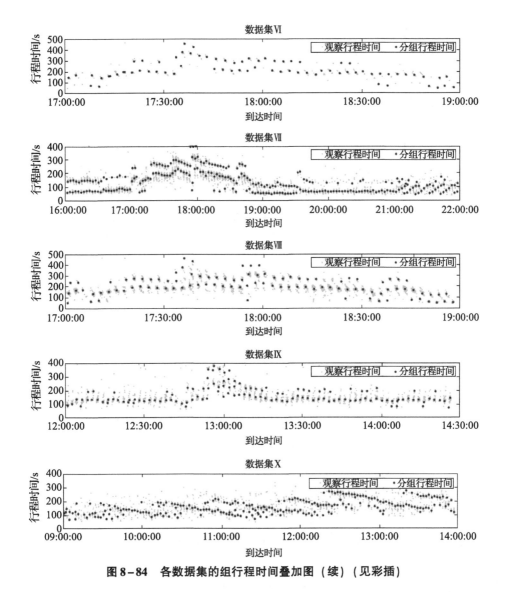

图 8-84 各数据集的组行程时间叠加图（续）（见彩插）

值得注意的是，行程时间的短期变化趋势和长期变化趋势并不总是保持一致。例如，数据集 I 在 14:00—15:00 期间呈现出总体上升趋势，但是数据带是向下倾斜的，因此组行程时间在周期间的变化是下降的。对于长期变化趋势来说，它反映的是上游驶入流量和下游驶出流量的匹配程度。如果驶入流量不能及时地驶出道路，道路排队就会累积，导致车辆行程时间增加。对于短期变化趋势来说，它主要反映了相位差受上、下游信号方案的影响而发生的变化。在固定配时情况下，相位差沿着某个方向有规律的变化，会导致行程时间发生规律性的变化。因此，行程时间的短期变化趋势和长期变化趋势反映了不同的交通要素，两者的不同变化趋势是可以共存的。

在识别出车辆组中心后，将其他的密集点划分至各个车辆组中心，最终可得到车辆组的划分结果。采用车辆组内所有车辆的行程时间标准差来量化行程时间估计值的代表性。对于一个车辆组而言，较小的标准差意味着车辆的行程时间更加集中，因此组行程时间更具代表性。每一个数据集的所有车辆组的标准差的最小值、最大值和平均值见表8-60。其中，数据集Ⅲ的平均标准差是5.35；数据集Ⅷ的平均标准差是15.62。总的说来，平均标准差的取值较低，说明被划分为车辆组的车辆具有近似的行程时间。在表8-60中，数据集Ⅷ的最大标准差高达48.90，也就是说，存在某个车辆组，其车辆的行程时间十分离散。这可能会发生在绿灯时长较长的情况下，这是因为车辆的组内超车可以引起更大的行程时间差异。

表8-60还采用一定范围内围绕在组行程时间的数据点的比例去衡量行程时间估计值的代表性。例如，1倍标准差内数据点的比例是指在组行程时间加减1倍标准差的范围内其他数据点出现的比例。这个比例越高，说明数据点紧紧围绕在组行程时间附近，组行程时间代表性越高。在这10个数据集中，超过55%的数据点都出现在1倍标准差范围内，超过80%的数据点都出现在2倍标准差范围内。换言之，在1倍（2倍）标准差的误差范围下，组行程时间可以代表50%（80%）的行程时间观测值。此外，表8-60中2倍标准差内数据点的比例与表8-58中密集点的比例相近，这说明大部分非噪声点落在了组行程时间的2倍标准差范围内。

表8-60　组行程时间的代表性分析

数据集	Ⅰ	Ⅱ	Ⅲ	Ⅳ	Ⅴ	Ⅵ	Ⅶ	Ⅷ	Ⅸ	Ⅹ
最小标准差/s	0.71	0.58	0.58	3.48	3.77	0.82	2.00	2.88	0.96	1.73
最大标准差/s	17.94	14.00	13.97	17.93	32.84	24.75	32.84	48.90	31.02	23.43
平均标准差/s	6.61	5.47	5.35	8.75	13.42	9.08	10.42	15.62	12.99	9.47
1倍标准差内数据点的比例（%）	59.43	58.88	55.34	68.90	71.22	64.53	68.76	72.77	65.51	58.14
2倍标准差内数据点的比例（%）	83.81	85.97	80.40	89.16	93.07	88.01	91.36	92.27	86.28	80.31

本部分以均值估计方法为基准去测试组行程时间的代表性，其中均值估计方法采用固定时间窗内所有车辆的平均行程时间作为行程时间的估计值。与组行程时间估计值一样，仍旧采用平均标准差、多倍标准差范围内数据点的比例为指标衡量估计值的代表性。均值估计方法中行程时间标准差的平均值见表8-61。结

果表明,均值估计方法中的平均标准差远大于组行程时间估计中的平均标准差,且平均标准差的取值随着时间窗的增大而增大。这个结果也可以在标准差的频数分布直方图中观察到,如图 8-85 所示。当数据处理的间隔越来越小时,标准差的取值越来越小,分布也越来越集中在左侧。

表 8-61 均值估计方法中行程时间标准差的平均值　　　　　　　　　　　（单位：s）

数据集	I	II	III	IV	V	VI	VII	VIII	IX	X
2min 时间窗	60.20	50.75	49.84	41.55	48.72	46.80	44.09	53.17	66.12	61.50
5min 时间窗	64.81	54.25	53.53	55.98	53.44	58.20	49.43	57.08	73.07	68.87
15min 时间窗	70.05	60.54	57.87	61.04	61.06	73.81	53.68	64.79	79.22	74.99

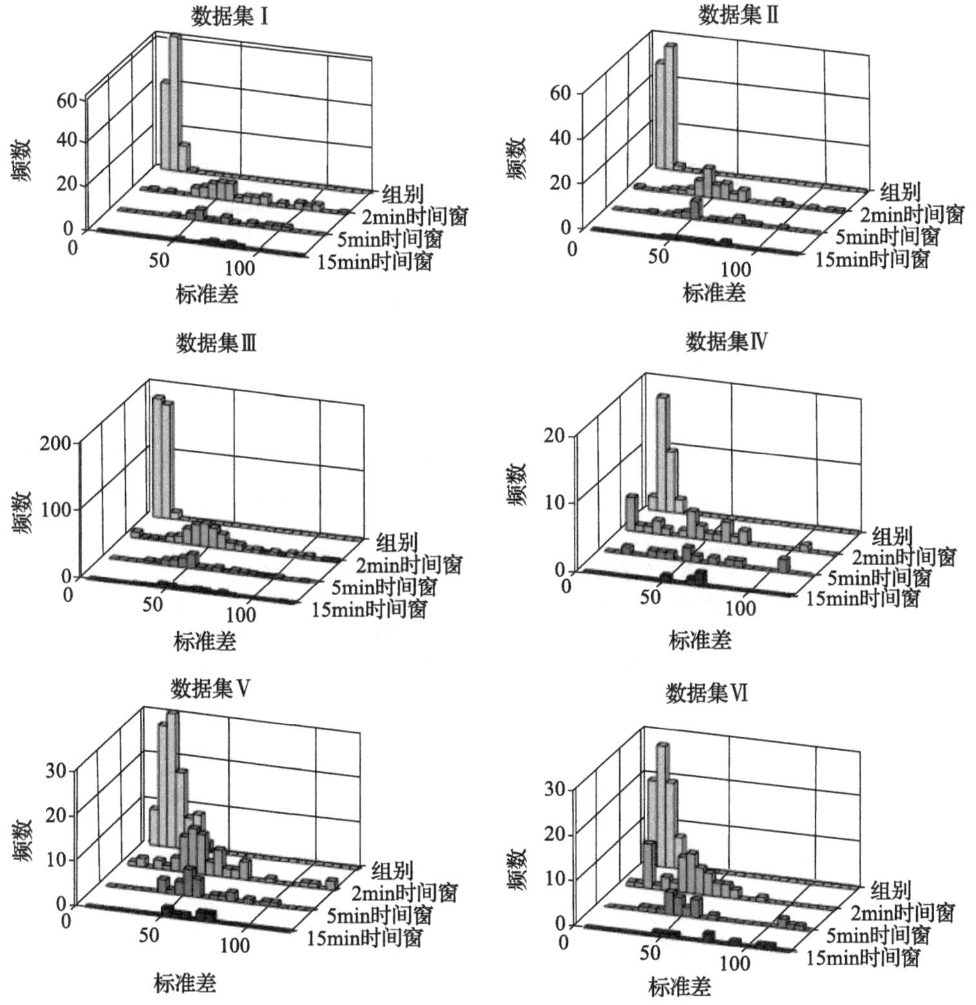

图 8-85 行程时间标准差的频数分布直方图

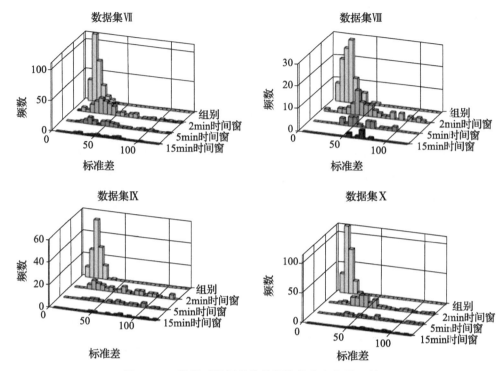

图 8-85　行程时间标准差的频数分布直方图（续）

图 8-86 列举了四种方法下多倍标准差范围内数据点的比例。由于均值估计方法中标准差是组行程时间估计中标准差的 3.4 至 11.07 倍，将标准差的系数 γ 分别设置为 12.5%、25%、37.5% 和 50%，以避免标准差的取值差异过大的影响。当 $\gamma = 12.5\%$ 时，组行程时间估计值能代表更多的行程时间观测值，更具代表性。

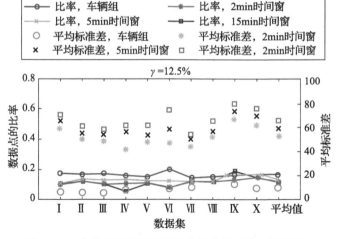

图 8-86　各种行程时间估计值的代表性对比（见彩插）

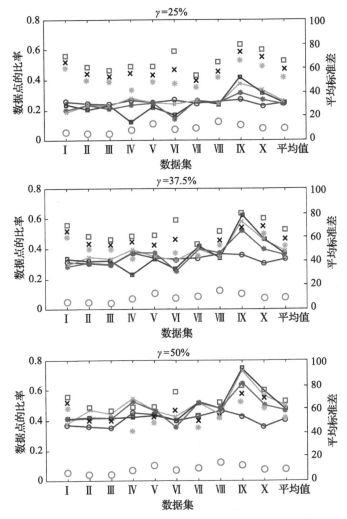

图 8-86 各种行程时间估计值的代表性对比（续）（见彩插）

当 $\gamma=25\%$ 时，四类估计值的代表性相当。当 $\gamma=50\%$ 时，平均行程时间的代表性要高于组行程时间。此外，随着系数 γ 的增大，四种方法的代表性都明显增加。而且在较长时间窗的情况下，比例的增加幅度更大，这是因为标准差的取值更大。以数据集Ⅸ为例，当 γ 从 12.5% 变化至 50%，组行程时间估计方法中的数据点的比例仅仅从 16.51% 增加至 42.82%；而以 15min 为时间窗的均值估计方法中数据点的比例从 18.89% 增加至 95.09%。考虑到不同方法中标准差的巨大差异，仍然可以得出结论：组行程时间具有良好的代表性，且大多数的行程时间观测值都集中在组行程时间附近。

8.7.4 讨论

1. 参数敏感性分析

本部分通过遍历参数 α 和 β 对参数的敏感性进行分析。参数 α 和 β 通过改变邻域 1、2 的边界,去决定数据点在 12 种情况中的划分。考虑到在这 12 种情况中,与车辆组中心相关的 6 种情况才是估计行程时间的关键,此处通过统计密集的、稀疏的车辆组中心的数量来区分不同参数下估计结果的差异。其中,参数 α 的取值范围为 $20:5:60$,参数 β 的取值范围为 $\alpha+5:5:95$。最终统计结果如图 8-87 所示,图 8-87a 和 b 分别代表密集的车辆组中心的数量、稀疏的车辆组中心的数量。结果表明,两类车辆组中心都对 β 的取值更敏感,且两类车辆组中心的敏感程度不一样。在数据集 Ⅴ、Ⅶ、Ⅷ和Ⅸ中,随着参数 β 的增加,密集的车辆组中心的数量增加;然而在其他数据集中,由参数 β 的变化所带来的影响不那么明显。对于稀疏的车辆组中心而言,不同数据集之间并没有明显差异,较小的参数 β 都会导致稀疏的车辆组中心数量更多。

为了进一步分析参数的影响,图 8-88 列举了部分数据的聚类过程。这些示例数据来自数据集 Ⅴ,其中一个圆点代表一个数据点,数据点的颜色代表了其局部密度的大小,每一个数据点通过一条线段与最近的更高密度点相连。图 8-88 中所采用的四组参数分别为 $\alpha=20$、$\beta=30$,$\alpha=20$、$\beta=90$,$\alpha=40$、$\beta=60$ 和 $\alpha=80$、$\beta=90$,各组参数对应的反向车头时距阈值和邻域 1、2 的最小组内概率见表 8-62。

图 8-88 中所示的聚类结果与真实情况最为接近,共包含 4 个车辆组和 1 个噪声点。图 8-88 中,4 个密集的车辆组中心点用正红色加号表示,1 个噪声点(稀疏的车辆组中心)用洋红色加号表示。这 4 个车辆组分别于上游两个周期驶入,且于下游三个周期驶出。图 8-88 中以各车辆组中心为中心的实线方框代表了邻域 1、2 的边界,其中较小的方框是邻域 1 的边界,较大的方框是邻域 2 的边界。可以观察到,大部分数据点都落在邻域 1 范围内。仅在车辆组较大且局部密度非常高的情况下,部分数据点会落在邻域 2 范围内。唯一一个稀疏点的存在是因为该车辆在红灯期间被检测器记录,使得该车辆具有错误的下游过车时刻。

当 $\alpha=20$、$\beta=30$ 时,于第二个上游周期驶入、第二个下游周期驶出的一个车辆被错误划分为两个车辆组。对于这两个错误识别的车辆组而言,它们的邻域 1、2 内不存在更高密度的数据点,因此会出现两个车辆组和两个中心点。其中,邻域 1、2 的范围是由 $t_i^u \pm f_\beta^u$、$t_i^d \pm f_\beta^d$ 决定的。当 f_β^u 或 f_β^d 的取值过小,一个周期内可能存在多个满足中心点条件的的数据点,导致车辆组被错误地划分为多个部分。在图 8-88 中所示的情况中,上游绿灯时长是 f_β^u 的 3.19 倍,下游绿灯时长

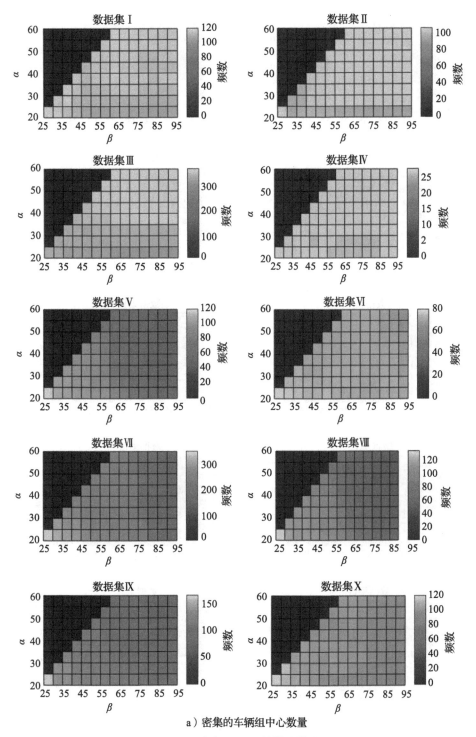

a）密集的车辆组中心数量

图 8-87 参数 α 和 β 的敏感性分析

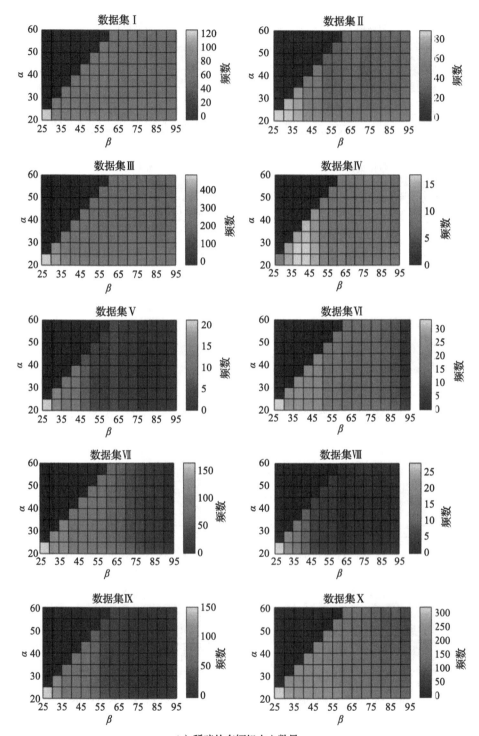

b）稀疏的车辆组中心数量

图 8-87 参数 α 和 β 的敏感性分析（续）

表 8-62 不同参数取值下的反向车头时距阈值

参数取值	$f^u_{\alpha=40}/s$	$f^d_{\alpha=40}/s$	$f^u_{\beta=60}/s$	$f^d_{\beta=60}/s$	$b_1(\%)$	$b_2(\%)$
$\alpha=20, \beta=30$	18	15	27	23	36.79	10.02
$\alpha=20, \beta=90$	18	15	82	74	36.79	0.0000000162
$\alpha=40, \beta=60$	36	31	54	50	36.79	8.84
$\alpha=80, \beta=90$	72	66	82	74	36.79	27.88

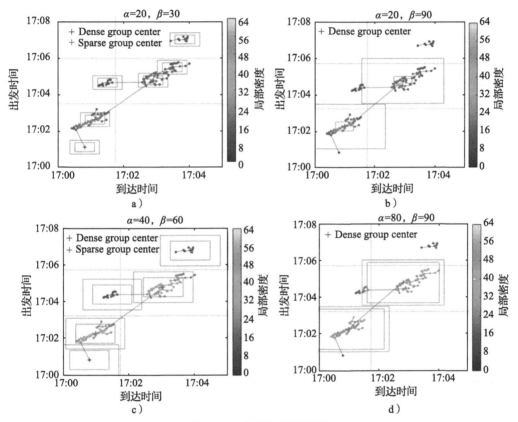

图 8-88 聚类过程示意图

是 f^d_β 的 3.52 倍。相较于绿灯时长而言，f^u_β 与 f^d_β 的取值过小，使得数据点分布较为离散的一个车辆组被错误地识别为两个。因此，在参数选取时，应当尽量避免反向车头时距阈值 f^u_β 与 f^d_β 远小于上、下游绿灯时长的情况。

当 $\alpha=20$、$\beta=90$ 时，于第一、二个上游周期驶入、第二个下游周期驶出的两个车辆被错误划分为一个车辆组。这是因为在密度较小的车辆组中，某数据点的最近的更大密度点出现在另一个车辆组的邻域 2 范围内，使得密度较小的车辆组被识别为密度较大的车辆组的一部分。这类型的错误划分更容易发生在 f^u_β 与 f^d_β 过大的情况下，也就是 $t^u_i \pm f^u_\beta$ 或 $t^d_i \pm f^d_\beta$ 跨越了连续两个周期时长。在图 8-88b

的情况中，2倍f_β^u大于上游周期时长，即$2 \times 82 > 150$。因此，在参数选取时，应当尽量避免f_β^u与f_β^d远大于周期时长的一半的情况。

当$\alpha = 80$、$\beta = 90$时，车辆组的划分结果与$\alpha = 20$、$\beta = 30$的划分结果相似，如图8-88d与图8-88a所示。其主要区别在于图8-88d中数据点的密度普遍高于图8-88a中数据点的密度，这是参数α的取值差异导致的。

总的来说，参数β的取值非常关键，取值过大、过小都可能引起车辆组的错误划分。此外，较大的β可能使得稀疏的车辆组中心转化为稀疏的非车辆组中心。如图8-88所示，当$\beta = 90$时，左下角的噪声点不再是稀疏的车辆组中心，而是被划分到了附近的车辆组当中。从行程时间估计的角度来看，密集的车辆组中心比稀疏的车辆组中心更为重要。因此，合适的参数取值应该能正确识别密集的车辆组中心，即合理地考虑绿灯时长、周期时长的影响。

2. 对比分析

本部分采用经典的DBSCAN为基准，对比改进的CFSFDP方法的聚类效果。在DBSCAN方法中，令密度阈值为3，半径阈值分别为10s、20s、30s、40s、50s、60s的上下游车头时距。在CFSFDP方法中，令$\alpha = 40$、$\beta = 60$去计算相关参数。对于每一个数据集，分别采用以上7组参数（含6组DBSCAN参数、1组CFSFDP参数）分别进行聚类，对比结果如图8-89、图8-90所示。在DBSCAN方法中，较小的半径阈值会导致更多的噪声数据、更多的车辆组、更小的平均组内行程时间标准差，而且组内行程时间标准差集中分布在坐标轴的左侧。换言之，DBSCAN的聚类结果对参数的取值十分敏感。当半径参数为20s、30s、40s时，聚类的结果相对稳定，且与CFSFDP方法的聚类结果相似。这也从数据统计特性的角度说明了CFSFDP方法的合理性，能够有效地识别出数据集中的噪声数据。

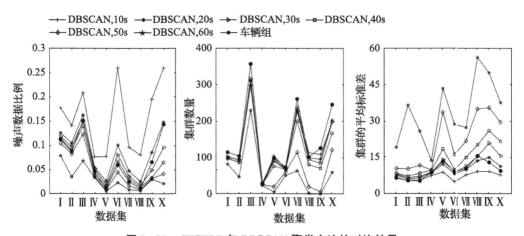

图8-89 CFSFDP与DBSCAN聚类方法的对比结果

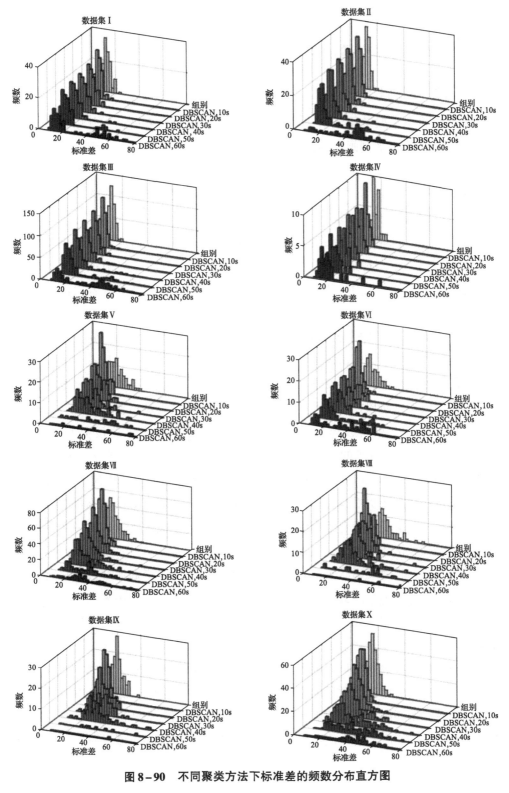

图 8-90 不同聚类方法下标准差的频数分布直方图

8.8 路网临界交通状态识别方法

8.8.1 案例背景

交通流状态一般常用流量、速度和密度等交通参数来描述。其中流量和密度的关系通常被用来刻画交通流理论中基本关系或基本图。基本图是区分交通流和其他流体的重要特征。因此，基本图是用来描述机动车交通流和非机动车交通流的基础。1935 年，格林谢尔德首次用实际测量数据得出速度 - 密度的线性关系。之后，不断涌现出大量的针对基本图的研究。直到现在，基本图的随机状态模型、网络交通流的宏观基本图和主干道间断交通流基本图仍是研究热点。大多数基本图都是单阶段的模型，缺点是不能同时很好地拟合非拥堵流和拥堵流的经验数据样本。所以，针对单阶段模型的问题，研究者提出了大量的多阶段模型。

然而，对于多阶段模型的争论点在于如何利用理论化的方法判定路网临界交通状态。因为临界状态有清晰的物理含义，所以它被用来区分不同交通状态。对于多阶段基本图模型，临界交通状态能够描述两阶段模型中非拥堵流和拥堵流的转化过程，或者三阶段模型中非拥堵流转化到过渡流或者从过渡流转化到拥堵流的转化过程。对于单阶段基本图模型，位于临界点的临界速度是格林伯格（Greenberg）模型和改进的 Greenberg 模型的关键参数，而位于临界点临界密度则是安德伍德（Underwood）模型、Northwestern 模型、Logistical 模型的关键参数。然而，迄今为止仍然没有一个科学的方法来判定间断交通流的临界状态。针对这个问题，本节通过综合考虑驾驶人、交通状况等相关因素，提出一个判定交通临界状态的理论化的方法。

一般来说，临界交通状态是指对流量、速度、密度等交通流参数有显著影响的临界状态，也称为临界交通参数。所以，临界交通参数可以用来描述临界状态的特性。综合之前的研究，临界流量、临界速度和临界密度是确定临界点的决定性参数。

第一个临界参数是流量。临界点是车速从自由流速度开始下降的点，取决于临界流率。不同自由流速度下的速度 - 流量关系见表 8 - 63，随着自由流速度的降低，临界流率逐渐增加。速度和流量的关系被临界点分为两部分。当流量低于临界点流量时，速度与自由流速度相等，而当流量大于临界点流量时，速度 - 流量关系近似于二次抛物线。

流量临界点常被用作信号配时的依据。比如，基于 TOD 的信号配时法就被广泛应用在世界各地。对 TOD 信号配时法而言，最大的难点在于如何确定近似 TOD 临界点。一般可以用对流量数据的聚类方法，比如 K-means 聚类，分层聚类法和基于减法的 K-means 聚类技术等。不过，在拥堵状态下，随着密度增加而流量减小。因此，临界流量只能用于非拥堵状态下临界点的估计。

表 8-63 不同自由流速度下的速度 - 流量关系

FFS/(mile/h)	临界点/ $\text{pcu}^{-1} \cdot \text{h}^{-1} \cdot \text{ln}^{-1}$	流率区间	
		[0，临界点]	(临界点，最大通行容量]
75	1000	75	$75 - 0.00001107(v_p - 1000)^2$
70	1200	70	$70 - 0.00001160(v_p - 1200)^2$
65	1400	65	$65 - 0.00001418(v_p - 1400)^2$
60	1600	60	$60 - 0.00001816(v_p - 1600)^2$
55	1800	55	$55 - 0.00002469(v_p - 1800)^2$

注：v_p 指同等情况下的流量（$\text{pcu}^{-1} \cdot \text{h}^{-1} \cdot \text{ln}^{-1}$）。

对于区分自由流和拥堵流而言，临界速度和临界密度比临界流量更为重要。如果观测到的速度比临界速度更高或者观测到的密度比临界密度更低，那么就可以确定此时交通状态为非拥堵状态，反之亦然。

单阶段和多阶段的基本图（Greenshields, Triangular, and Reversed-lambda 模型）如图 8-91 所示，其刻画了基本图中最重要的位点，包括快速路最大通行能力 q_{max}、自由流速度 v_f、最大拥堵密度（速度为0）k_j、临界密度 k_c 和临界速度 v_c 等。在单阶段模型中，当车流密度达到临界密度时，快速路流量达到最大值。在这个状态下的流量达到最大值（q_{max}），同时速度下降为临界速度 v_c。而当车流密度超过临界密度时，车流量开始下降。当车流密度达到最大拥堵密度（k_j）时，车流量下降为0，此时交通状态处于完全拥堵状态。可以发现在流量 - 密度或者速度 - 密度关系之间存在不连续性。这一现象催生出大量用分段函数表示的多阶段基本图的研究。

一般来说，在单阶段或两阶段基本图（图 8-91a、b）中，临界点可以作为区分非拥堵状态（$k < k_c$ 或 $v > v_c$）和拥堵状态（$k > k_c$ 或 $v < v_c$）的依据。而对于多于一个分界点的多阶段模型，如图 8-91c 所示，在自由流向过渡流转化时分别产生临界密度和临界速度的第一个分界点，而两者的第二个临界点分别产生于过渡流向拥堵流的转化过程。为了解释这种多阶段交通流状态，研究者相继进行了大量的理论研究。

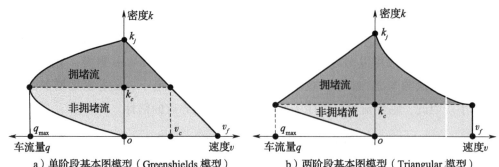
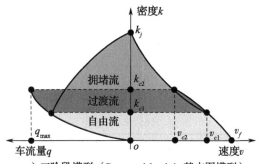

图 8-91 单阶段和多阶段基本图模型

然而，不同的速度-密度关系式和不同的数据样本导致得出的临界节点参数相差较大。比如利用 Greenshields、Greenberg、Underwood 和 Northwestern 等单阶段模型得出的结果与利用 Edie 和改进的 Greenberg 等多阶段模型得到的结果误差达到 20%~40%，其与使用两个临界点的三阶段模型所得结果的误差也达到 20%。使用不同模型得到的临界参数见表 8-64。不过仍然缺少统一的理论化的方法确定基本图的临界点。也有一些研究提出利用实测数据和多阶段速度-密度关系相结合的方法来评估临界参数的临界点。然而，这些研究依赖于某个具体的速度-密度模型，而不同的速度-密度模型则会得到完全不同的临界点。

表 8-64 现有的临界点的临界参数

序号	来源	现有的临界点	
		从自由流到拥堵（过渡）流	从过渡流到拥堵流
1	Edie et al., 1963	$k_c = 50$ veh/km/ln	—
2	Drake et al., 1967	$k_{c1} = 40$ veh/km/ln	$k_{c2} = 65$ veh/km/ln
3	Ceder, 1977	$k_c = 15.0 \sim 31.8$ veh/km/ln $v_c = 80.5 \sim 92.2$ km/h	—
4	Payne, 1979	$v_c = 88.5$ km/h	

(续)

序号	来源	现有的临界点	
		从自由流到拥堵（过渡）流	从过渡流到拥堵流
5	Hall, 1986	$o_c = 17\% \sim 20\%$	—
6	May, 1990	$k_c = 65$ veh/km/ln	—
7	Jayakrishnan, Tsai, 1995	$k_c = 35$ veh/km/ln	—
8	Wu, 2002	$k_{c1} = 23.8$ veh/km/ln	$k_{c2} = 30.2$ pcu/km/ln
9	Yao et al., 2009	$k_c = 20.2$ veh/km/ln $v_c = 93.2$ km/h	—
10	TRB, 2010	$q_c = 1400$ pcu/h/ln 当 FFS = 65 mile/h	—
11	Zhu, Yang, 2013	$k_c = 18.0$ veh/km/ln	—
12	Sun et al., 2014	$k_c = 49.3$ veh/km/ln	—

注：数据来自 11 个数据集；数据集来自 Loop – 1604。

本节提出，临界点的位置应当由道路状况、速度限制和驾驶行为共同决定。对于一个确定的快速路路段，基本图的临界点是确定的，并不随数据样本和基本图模型的变化而改变。因此本节利用高斯混合模型来估计交通流参数的分布并提出一个确定临界点的新方法。迄今为止，这是第一个确定基本图临界点的统一的理论化的方法。

有部分研究把基本图中的密度替换成占有率数据，不过利用占有率的测量数据来计算密度本身也会产生不必要的不确定性成分。因此，本节直接使用流量 – 占有率/速度 – 占有率关系式，而不是用流量 – 密度/速度 – 密度关系式，再把密度直接替换成用线圈检测器检测得到的占有率。

8.8.2 数据概述

1. 基本假设

研究表明，车速和驾驶人素质（如年龄、性别、酒精含量和驾驶经验等），道路因素（如道路曲直程度和路面状况等），车辆因素（如机动车功率与车型大小等），以及环境因素（如交通状况、前车速度、天气状况和速度限制等）等密切相关。对于特定非阻隔快速路路段而言，部分路段和环境因素相对固定（如道路曲直程度、天气状况和限速情况等）。同时，随着测量时间增长，在每个时间间隔内，车况因素和驾驶人驾驶习惯等因素也近似固定，每个时间间隔之间的驾驶人驾驶习惯和车况也近似相同。所以，在某个确定时间间隔内，只有交通状况是平均车速的主要影响因素。

假定不同交通状况可视为一个集合,在确定时间间隔内的交通参数由不同交通状况子集构成。不同交通状况对应不同的概率分布。所以,临界状态可以定义为描述不同子集边界和区分不同交通状况的交通参数。

2. 数据来源

采用 PeMS 实测数据集来分析和训练模型。PeMS 交通数据收集了超过 39000 个独立检测器的实时检测数据,这些检测器分布在加州所有主城区的快速路系统上。PeMS 还能提供超过十年的数据存档服务。其整合了加州交通局和其他地方代理系统的信息,包括交通检测器、交通量统计、车型分类、占有率、交通事故统计,以及道路施工状况等。这里使用了其中 9 条快速路的数据。数据间隔是 5min,包括流量、货车比例、时间占有率和车速。时间跨度为 2014 年 9 月 1 日到 2014 年 9 月 28 日,共 4 周。

图 8-92 显示了 2014 年 9 月 1 日当天 I-5 路段上流量、货车比例、时间占有率和速度信息。可以看出,从 7:00 到 23:00 为止,车流量相对平稳并一直处于高峰;凌晨车流量的比例相对其他时间段高 1%~2%;而时间占有率和车速信息表现出明显的高峰和低谷特性。根据图 8-92b,可以把交通状况分成五个时间段。在早高峰(7:00—9:00)和晚高峰(14:00—21:00)期间,交通流有明显下降。而在非高峰时段,交通流持续稳定在约 100km/h 的高位。因为在拥堵情况下,车流量不足以区分交通状况,所以经常使用时间占有率和车速来区分交通状况和确定临界交通状态。不过这种包含随机性的做法缺少理论依据,并且很难确定从自由流到拥堵流(或从拥堵流到自由流)的过渡时段。

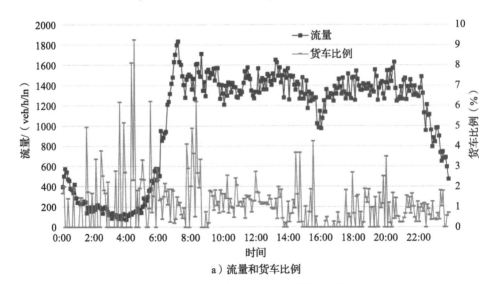

a) 流量和货车比例

图 8-92　2014 年 9 月 1 日 24h 交通参数变化

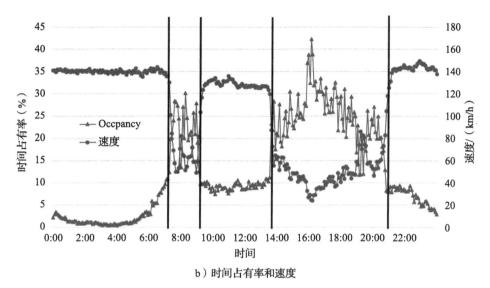

b) 时间占有率和速度

图 8-92 2014 年 9 月 1 日 24h 交通参数变化（续）

24h 的时间占有率和速度的经验概率密度如图 8-93 所示，时间占有率和速度属于双模或者多模结构，且有较长尾部数据。所以，对数正态分布和混合分布

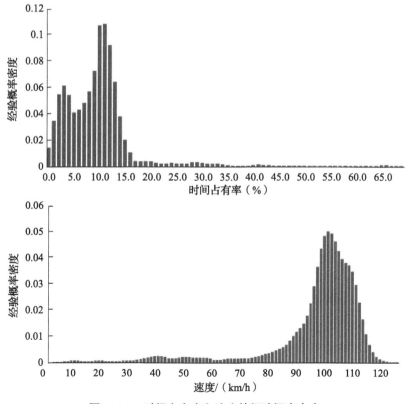

图 8-93 时间占有率和速度的经验概率密度

常用来描述速度分布情况。有研究者提出速度分布服从混合正态分布，其中之一是拥堵状态，其余是非拥堵状态。也有研究者提出混合正态分布模型来刻画混合交通情况下机动车和非机动车的多模态速度分布。还有研究者提出有限混合正态分布模型来刻画不同的机动车速度，并指出导致不同车速分布曲线的潜在原因。

为了找出临界点，这里把整个交通参数假定为不同交通状况下的多个不同均值和方差的正态分布的融合。在分别得出每个交通状态子集的均值和方差之后，即可找到临界点。

8.8.3 融合模型

1. 高斯混合模型

如上所述，在确定时间间隔内的交通参数由不同交通状况子集构成。每一个子集都对应一个分布。而混合模型是估计概率密度函数（PDF）行之有效的方法。为了方便起见，假定每个子集都有相应的正态分布形式。因此，整个样本空间可以用高斯混合模型（GMM）来表示。高斯混合模型表示高斯分量密度的加权和，能很好地拟合任意形状的概率分布。因此，高斯混合模型被广泛用来估计计算、数学和优化等领域的概率密度。在交通领域，高斯混合模型也被广泛应用于速度分布模型、交通安全模型、交通流图像处理和感应线圈检测器数据分析等。

建立高斯混合模型，表示不同交通参数分布的加权和。对于一维数据 x，含有 k 个类别的高斯混合模型可以写作如下形式：

$$P(x \mid \Theta) = \sum_{j=1}^{k} \omega_j g(x \mid \mu_j, \sigma_j^2) \qquad (8-71)$$

式中，$P(x \mid \Theta)$ 为观测值 x 的概率分布，参数 $\Theta = (\omega_j, \mu_j, \sigma_j^2)$；$k$ 为混合成分的数量；$\omega_1, \omega_2, \cdots, \omega_k$ 为每个混合类别的权重，权重值均为正数，且满足 $\sum_{j=1}^{k} \omega_j = 1$；$\mu_1, \mu_2, \cdots, \mu_k$ 为混合模型中每个类别的均值；$\sigma_1^2, \sigma_2^2, \cdots, \sigma_k^2$ 为混合模型中每个类别的方差；$g(x \mid \mu_j, \sigma_j^2)$ 为观测值 x 的高斯密度函数，其基本形式为正态分布：

$$g(x \mid \mu_j, \sigma_j^2) = \frac{1}{\sqrt{2\pi}\sigma_j} \exp\left(-\frac{1}{2\sigma_j^2}(x-\mu_j)^2\right) \qquad (8-72)$$

所以，整个高斯混合模型由混合成分的高斯密度函数的权重、均值和方差参

数化表示。其中，$P(x|\Theta)$ 的均值 μ 和方差 σ^2 如下：

$$\mu = \sum_{j=1}^{k} \omega_j \mu_j \tag{8-73}$$

$$\sigma^2 = \sum_{j=1}^{k} \omega_j (\mu_j^2 + \sigma_j^2) - \mu^2 \tag{8-74}$$

高斯混合模型能够平滑地拟合任意形状的概率密度函数，因此可以用来分析交通数据样本并刻画出其中各个成分的高斯分布形式。同样，高斯混合模型也能够用来分析速度/时间占有率数据样本，并找出数据中隐藏成分的分布情况。而这里正是利用速度/时间占有率样本去找到临界点。假定样本中含有两个类别（非拥堵流和拥堵流）或三个类别（非拥堵流、过渡流和拥堵流）的概率分布，提出基于类似高斯混合模型的多模态模型。

2. 最大后验估计

高斯混合模型的参数通常使用最大似然估计法来估计。对于独立分布的随机变量 $x = (x_1, x_2, \cdots, x_n)$，其中 n 是观测数量，其高斯混合似然函数如下：

$$L(x|\Theta) = \log \prod_{i=1}^{n} P(x_i|\Theta) = \sum_{i=1}^{n} \log P(x_i|\Theta) \tag{8-75}$$

式中，$L(\Theta|x)$ 为关于 x 的参数为 Θ 的似然函数。

在最大似然问题中，目标是找到能够最大化 L 的参数 Θ。也就是说，要找到 Θ^*，其表达式如下：

$$\Theta^* = \underset{\Theta}{\operatorname{argmax}} L(\Theta|x) \tag{8-76}$$

参数 Θ 由非线性函数构成，难以直接找到其最大值。可以利用期望最大化（Expectation Maximization, EM）算法的一个特例来估计最大似然参数。当数据不完整或有缺失值时，可以通过 EM 算法找到一个给定的含有隐藏分布的数据集的最大似然参数估计值。第一步，EM 算法计算出期望的估计值；第二步，最大化由第一步得到的估计值。特别地，在初始化估计值之后，EM 算法在两个步骤之间迭代，直到收敛。

（1）E-step　计算 γ 参数。

$$\gamma_{ij}^{(m)} = \frac{\omega_j^{(m)} g(x_i|\mu_j^{(m)}, \sigma_j^{(m)})}{\sum_{l=1}^{k} \omega_l^{(m)} g(x_i|\mu_l^{(m)}, \sigma_l^{(m)})} \tag{8-77}$$

式中,$i = 1, 2, \cdots, n$;$j = 1, 2, \cdots, k$,且

$$n_j^{(m)} = \sum_{i=1}^{n} \gamma_{ij}^{(m)}, j = 1, 2, \cdots, k \qquad (8-78)$$

(2) M-step 计算高斯混合模型的估计参数。

$$\omega_j^{(m+1)} = \frac{n_j^{(m)}}{n} \qquad (8-79)$$

$$\mu_j^{(m+1)} = \frac{1}{n_j^{(m)}} \sum_{i=1}^{n} \gamma_{ij}^{(m)} x_i \qquad (8-80)$$

$$\sigma_j^{(m+1)} = \sqrt{\frac{1}{n_j^{(m)}} \sum_{i=1}^{n} \gamma_{ij}^{(m)} (x_i - \mu_j^{(m+1)})^2} \qquad (8-81)$$

式中,$j = 1, 2, \cdots, k$。

最大似然估计既不需要任何先验知识,也不必估计结果的具体值。为了避免可能出现异常值和衰减,由最大后验估计来代替最大似然估计。特别地,假定权重值 $\omega_1, \cdots, \omega_k$ 服从平均分布,并在方差上使用 Inverse-Gamma(逆-Gamma)先验:

$$\sigma_j^2 \sim \text{Inv-Gamma}\left(\frac{v}{2}, \frac{\zeta^2}{2}\right), j = 1, 2, \cdots, k \qquad (8-82)$$

也就是说,对于每个 σ_j^2 都有密度:

$$f(\sigma_j^2 \mid v, \zeta^2) = \frac{(\zeta^2/2)^{v/2}}{\Gamma(v/2)} (\sigma_j^2)^{-\frac{v+2}{2}} \exp\left(-\frac{\zeta^2}{2\sigma_j^2}\right) \qquad (8-83)$$

式中,$\Gamma(\cdot)$ 为 Gamma 函数;v 和 ζ^2 都为超参数。

逆 Gamma 分布的均值为 $\zeta^2/(v-2)$。对于平均值 μ_j,以方差为条件的正态先验分布如下:

$$\mu_j \mid \sigma_j^2 \sim N\left(\eta, \frac{\sigma_j^2}{\kappa}\right), j = 1, 2, \cdots, k \qquad (8-84)$$

式中,$N(\cdot)$ 为正态分布的概率函数;η 和 κ 都为超参数。

EM 算法很容易扩展到最大后验估计:

$$\mu_j^{(m+1)} = \frac{\kappa\eta + \sum_{i=1}^{n} \gamma_{ij}^{(m)} x_i}{\kappa + n_j^{(m)}} \qquad (8-85)$$

$$\sigma_j^{(m+1)} = \sqrt{\frac{\zeta^2 + \kappa(\mu_j^{(m+1)} - \eta)^2 + \sum_{i=1}^{n} \gamma_{ij}^{(m)}(x_i - \mu_j^{(m+1)})^2}{n_j^{(m)} + v + 3}} \quad (8-86)$$

最大后验估计使用和先验分布相结合的增强的优化目标，可以看作是最大似然估计的正则化表示，且其鲁棒性优于最大似然估计。

3. 确定临界点

临界点是区分不同交通状态的位点（以速度和占有率为特征），临界点确定示意图如图 8-94 所示。例如，对于两类别的高斯混合模型，图 8-94a 展示了对速度样本进行最大后验估计的每个类别的概率密度函数（非拥堵流和拥堵流）。对于非拥堵流的概率密度函数而言，速度值低于临界速度 v_c 的累积概率必须尽可能小。而对于拥堵流的概率密度函数来说，速度值高于临界速度 v_c 的累积概率也必须尽可能小。所以，临界点的临界速度可以看作是图 8-94a 中阴影面积和的最小值。同样地，三类别高斯混合模型的临界点估计如图 8-94b 所示，从自由流到过渡流的临界速度可以看作图 8-94b 中最右侧两块阴影面积和的最小值，且从过渡流到拥堵流的临界速度可以看作是图 8-94b 中最左侧两块阴影面积和的最小值。

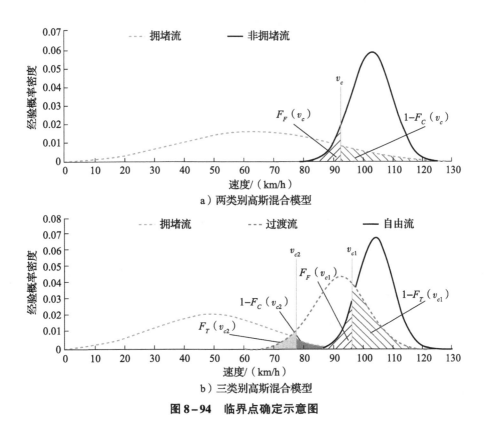

图 8-94　临界点确定示意图

两类别高斯混合模型中临界点的临界速度的数学表达式如下：

$$\min[1 - F_C(v_c) + F_U(v_c)]$$
$$\text{s.t.} \quad v_c \in [0, v_f] \tag{8-87}$$

式中，$F_U(\cdot)$ 和 $F_C(\cdot)$ 分别为在非拥堵流和拥堵流条件下，服从累积正态分布函数的速度样本；v_c 为估计得到的从自由流到拥堵流的临界速度。

要得到公式（8-87）的最小值，令其导数等于 0，则临界速度可由式（8-88）计算得到。

$$\frac{\mathrm{d}[1 - F_C(v_c) + F_U(v_c)]}{\mathrm{d}v_c} = 0 \tag{8-88}$$

由式（8-88）可以得到一个标准的单变量二次方程：

$$av_c^2 + bv_c + c = 0 \tag{8-89}$$

式中，$a = \sigma_1^2 - \sigma_2^2$；$b = -2(\mu_2\sigma_1^2 - \mu_1\sigma_2^2)$；$c = \sigma_1^2\mu_2^2 - \sigma_2^2\mu_1^2 - 2\sigma_1^2\sigma_2^2\ln(\sigma_1/\sigma_2)$；$\mu_1$ 和 σ_1 分别为非拥堵流概率密度函数的均值和标准差；μ_2 和 σ_2 分别为拥堵流概率密度函数的均值和标准差。

所以，考虑到 v_c 的范围，二次方程式（8-89）的根见式（8-90）。

$$v_c = \frac{-b - \sqrt{b^2 - 4ac}}{2a} \tag{8-90}$$

同样地，对于三类别的高斯混合模型，临界点的临界速度见式（8-91）。

$$\min[1 - F_T(v_{c1}) + F_F(v_{c1})]$$
$$\min[1 - F_C(v_{c2}) + F_T(v_{c2})]$$
$$\text{s.t.} \quad v_{c1}, v_{c2} \in [0, v_f] \tag{8-91}$$

式中，$F_F(\cdot)$、$F_T(\cdot)$ 和 $F_C(\cdot)$ 分别为自由流状态、过渡状态和拥堵状态下的三类别混合模型速度样本的累积正态分布函数；v_{c1} 和 v_{c2} 分别为交通状态从自由流向过渡流和从过渡流到拥堵流的临界速度。

在计算上述临界速度值的时候，不考虑不同交通状态（每个类别 ω_k 的混合权重）下的速度样本数量，这是因为样本选择偏差问题会导致流量密度模型不准确。

同样地，对于两类别或三类别的混合交通状态临界点的临界占有率值，也通过上述方法取得,即用高斯混合模型和最大后验估计的方法对实测速度和占有率数据样本的概率密度函数进行估计,再利用累积概率密度最小化的方法确定临界速度和临界占有率。

8.8.4 案例分析

1. 高斯混合模型的拟合结果

首先,将在编号为 I-5 的快速路上 9 个站点实测的时间占有率和速度数据作为数据源,数据间隔为 5min,高斯混合模型的类别数 $k=2$,3。每个站点的样本容量为 8064(从 2014 年 9 月 1 日到 2014 年 9 月 2 日,共 4 周),包括流量、货车占比、时间占有率和速度等。实际观测数据包含从非拥堵流到拥堵流的全域状态数据。拟合后的混合概率分布和每个类别的时间占有率和速度的概率分布如图 8-95 所示。显然,长达 4 周的时间占有率和速度分布具有多模态特征,且本小节提出的高斯混合模型对经验分布拟合效果较好。

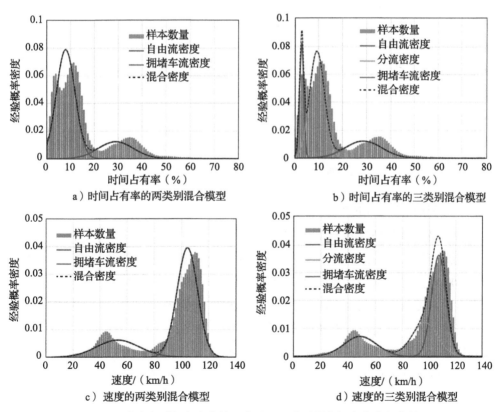

图 8-95 速度和时间占有率的两类别、三类别混合概率分布拟合结果

如图 8-95a、c 所示，交通流数据被分为两部分。第一部分（较低时间占有率且速度较大）表示非拥堵状态，而第二部分（较高时间占有率且速度较低）表示拥堵状态，第一部分到第二部分则是过渡状态。过渡部分较长的原因可能是在拥堵状态模态更复杂，比如车辆起停、密度波、收缩迟滞和车辆分散等。

由图 8-95 可知，高斯混合模型对时间占有率和速度分布拟合效果较好。在二类别和三类别混合模型中，拥堵状态下，速度和时间占有率的混合权重估计如图 8-96 所示。结果表明，9 个站点拥堵类别中时间占有率和速度的混合估计权重大致相等，说明时间占有率和速度都可作为区分交通状态的关键参数。

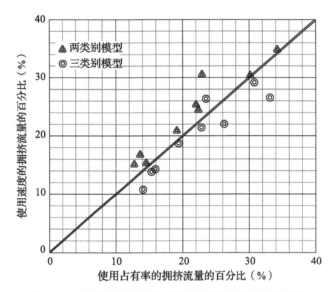

图 8-96 拥堵状态速度和时间占有率的混合权重估计

2. 临界点的速度和时间占有率

基于最小累积概率密度方法得出的 9 个站点的临界时间占有率和速度值见表 8-65。从表 8-65 中可以得出，假定混合模型含有两个类别，每个站点的临界点的时间占有率在区间 13.62%~18.27% 内，均值为 15.85%；而每个站点的临界点的速度值在区间 88.64~96.23km/h 内，均值为 91.54km/h。在自由流到过渡流区间内，时间占有率和速度的均值分别是 5.12% 和 99.66km/h，而从过渡流到拥堵流的均值分别是 15.29% 和 74.18km/h。实测数据和临界速度和临界时间占有率的评估值如图 8-97 和图 8-98 所示，灰色的点、实线和虚线分别表示实测演变数据、临界时间占有率和临界速度。

从表 8-65、图 8-97 和图 8-98 中可以得出一些结论。第一，从直观上看，图 8-97 和图 8-98 的速度和时间占有率的临界点对交通状态区分地比较准确，并且对于不同类别数量的混合模型来说,高斯混合模型鲁棒性较好。第二,不同位点的临界点之间的差异取决于不同的道路状况。所以在校正和使用该模型的时候要考虑不同数据收集点对临界点位置的影响。第三,对三类别模型来说,第一个时间占有率和速度的临界点的边界超出了车辆从自由行驶到跟驰状态的区间的边界。第二个临界的时间占有率和速度刻画了道路的最大通行能力。第四,三类别混合模型中从过渡流到拥堵流的临界时间占有率与两类别混合模型中的值大致相等。这表明了两阶段和三阶段基本图有大致相似的临界点,并且临界点的位置与最大通行能力相关。第五,由于速度样本比时间占有率样本的标准差大得多,因此临界时间占有率值的鲁棒性要比临界速度值的鲁棒性更好。

表 8-65　临界时间占有率和临界速度的估计值

样本编号	站点	$k=2$ 从自由流到拥堵流		$k=3$ 从自由流到过渡流		从过渡流到拥堵流	
		$o_c(\%)$	$v_c/(\text{km/h})$	$o_{c1}(\%)$	$v_{c1}(\text{km/h})$	$o_{c2}(\%)$	$v_{c2}(\text{km/h})$
1	716895	16.10	95.41	4.80	100.57	15.99	75.37
2	716916	15.36	96.23	4.93	92.95	15.17	81.84
3	716918	15.12	94.66	5.17	106.82	15.75	84.85
4	716924	15.82	89.93	5.58	97.49	14.99	68.77
5	718090	15.70	90.11	3.74	96.21	14.95	65.33
6	718379	15.69	89.84	4.16	101.60	15.61	68.58
7	759542	16.99	89.28	5.65	103.17	14.90	78.03
8	759552	18.27	88.64	6.12	99.86	17.39	69.42
9	768523	13.62	89.77	5.91	98.29	12.87	75.45
均值		15.85	91.54	5.12	99.66	15.29	74.18

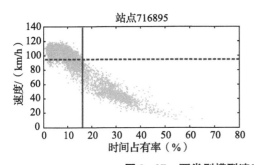
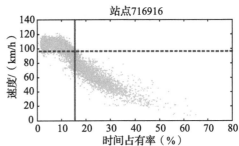

图 8-97　两类别模型速度和时间占有率的估计值

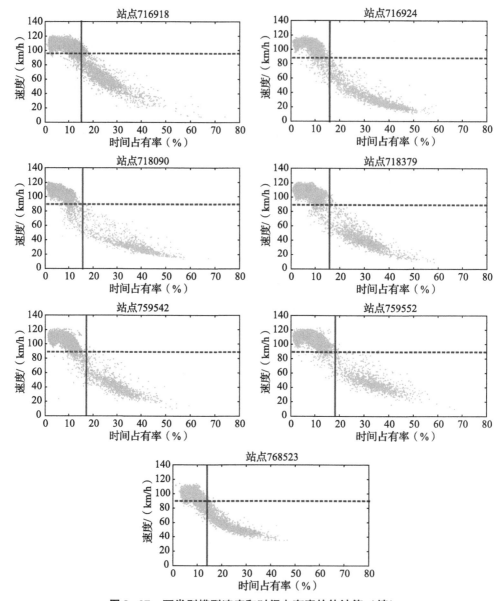

图 8-97　两类别模型速度和时间占有率的估计值（续）

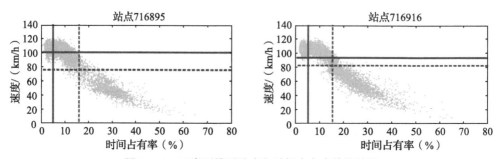

图 8-98　三类别模型速度和时间占有率的估计值

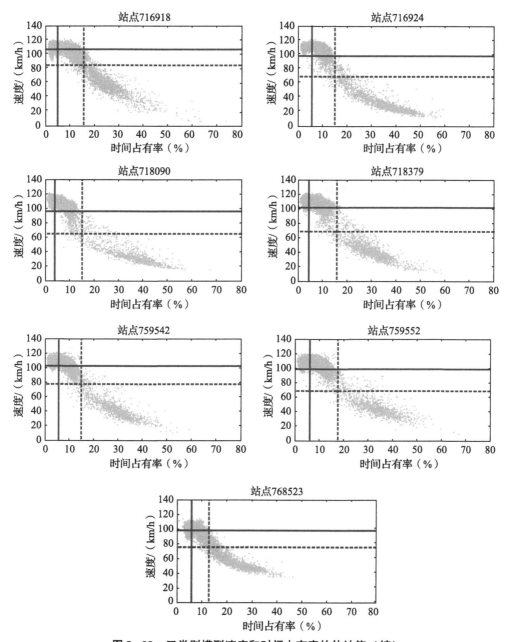

图 8-98 三类别模型速度和时间占有率的估计值（续）

3. 临界值分析

为了深入分析临界点的临界值，选取了站点编号为 716895 从 2014 年 6 月 2 日到 2014 年 12 月 30 日为期 26 周的数据，从而消除道路因素对结果的影响。通过高斯混合模型对每周的数据进行拟合并确定其临界点。用两类别模型得到的临界速度和临界时间占有率如图 8-99 所示。得到的 26 周的临界时间占有率数据变化幅度在 17% 以内，而临界速度值从 75km/h 到 90km/h 不等。其中，临界时间占有率的均值和标准差分别为 16.14% 和 0.59%，而临界速度的均值和方差分别为 84.25km/h 和 3.50km/h。结果显示特定路段的交通状态临界点的临界值不受时间、天气和交通状态的影响。

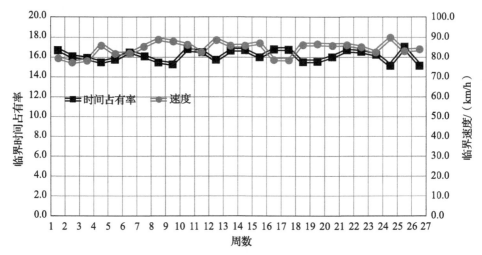

图 8-99　在 26 周中临界速度和临界时间占有率的估计值

此外还考察了混合权重和车辆类型对结果的影响。图 8-100 显示了非拥堵成分比例和临界时间占有率和临界速度估计值之间的关系，图 8-101 描述了货车比例对临界时间占有率和速度的影响。由图 8-100 和图 8-101 可以得出非拥堵成分与临界时间占有率和临界速度的相关系数分别是 0.196 和 0.191，而 p 值分

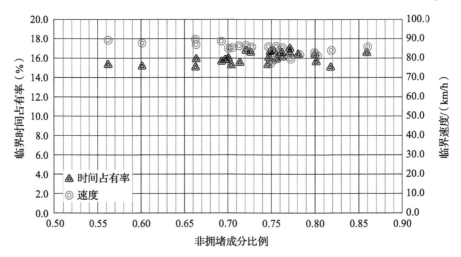

图 8-100　非拥堵成分比例与临界时间占有率和临界速度估计值之间的关系

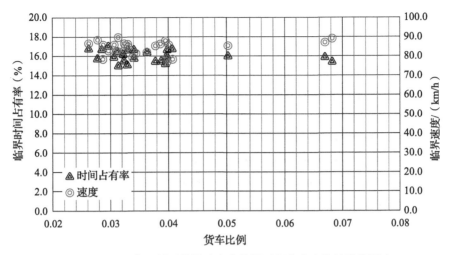

图 8-101　货车比例对临界速度和临界时间占有率估计值的影响

别是 0.082 和 0.093。货车比例与临界时间占有率和临界速度的相关系数分别是 0.075 和 0.036，而 p 值分别是 0.176 和 0.353。其中，p 值用来测试相关性程度。结果显示四个 p 值都大于 0.05，显示出混合权重和车辆类型对临界点的临界时间占有率和临界速度没有影响。

有研究指出，由于不同交通状态的混合权重的差异，在自由流和拥堵情况下，单阶段基本图模型很难很好地拟合经验数据。而图 8-101 显示，混合权重因素对临界点的临界参数没有影响。这一结果证明本节模型能够避免经验数据中不同交通状态下样本数量偏差带来的问题。

如图 8-101 所示，货车比例的变化对临界速度和临界时间占有率没有显著影响。这反映了一个事实，就是尽管货车速度低于汽车的车速，但是临界速度的大小并不会受到货车比例的影响。以此类推，货车比例对于以 5min 为样本间隔的数据对应的不同交通状态也没有影响。所以混合类别的数量主要由不同交通状态决定。

由此看来，混合模型和最大后验估计方法在消除非交通状态因素对临界速度和临界时间占有率的影响时，具有较好的灵活性。

8.8.5　评估和应用

1. 确定最大通行能力

根据单阶段和两阶段基本图对临界点的定义，临界点的位置和快速路最大通行能力密切相关。所以，临界速度和临界时间占有率描述了交通流量达到最大通行能力时的交通状态，最大通行能力计算如下：

$$q_{\max} = v_c k_c \tag{8-92}$$

$$k_c = \frac{1000 o_c}{l_v + l_d} \tag{8-93}$$

式中，$q_{\max}$ 为最大流量或路段最大通行能力（pcu/h/ln）；k_c 为在最大通行能力处的临界密度（pcu/km/ln）；l_v 和 l_d 分别为平均车身长度和环形检测器长度，这里把平均车身长度与检测器长度之和设为 7.5m。

用式（8-92）得出的最大通行能力是以所有车辆为汽车为假设前提，并且交通流观测量中的汽车和货车的数量不均匀分布。通过乘用车当量（PCE）把货车数量转化成载客汽车数量。调整后的流量计算公式为：

$$q_0 = (1 - p_{\mathrm{HV}}) \times q + p_{\mathrm{HV}} \times q \times \mathrm{PCE} \tag{8-94}$$

式中，q_0 为调整后的流量（pcu/h/ln）；p_{HV} 为货车比例；q 为观测车流量（pcu/h/ln）；PCE 为乘用车当量（美国乘用车当量是 1.5）。

为了评估混合模型方法在估计最大通行能力的准确度，将观测得到的最大通行能力作为对照。由于很难用理论模型来准确计算最大通行能力，把路段上时间间隔为 5min 的交通流量转化成最大 1h 流量，将其作为最大通行能力的观测值。

把 9 个站点的持续 4 周的所有数据作为对比，如图 8-102 所示。从图 8-102 中可以发现，得到的最大通行能力估计值与实际观测值紧密相关。

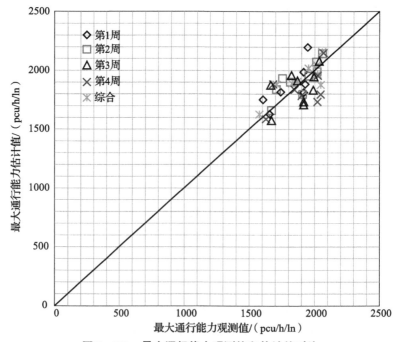

图 8-102　最大通行能力观测值和估计值对比

通常用平均绝对百分比误差（MAPE）和均方根误差（RMSE）来衡量估计值与真实值之间的距离。最大通行能力估计值与真实观测值之间 MAPE 和 RMSE 的值见表 8-66。结果显示 MAPE 的值都小于 7%，即用模型估计得到的最大通行能力与实际观测值接近。这也证实了模型在估计临界速度和临界时间占有率上的有效性和准确性。

表 8-66 最大通行能力观测值与估计值的 MAPE 和 RMSE

周数	MAPE（%）	RMSE /(pcu/h/ln)
1	5.0	113
2	4.2	95
3	6.8	140
4	6.6	156
综合	4.5	99

2. 校正三角基本图

分段线性（三角）形式的多阶段基本图是应用最广泛的基本图之一。它的优点在于能够简化数学形式。三角形式的基本图还常被用来建模、分析运动波的重要特性。把模型中的密度替换成时间占有率，其具体形式如下：

$$q(o) = \begin{cases} o v_f, & o \in [0, o_c] \\ o_c v_f \dfrac{o_j - o}{o_j - o_c}, & o \in [o_c, o_j] \end{cases} \quad (8-95)$$

式中，$q(o)$ 为特定占有率 o 下的流量函数；o_j 为所有车辆速度都为 0 时拥堵状态下的时间占有率。

在交通流、运动波、交通控制和动态交通分配建模时，经常使用流量-密度函数。然而，流量-密度函数是非单调函数且较难校正。所以，一般使用速度-密度函数来进行参数校正，其中，流量-密度函数可以通过基本公式 $q = kv$ 得到。利用估计得到的临界参数，就能解决上述问题并使得校正三角基本图模型更为容易。

校正过程如下所述。①利用高斯混合模型和最小累积概率法估计临界时间占有率 o_c 和临界速度 v_c。②利用式（8-92）得到最大通行能力 $q_{\max}$。③在非拥堵状态，即坐标原点与临界点（o_c, $q_{\max}$）之间，流量-时间占有率呈线性相关。④利用最小二乘法拟合在拥堵状态下的流量-时间占有率线性关系式。

9 个站点的拟合结果如图 8-103 所示。绿点和红点分别是非拥堵和拥堵状态下的经验观测值。横坐标轴与虚线相交的点是临界点，实线表示校正后的三角基本图模型。从图 8-103 中可以看出，模型在非拥堵和非拥堵状态下的拟合效果都较好。

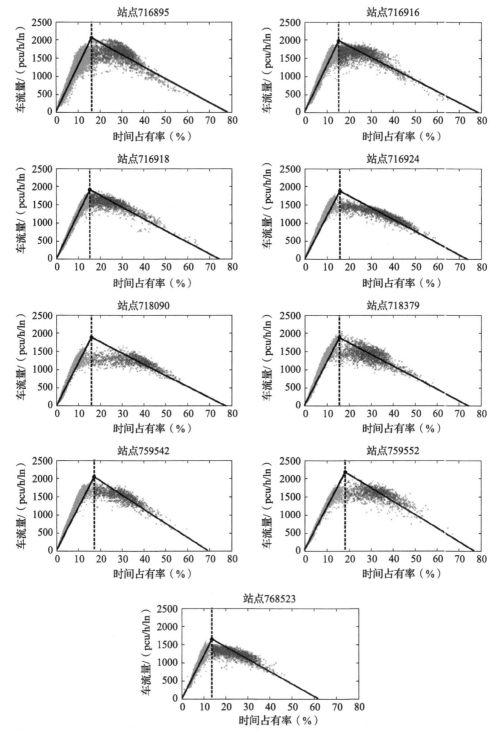

图8-103 三角基本图中实测流量-时间占有率关系与拟合结果

在表 8-67 中，定量分析了模型参数和表现性能。通过估计得到的 9 个站点的自由流速度（FFS）、最大通行能力和拥堵时间占有率结果相近。这说明在非拥堵和拥堵状态下，模型对交通流的相关估计值相对准确。

表 8-67　三角基本图参数估计

站点编号	自由流速度/(km/h)	最大通行能力/(pcu/h/ln)	临界时间占有率(%)	拥堵时间占有率(%)	非拥堵流 RMSE/(pcu/h/ln)	非拥堵流 MAPE(%)	拥堵流 RMSE/(pcu/h/ln)	拥堵流 MAPE(%)
1	127.2	2048	16.1	77.9	179.5	14.7	225.6	11.5
2	128.3	1971	15.4	78.3	147.6	12.0	213.7	10.8
3	126.2	1908	15.1	73.9	115.4	8.7	156.3	8.1
4	119.9	1897	15.8	73.6	144.5	12.3	163.4	9.2
5	120.1	1886	15.7	76.9	117.9	11.4	233.9	13.9
6	119.8	1879	15.7	74.3	138.7	11.9	186.1	10.7
7	119.0	2022	17.0	68.6	178.1	13.7	185.8	10.1
8	118.2	2159	18.3	76.6	107.1	7.1	244.2	12.7
9	119.7	1630	13.6	61.5	118.2	10.5	164.1	10.5
均值	122.1	1934	15.9	73.5	138.5	11.4	197.0	10.8

3. 校正三阶段速度-时间占有率模型

因其形式简单，线性三阶段速度-密度模型常被用来作对比。在自由流条件下，机动车保持相对固定的自由流速度，因此，将三阶段速度-时间占有率模型做如下改进：

$$v(o) = \begin{cases} v_f, & o \leq o_{c1} \\ a_1 + b_1 o, & o_{c1} \leq o \leq o_{c2} \\ a_2 + b_2 o, & o \geq o_{c2} \end{cases} \quad (8-96)$$

式中，a_1、b_1、a_2、b_2 为需要被校正的参数。

同两阶段模型类似，用三类别高斯混合模型分别估计从自由流到过渡流和从过渡流到拥堵流之间的两个临界点。首先，当占有率小于第一个临界占有率（o_{c1}）时，自由流速度近似为速度观测值的平均值；其次，在点（o_{c1}, v_f）和（o_{c2}, v_{c2}）之间过渡流状态下，速度-时间占有率的关系近似直线；最后，在第二个临界点之后，拥堵流状态下速度-时间占有率的线性关系式用最小二乘法（LSM）来标定。因此，三阶段的速度-时间占有率模型可以被重写为如下形式：

$$v(o) = \begin{cases} v_f, & o \leqslant o_{c1} \\ v_f + \dfrac{v_f - v_{c2}}{o_{c1} - o_{c2}}(o - o_{c1}), & o_{c1} \leqslant o \leqslant o_{c2} \\ v_{c2} + k_d(o - o_{c2}), & o \geqslant o_{c2} \end{cases} \quad (8-97)$$

式中，k_d 为拥堵状态下速度 – 时间占有率线性关系式的斜率，变成了唯一需要标定的参数。

使用 9 个站点的实测数据对三阶段速度 – 时间占有率模型的拟合结果如图 8-104 所示，绿色、黄色和红色的点分别是在自由流、过渡流和拥堵流状态下的观测值。两条虚线与横坐标轴相交的点都是临界点，实线表示校正后的模型。估计得出的临界点在划分交通状态和标定多阶段速度 – 时间占有率模型时表现较好。

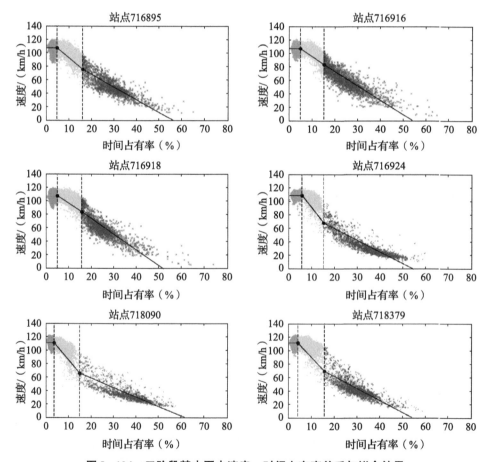

图 8-104 三阶段基本图中速度 – 时间占有率关系与拟合结果

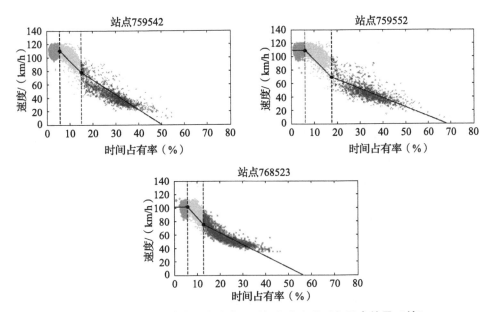

图 8-104 三阶段基本图中速度 - 时间占有率关系与拟合结果（续）

估计得到的参数和误差指数（RMSE 和 MAPE）见表 8-68。可以看出估计所得的自由流速度与 I-5 快速路上的限速值（70mile/h 或 113km/h）相近，说明估计所得的临界点在区分交通状态时表现较好。结果表明，即使在不同的数据集上，模型估计得到的临界点也有较好表现。

表 8-68 估计参数和三阶段基本图评估结果

站点编号	自由流速度/(km/h)	拥堵时间占有率(%)	自由流		过渡流		拥堵流	
			RMSE/(km/h)	MAPE(%)	RMSE/(km/h)	MAPE(%)	RMSE/(km/h)	MAPE(%)
1	107.5	56.1	5.3	3.9	7.0	5.6	8.4	14.1
2	106.6	53.8	4.3	3.3	6.4	4.8	9.3	14.6
3	108.7	52.2	4.7	3.4	6.4	4.8	9.9	15.5
4	109.7	54.2	3.3	2.3	7.1	5.2	7.7	18.3
5	110.6	61.1	3.9	2.7	6.8	4.9	8.6	17.6
6	110.3	53.6	4.3	3.1	7.0	5.0	9.2	16.4
7	110.1	49.8	3.9	2.7	6.2	4.6	10.4	19.1
8	109.1	67.7	4.3	3.1	6.2	4.5	9.8	15.1
9	101.9	56.3	3.8	2.8	5.9	4.9	6.4	8.9
均值	108.3	56.1	4.2	3.0	6.6	4.9	8.8	15.5

8.9 出行需求特征时空影响因素建模

8.9.1 案例背景

以往探讨建成环境及家庭属性对汽车出行影响多是使用普通线性回归模型,忽略了不同空间区域及不同出行时间对出行造成的影响,在研究中忽略这种时空异质性,得到的结论往往是有所偏差的。本案例在获取了汽车出行信息及解释变量信息的基础上,将时空异质性纳入模型中,挖掘汽车出行特征的时空影响。

8.9.2 数据概述

1. 研究区域

本案例选取杭州市绕城高速公路以内区域作为研究对象,具体范围如9图8-105所示。该区域由上城区、下城区、江干区、拱墅区、西湖区、滨江区及萧山区的部分区域组成。其中上城区、下城区、拱墅区、西湖区和江干区是杭州市中心城区,为大型居住区,也包含较多风景区及商业中心;滨江区逐渐建设了许多大企业,居住人口逐年增加;萧山区人口最多,经济水平位于全国前列,综合实力较强。

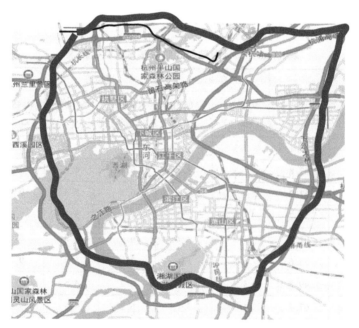

图 8-105　研究范围

2. 交通小区划分

城市内不同区域的土地利用存在很大差异。为了表征这种空间差异性，有必要对城市区域进行交通小区划分，以每个交通小区为研究单元进行汽车出行需求特性的研究。本案例采用杭州市城市规划模型中的交通小区划分方法，将研究区域划分为 125 个小区。

ArcGIS 为强大的地图制作、空间数据管理、分析及信息整合软件，能有效存储每个交通小区的空间位置和空间属性信息，因此可以在 ArcGIS 软件中完成交通小区的划分工作，在划分过程中确保每个交通小区都包含一定数量的检测器。具体划分过程如下：①在 ArcGIS 软件中创建研究区域的地理数据，并将其以面要素的形式保存；②运用分割功能将研究区域进行交通小区的划分；③在交通小区的属性表中添加相应的经纬度信息，将其作为该小区中心点的位置信息。

划分后的杭州市交通小区分布如图 8-106 所示，此外研究区域的属性见表 8-69，包括各个交通小区的编号、区域面积及经纬度坐标等信息。

图 8-106　杭州市交通小区分布

表 8-69　研究区域属性

编号	区域面积/km²	经度（°）	纬度（°）
0	0.007048281420	120.1644	30.2464
1	0.002627806250	120.1545	30.2594
2	0.000008391489	120.1603	30.2572
3	0.000007140204	120.1664	30.2548
……	……	……	……
125		120.3144	30.1687

3. 数据类型

（1）车牌识别数据　本案例将每个交通小区中每小时汽车的出行需求作为因变量，根据车牌识别数据获取汽车出行需求。车牌识别数据是依据卡口系统实现车辆信息的采集，具体原理如下：当车辆通过区域时会触发路面虚拟线圈，该单元向前端控制模块发送指令，而后摄像头对车辆图像信息进行处理，获取车辆牌号等信息，并将信息进行上传。

由于需要记录汽车出行违法行为，杭州市有超过90%的交叉口安装了车牌识别检测设备，如图8-107所示，由于检测器有较高的覆盖率和可靠的准确率，同时车牌识别技术也在不断提高，车牌识别系统可以对经过的所有车辆进行检测，且识别完整车牌号的准确率超过95%，因此获取的车牌识别数据样本量较大且准确度较高。同时，可根据车牌识别出的车辆牌号唯一地确定汽车，因此研究者能够精确地捕捉到每一辆汽车的

图8-107　车牌识别检测设备分布

时空位置，其中空间层面可以精确到交叉口，时间层面可以精确到秒，因此车牌识别数据可以用于对出行需求的分析。检测器设备的记录见表8-70，表8-70中记录了详细的经纬度坐标即交叉口处检测器的位置信息，用于确定车辆在某一时刻的位置，表8-71展示了相应的车牌识别数据记录，包括记录编号、检测器设备编号、车牌数据及记录时间等。

表8-70　卡口检测器设备记录

名称	信息	描述
DEV_ID	21712091	检测器设备编号
XY	(120.563, 30.234)	检测器设备坐标

表8-71　车牌识别数据记录

名称	信息	描述
RECORD_ID	87169293	记录编号
DEV_ID	21712091	检测器设备编号
CAR_NUM	浙×××××	车牌数据
CAP_TIME	2016/6/13 0:09:15	记录时间

(2) 手机信令数据 为了了解居民为何偏爱汽车出行而非其他类型出行方式，为制定降低区域汽车出行需求的交通规划及交通政策提供参考，在本次研究中，将每个交通小区全方式出行需求作为另一个因变量，全方式出行需求通过手机信令数据获取。依据手机移动端与信号较强的基站通过接口进行通信，通过对接口进行监测、采集、获取手机信令数据。当一个设备接听电话或拨打电话、设备发送消息或接受消息、位置更新等都会生成数据记录。

为了满足居民日常生活的需求，杭州市建设了5万多个基站，这些基站覆盖了整个研究区域，且根据统计研究显示，90%的交通小区平均每个基站的覆盖半径在100m以下，获取的手机信令数据覆盖了69.45%的人口，因此能获取绝大多数居民的出行信息。当设备超过2h未与基站通信时，将执行定期位置更新，手机信令数据的上述特征能够确保对居民个体跟踪的良好覆盖和出行信息的准确性，因此手机信令数据能够用于分析全方式的出行需求。在本案例中使用的数据集包括两类：基站信息见表8-72，记录基站经纬度坐标即其位置信息；手机信令的匿名数据记录见表8-73，包括手机记录编号、基站编号、手机设备编号及记录获取时间等信息。

表8-72 基站信息

名称	信息	描述
CELL_ID	952A	基站编号
XY	(120.733, 30.245)	基站坐标

表8-73 手机信令的匿名数据记录

名称	信息	描述
RECORD_ID	98169293	记录编号
CELL_ID	9DA1	基站编号
IMEI	86334302760189	手机设备编号
CAP_TIME	2016/6/15 18:53:48	记录获取时间

8.9.3 融合算法

1. 时空非平稳性检验

运用体现时空异质性的时空地理加权回归（GTWR）模型的前提是交通需求数据具有时空非平稳性，对交通需求数据的时空非平稳性检验应包括两个方面：模型的时空非平稳性检验和回归系数的时空非平稳性检验。模型时空非平稳性检验是对整个模型的时空非平稳性进行检验，来判断该模型是否能较好描述数据的时空非平稳性，回归系数时空非平稳性检验是对模型中每一个回归系数的时空非平稳性进行检验，从而确定每个解释变量的时空非平稳性特征。模型时空非平稳性检验利用假设检验原理，首先，提出一个原假设 H_0 和与原假设相对的假设即备择假设 H_1。初始认为原假设 H_0 正确，利用样本数据计算出服从某一分布的检验统计量，设置检验水平，查找在该检验水平下的置信区间，如果原假设 H_0 成立情况下的检验统计量落在该置信区间内，则接受原假设 H_0，该区域称为接受域，其他的区域称为否定域；如果原假设成立时得到的检验统计量落在否定域内，则否定原假设。回归系数时空非平稳性检验运用蒙特卡洛模型进行检验。

(1) 回归系数时空非平稳性检验　回归系数时空非平稳性检验是对每一个回归系数进行时空非平稳性检验，验证非平稳性的一个有效方法是将 GTWR 模型系数的四分位数与 OLS（最小二乘法）模型系数标准误差的两倍进行对比。基于蒙特卡洛模型的预测结果见表 8-74，第二列表示模型系数的四分位数，第三列表示 OLS 模型两倍标准差，第四列表示一个变量是否有时空非平稳性，结果表明对外交通密度不具有时空非平稳性，不能对交通需求的时空特性进行更好的描述，将其从解释变量中删除。因此，最终确定纳入模型中的变量有 12 个，分别为：①建成环境：住宅、企业、政府机构、娱乐场所、景区、宾馆、医院、学校；②运输：停车场、公交站和地铁站；③家庭：住户、房价。

表 8-74　基于蒙特卡洛模型的预测结果

变量	四分位数（GTWR）	两倍标准差（OLS）	时空非平稳性
住宅密度	0.00310	0.00108	是
工作地密度（企业）	0.00765	0.00127	是
工作地密度（政府机构）	0.00422	0.00115	是
娱乐场所密度	0.00472	0.00082	是
景区密度	0.00418	0.00131	是
宾馆密度	0.00543	0.00136	是
医院密度	0.00288	0.00053	是
学校密度	0.00505	0.00130	是
停车场密度	0.00620	0.00168	是
公交站和地铁站密度	0.00618	0.00133	是
对外交通密度	**0.00000**	**1.02200**	否
住户密度	0.00502	0.00066	是
房价	0.00209	0.00025	是

(2) 模型时空非平稳性检验　模型时空非平稳性检验是对整个模型的时空非平稳性进行检验，判断采用 GTWR 模型是否准确，模型时空非平稳性检验的原假设认为模型呈全局平稳性，回归系数不随着时空位置的变化而变化，备择假

设则认为存在一个回归系数随着时空位置的变化而变化，以 GWR 模型和 GTWR 模型的检验为例，原假设 H_0 与备择假设 H_1 表达式如下：

$$H_0: y_i = \beta_0(u_i, v_i) + \sum_k \beta_k(u_i, v_i) X_{ik} + \varepsilon_i \quad i = 1, 2, \cdots, n \quad (8-98)$$

$$H_1: y_i = \beta_0(u_i, v_i, t_i) + \sum_k \beta_k(u_i, v_i, t_i) X_{ik} + \varepsilon_i \quad i = 1, 2, \cdots, n \quad (8-99)$$

构建 R_0 和 R_1 矩阵：

$$R_0 = (I - S_0)^T (I - S_0) \quad (8-100)$$

$$R_1 = (I - S_1)^T (I - S_1) \quad (8-101)$$

式中，S_0 为地理加权回归模型的帽子矩阵；S_1 为时空地理加权回归模型的帽子矩阵。

$$S_0 = \begin{bmatrix} X_1 (X^T W(u_1, v_1) X)^{-1} X^T W(u_1, v_1) \\ X_2 (X^T W(u_2, v_2) X)^{-1} X^T W(u_2, v_2) \\ \vdots \\ X_n (X^T W(u_n, v_n) X)^{-1} X^T W(u_n, v_n) \end{bmatrix} \quad (8-102)$$

$$S_1 = \begin{bmatrix} X_1 (X^T W(u_1, v_1, t_1) X)^{-1} X^T W(u_1, v_1, t_1) \\ X_2 (X^T W(u_2, v_2, t_2) X)^{-1} X^T W(u_2, v_2, t_2) \\ \vdots \\ X_n (X^T W(u_n, v_n, t_n) X)^{-1} X^T W(u_n, v_n, t_n) \end{bmatrix} \quad (8-103)$$

构建 F 统计量：

$$F = \frac{\left[\frac{(y'R_0 y) - (y'R_1 y)}{v}\right]}{\left[\frac{y'R_1 y}{\delta}\right]} \quad (8-104)$$

服从自由度为 (F_1, F_2) 的 F 分布，其自由度 F_1 和 F_2 的计算公式为：

$$F_1 = \frac{y'R_0 y}{y'R_1 y} \quad (8-105)$$

$$F_2 = \frac{y'(R_0 - R_1) y}{y'R_1 y} \quad (8-106)$$

本案例将 GTWR 模型和普遍应用的 OLS、GWR 模型的时空非平稳性进行对比，三种模型时空非平稳性检验的结果见表 8-75，在该表格中，第二列展示了 OLS、GWR 和 GTWR 模型的残差平方和（RSS），以及在 OLS 和 GWR 模型、OLS 和 GTWR 模型、GWR 和 GTWR 模型之间的结果差异，第三列展示了三种模型的自由度，第四列展示了根据残差平方和（RSS）和模型自由度（DF）计算的方差和（MS）结果，最后两列展示了 F 检验结果和 P 值，结果表示：①RSS 方面：GTWR 模型的 RSS 低于 GWR 和 OLS 模型；②F 检验值方面：以 OLS 与 GWR 模型的 F 检验值来看，研究区域内的交通需求数据具有显著的空间非平稳性，而以 GWR 与 GTWR 模型的 F 检验值来看，交通需求数据具有显著的时间非平稳性。因此使用基于 GTWR 的模型对本案例研究数据进行建模更为合理，且 GTWR 模型能对真实数据拟合地更好。由于交通需求通常是一个时空问题，因此 GTWR 模型能更好地处理具有时空非平稳性的数据。

表 8-75 三种模型的时空非平稳性检验结果

变量	RSS	DF	MS	F 检验	P 值
OLS 模型	2412026515	2594	929848	—	—
GWR 模型	1304349709	2533	514943	—	—
GTWR 模型	105614709	2509	42094	—	—
GWR/OLS 比较	110767805	61	18158636	35	0.00
GTWR/OLS 比较	2306411806	85	27134257	645	0.00
GTWR/GWR 比较	1198735001	24	49947292	1187	0.00

2. GTWR 模型介绍

GWR 模型中自变量的回归参数随空间地理位置的变化而变化，而 GTWR 模型中自变量的回归参数是随着时空位置的变化而变化。因此该模型相对 GWR 模型能较好地描述解释变量与因变量之间的时空关系，GTWR 模型的基本表达式如下：

$$y_i = \beta_0(u_i, v_i, t_i) + \sum_k \beta_k(u_i, v_i, t_i) X_{ik} + \varepsilon_i \tag{8-107}$$

式中，y_i 为第 i 个样本点的因变量值；(u_i, v_i) 为第 i 个样本点的经纬度坐标；t_i 为观测时间；X_{ik} 为第 i 个样本点的第 k 个解释变量；ε_i 为模型误差项；$\beta_0(u_i, v_i, t_i)$ 为第 i 个样本点的回归常数；$\beta_k(u_i, v_i, t_i)$ 为第 i 个样本点的第 k 个解释变量的回归系数。

（1）系数计算 在对第 i 个样本点的回归参数值 $\hat{\beta}_0(u_i, v_i, t_i)$，$\hat{\beta}_1(u_i,$

$v_i, t_i), \cdots, \hat{\beta}_k(u_i, v_i, t_i)$ 进行估计时利用最小二乘法的原理，以使得真实值与估计值之间的残差平方和 RSS 达到最小。

估计 $\beta_k(u_i, v_i, t_i)$ 的过程如下：

$$\sum_{i=1}^{n} W_{iuvt} \left[y_i - \beta_0(u_i, v_i, t_i) - \sum_k \beta_k(u_i, v_i, t_i) X_{ik} \right]^2 \quad (8-108)$$

估计回归系数的表达式如下：

$$\hat{\boldsymbol{\beta}}(u_i, v_i, t_i) = [\boldsymbol{X}^T \boldsymbol{W}(u_i, v_i, t_i) \boldsymbol{X}]^{-1} \boldsymbol{X}^T \boldsymbol{W}(u_i, v_i, t_i) \boldsymbol{Y} \quad (8-109)$$

式中，

$$\hat{\boldsymbol{\beta}}(u_i, v_i, t_i) = \begin{bmatrix} \hat{\beta}_0(u_i, v_i, t_i) \\ \hat{\beta}_1(u_i, v_i, t_i) \\ \cdots \\ \hat{\beta}_m(u_i, v_i, t_i) \end{bmatrix}; \quad \boldsymbol{Y} = \begin{bmatrix} Y_1 \\ Y_2 \\ \cdots \\ Y_n \end{bmatrix}; \quad \boldsymbol{X} = \begin{bmatrix} 1, & x_{11} \cdots x_{m1} \\ 1, & x_{12} \cdots x_{m2} \\ \cdots \\ 1, & x_{1n} \cdots x_{mn} \end{bmatrix}。$$

（2）构建时空权重矩阵　式（8-108）中 W_{iuvt} 为时空位置 i 的权重，GTWR 模型通过构建时空权重矩阵来决定其他样本点的值对回归样本点的影响比重，因此时空权重矩阵在 GTWR 模型的计算过程中起到核心作用，其形式为一个对角矩阵，表示为 $\boldsymbol{W}(u_i, v_i, t_i) = \mathrm{diag}(W_{1uvt}, W_{2uvt}, \cdots, W_{nuvt})$。构建时空距离权重矩阵 $\boldsymbol{W}(u_i, v_i, t_i)$ 的过程如下：运用欧式距离公式 $(d^S)^2 = (u_i - u_j)^2 + (v_i - v_j)^2$ 计算样本点间的空间距离，同理，运用 $(d^T)^2 = (t_i - t_j)^2$ 计算样本间的时间距离。时间距离和空间距离的测量单位不同，空间距离一般以米或千米为单位，时间距离通常以小时或天为单位。测量单位不同会对结果造成影响，因此，时空距离应进行如下计算：

$$(d^{ST})^2 = \lambda (d^S)^2 + \mu (d^T)^2 \quad (8-110)$$

式中，λ 和 μ 为平衡时空距离的权重。

在定义时空距离后，基于时空距离 d^{ST} 的时空距离矩阵便可以计算。权重函数具有两种类型：基于衰减的高斯函数和 bi-square 函数，其中高斯函数在以往的研究中经常被使用，其具体形式如下所示：

$$W_{ij} = \exp\left[-\frac{(d^{ST})^2}{h_{ST}^2} \right] \quad (8-111)$$

式中，h_{ST} 为带宽。

在整合时空距离和基于衰减的高斯函数后,权重矩阵可以表示为:

$$\begin{aligned}
W_{ij} &= \exp\left\{-\left[\frac{\lambda\left[(u_i-u_j)^2+(v_i-v_j)^2\right]+\mu(t_i-t_j)^2}{h_{ST}^2}\right]\right\} \\
&= \exp\left\{-\left[\frac{(u_i-u_j)^2+(v_i-v_j)^2}{h_S^2}+\frac{(t_i-t_j)^2}{h_T^2}\right]\right\} \\
&= \exp\left\{-\left[\frac{(d_{ij}^S)^2}{h_S^2}+\frac{(d_{ij}^T)^2}{h_T^2}\right]\right\} \\
&= \exp\left[-\frac{(d_{ij}^S)^2}{h_S^2}\right]\times\exp\left[-\frac{(d_{ij}^T)^2}{h_T^2}\right] \\
&= W_{ij}^S \times W_{ij}^T
\end{aligned} \quad (8-112)$$

式中,W_{ij}^S 为空间权重;$h_S^2 = h_{ST}^2/\lambda$;$h_T^2 = h_{ST}^2/\mu$。

根据时空距离公式,当样本点之间的时间一致时,参数 μ 为 0,时空距离值则为欧式空间距离;如果样本点之间的空间位置相同,那么参数 λ 为 0,当 μ 和 λ 都不为 0 时,在计算时空距离时应同时考虑时空异质性。

为了简化式(8-110),设置 $\tau = \mu/\lambda$,那么:

$$\frac{(d_{ij}^{ST})^2}{\lambda} = \left[(u_i-u_j)^2+(v_i-v_j)^2\right] + \tau(t_i-t_j)^2 \quad (8-113)$$

调整后的权重矩阵表示为:

$$W_{ij} = \exp\left\{-\frac{\left[(u_i-u_j)^2+(v_i-v_j)^2\right]+\tau(t_i-t_j)^2}{(h_S)^2}\right\} \quad (8-114)$$

如果 $W(u_i, v_i, t_i)$ 乘一个常数值,$\beta_k(u_i, v_i, t_i)$ 的估计值不会被影响,因此,权重矩阵只取决于一个参数 $\tau = \mu/\lambda$,τ 能平衡空间距离和时间距离的不同点,该值通过绘制与拟合度关系的曲线确定。

(3) 带宽优化 GTWR 模型的估计结果对带宽十分敏感,带宽选取过小,会使空间权重随距离的增加迅速衰减,带宽选取过大,会使权重随距离增大而衰减速度过缓,因此带宽选取过大或者过小,都会增加参数估计的误差,目前对于带宽优化的方法主要有赤池信息准则和交叉验证法,本案例通过交叉验证方法计算带宽 h_S,通过绘制 CV(h) 随参数 h_S 变化的曲线图观察残差平方和的波动情况,挑选出最优的参数 h_S。

$$\text{CV}(h) = \sum_i \left[y_i - y_{\neq i}(h_S)\right]^2 \quad (8-115)$$

式中,$y_{\neq i}(h_S)$ 为 GTWR 模型在 h_S 下的预测值。

3. 汽车出行需求的时空建模

（1）变量确定　基于上述确定的 12 个因素对每个交通小区每小时的出行需求进行时空加权回归分析。

（2）模型构建

$$y_i = \beta_0(u_i,v_i,t_i) + \sum_{k=1}^{12}\beta_k(u_i,v_i,t_i)X_{ik} + \varepsilon_i \qquad (8-116)$$

式中，y_i 为在特定观测时间内交通小区中小汽车的交通需求，即本次研究中的因变量；i 为交通小区的时空位置，即在某一特定观测时刻特定位置的交通小区；(u_i,v_i) 为交通小区的经纬度坐标；t_i 为观测时间；X_{ik} 为第 i 个交通小区的第 k 个解释变量（建成环境或家庭属性）；ε_i 为模型误差项；$\beta_0(u_i,v_i,t_i)$ 为第 i 个交通小区的回归常数；$\beta_k(u_i,v_i,t_i)$ 为第 i 个交通小区第 k 个解释变量的回归系数。

（3）时空权重矩阵和带宽确定　本案例将每个交通小区的形心作为回归点，运用高斯函数计算时空权重矩阵。

$$W_{ij} = \exp\left\{-\frac{[(u_i-u_j)^2+(v_i-v_j)^2]+\tau(t_i-t_j)^2}{(h_S)^2}\right\} \qquad (8-117)$$

式中，$(u_i-u_j)^2+(v_i-v_j)^2$ 为交通小区间的空间距离；$(t_i-t_j)^2$ 为汽车出行的时间距离。

同时利用 CV 值对带宽进行优化，运用 Matlab 软件计算带宽，在 CV 值最小时得到带宽为 0.1756。

8.9.4　案例分析

1. 系数对比

以 OLS 和 GWR 模型为对比，三个模型均以各个交通小区建成环境及家庭属性为自变量，以杭州市各个交通小区吸引量为因变量，运用 Matlab 软件进行回归估计，得到每个交通小区的建成环境及家庭属性对出行需求的影响系数，由于 GWR 模型和 GTWR 模型对每个参与回归的数据点都进行了参数估计，得到的回归系数样本量较大，因此本案例选取具有代表性的数据作为比较对象，见表 8-76。具体包括：最小值、25% 分位数、中位数、75% 分位数及最大值，其中 LQ 代表 25% 分位数，UQ 代表 75% 分位数。

表 8-76　OLS、GWR 和 GTWR 模型变量系数对比

变量	OLS	GWR（带宽=0.3283）					GTWR（带宽=0.1756）				
		min	LQ	MED	UQ	max	min	LQ	MED	UQ	max
截距	10	-61	2	7	14	57	-81	1	5	13	97
住宅	10	-744	-22	0	21	904	-1064	-22	0	9	855
企业	40	-1357	-90	-5	4	310	-1008	-72	-1	4	822
政府机构	-30	-1398	-29	0	41	1871	-708	-11	0	31	1339
娱乐场所	10	-604	-9	2	53	792	-1020	-1	2	47	1578
景区	-10	-5443	-86	0	7	1122	-2468	-38	0	4	1656
宾馆	-10	-1187	-1	1	77	1542	-1662	0	1	54	2512
医院	-20	-1077	-23	0	11	844	-860	-20	0	9	1284
学校	0	-1698	-21	1	65	1306	-854	-7	0	44	4601
公交站和地铁站	-10	-612	-6	3	86	1519	-1212	-4	1	58	1060
停车场	30	-2179	0	8	76	2723	-1708	-9	0	53	4532
住户	0	-989	-25	0	43	925	-1435	-17	0	34	936
房价	0	-227	-18	0	10	347	-395	-14	0	7	507

注：参数 $\times 10^{-4}$。

根据回归结果，发现以下现象：

1）基于 GWR 及 GTWR 模型得到的各个变量对交通需求的影响在一定范围内变化，并且每种类型变量对出行需求的影响系数有正有负，说明对出行需求的影响既有促进作用，也有抑制作用，即每一种类型变量对于不同交通小区出行需求的影响有所差异，意味着各个类型变量存在空间非平稳性，因此在对出行需求建模时，相对全局回归的 OLS 模型，GWR 模型与 GTWR 模型能较好地描述变量在空间上的变化。

2）OLS 模型各种类型变量系数的估计值变化范围均介于 GWR 模型的系数估计值变化范围之间，且 GWR 模型各个变量系数估计值的变化范围大多小于 GTWR 模型系数估计值的变化范围，即 GTWR 模型系数变化范围较为广泛，能更精确地对出行需求数据进行拟合。

2. 精度对比

通过 Matlab 软件对出行需求进行回归分析，得到 OLS 模型、GWR 模型及 GTWR 模型的拟合度和 AIC 值，结果见表 8-77。

表 8-77　OLS、GWR 及 GTWR 模型结果对比

模型	R^2	AIC
OLS	0.1069	358888.82
GWR	0.5324	34313.88
GTWR	0.9508	28414.02

AIC 为赤池信息准则，模型回归的好坏也可以通过该值的大小来判断，其表达式如下：

$$\text{AIC} = 2n\ln(\sigma') + n\ln(2\pi) + \frac{n(n+Tr(\boldsymbol{S}))}{n-2-Tr(\boldsymbol{S})} \qquad (8-118)$$

式中，n 为样本的数量；σ' 为误差项；$Tr(\boldsymbol{S})$ 为帽子矩阵的迹。

从表 8-77 可以看出：GTWR 模型的模拟结果优于 GWR 模型及 OLS 模型的模拟结果。

1) 拟合度方面：GTWR 模型在模型拟合度方面优于不考虑时空异质性的一般线性回归模型及仅考虑空间非平稳性的 GWR 模型，OLS 模型可以解释 10.69% 的交通需求变化情况，GWR 模型能解释 53.24% 的交通需求变化情况，而 GTWR 模型能解释 95.08% 的交通需求变化情况。

2) AIC 方面：GTWR 建模的结果相对优于 OLS 和 GWR 模型，OLS 模型的 AIC 为 358888.82，GWR 模型的 AIC 为 34313.88，GTWR 模型的 AIC 为 28414.02。

3. 稳定性对比

为了对三种模型的稳定性进行判别，本案例从整体数据中随机抽取了不同比例的数据进行模型验证，在不同数据比例下三种模型的表现情况见表 8-78，在不同比例的数据下，GTWR 模型的拟合度均处于较高水平，且变化幅度小于 OLS 和 GWR 模型，表明 GTWR 模型相对 OLS 与 GWR 模型有较好的稳定性。

表 8-78　不同数据比例下三种模型的表现情况

模型	100%	90%	80%	70%	60%
OLS	0.1069	0.1007	0.0968	0.0891	0.1073
GWR	0.5324	0.5048	0.5098	0.5007	0.5343
GTWR	0.9508	0.9611	0.9601	0.9480	0.9535

8.9.5　结论

GTWR 模型相对 OLS 和 GWR 模型，能较明显表现出各个变量对出行需求的时空影响，并以可视化形式展现。本部分基于前面 GTWR 模型的建模结果分析了建成环境和家庭属性对于汽车出行需求的时空影响，同时定量描述了一些交通特性。

1. 时间特性

本部分对不同类型的土地利用对一个交通小区（编号为 60）出行需求随时间变化的影响情况进行分析，图 8-108 展示了企业、政府机构和学校对汽车出行需求在一天中的影响情况，企业、政府机构及学校在早高峰期间对汽车交通需求的影响主要集中在 8:00—11:00 之间，晚高峰期间，企业和学校对汽车交通需求影响较大的时间段相对一致，政府机构对其影响的时间段不集中。

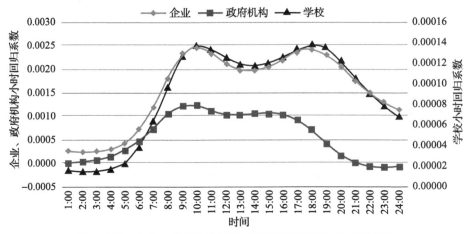

图 8-108　企业、政府机构及学校回归系数随时间的波动情况

为了定量描述高峰特性，本案例定义了一个参数"高峰指数" $\text{PEAK}_{i,k,t}$，表示第 i 个交通小区中第 k 个解释变量在早晚高峰期间（t = 早高峰或晚高峰）的高峰指数，按下式计算：

$$\text{PEAK}_{i,k,t} = \frac{\overline{\beta_{i,k,t}}}{\overline{\beta_{i,k}}} \tag{8-119}$$

式中，$\overline{\beta_{i,k,t}}$ 为第 i 个交通小区中第 k 个解释变量在早高峰或晚高峰期间系数 β 的平均值；$\overline{\beta_{i,k}}$ 为第 i 个交通小区中第 k 个解释变量在一天中系数 β 的平均值。

在早晚高峰期间高峰指数的空间分布情况如图 8-109 所示，总体来看，企业、政府机构和学校高峰指数的空间分布情况是相似的。杭州早高峰交通出行相对晚高峰较为繁忙，主要是因为早高峰时期企业、政府机构及学校等机构上班时间较为集中，晚高峰下班时间相对较为错峰。

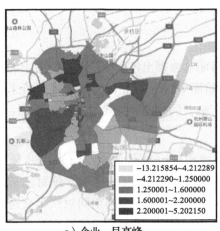

a）企业，早高峰

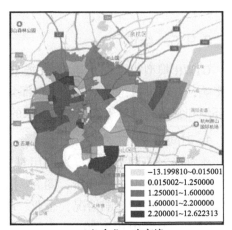

b）企业，晚高峰

图 8-109　早晚高峰期间的高峰指数空间分布

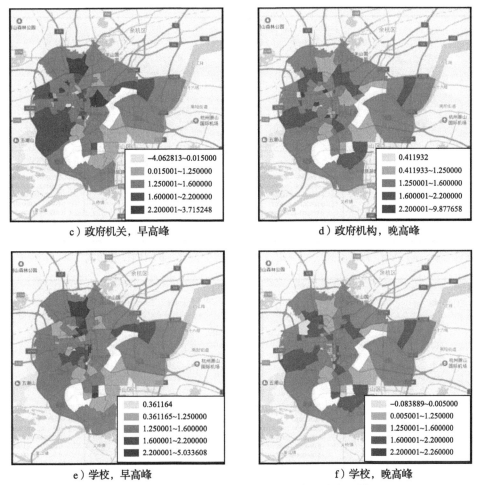

图 8-109 早晚高峰期间的高峰指数空间分布（续）

2. 空间特性

GWR 与 GTWR 模型一个重要特征是代表空间关系的系数能被可视化分析，将各类变量对于出行需求的影响程度更清晰展现。

（1）汽车与全方式出行需求间的对比　晚高峰期间住宅和娱乐场所对汽车和全方式出行需求影响系数的空间分布如图 8-110 所示。

（2）出行频率较高的私家车、出租车与全部汽车出行需求对比　根据 GTWR 模型的结果，本案例研究了建成环境对出行频率较高的私家车与出租车出行需求的影响情况，并将二者的出行情况与汽车整体出行需求进行对比，住宅和企业对出行频率较高的私家车、出租车与全部汽车出行需求影响系数的空间分布情况如图 8-111 所示，高频率私家车出行需求与出租车出行需求的空间分布情况较为相似，原因主要是高频率出行私家车可能通过滴滴或 Uber 等平台被用作网约车，

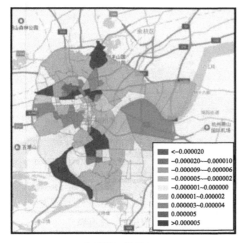
a）住宅，汽车

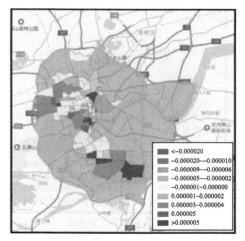
b）住宅，全方式

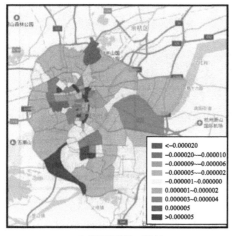
c）娱乐场所，汽车

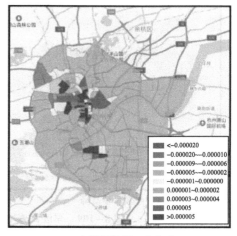
d）娱乐场所，全方式

图 8-110　晚高峰期间住宅和娱乐场所对汽车和全方式出行需求影响系数的空间分布（见彩插）

与出租车出行特征相似，图 8-111a、c、e 展示了住宅对出行需求的影响，与汽车出行总需求对比，住宅对高频率私家车与出租车出行需求的影响主要集中在离市中心不远的交通小区，这表明位于离市中心不远的交通小区的居民比住在郊区的交通小区的居民更倾向于采用网约车或者出租车的出行方式通勤，这主要与在长距离的通勤出行中，采取出租车出行方式花费的成本较高有关。图 8-111b、d、f 展示了企业对出行需求的影响，由此能观察到大学和高科技企业集中的交通小区（编号为 33）在通勤上班时，相对出租车和其他类型汽车出行方式，居民更倾向于乘坐高频率出行的私家车。

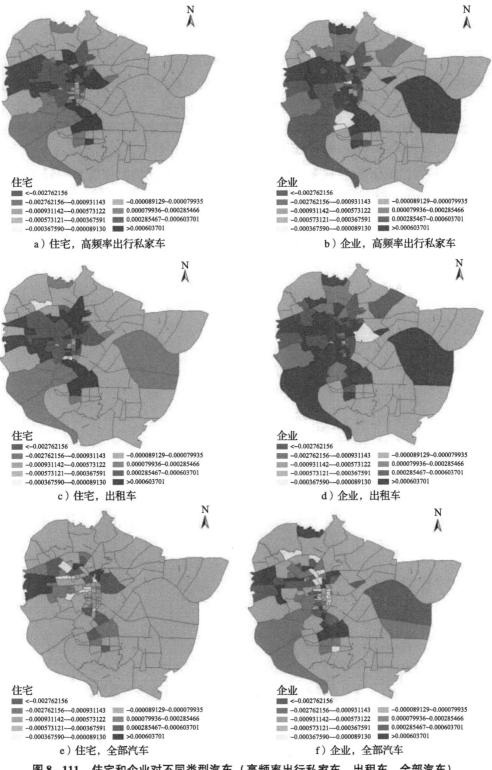

图8-111 住宅和企业对不同类型汽车（高频率出行私家车、出租车、全部汽车）出行需求影响系数的空间分布情况

3. 典型交通特性

（1）停车特性　近几年，汽车保有量的快速增长使停车需求逐渐增加，停车问题也成为一个影响城市交通状况的重要因素，提高现有停车场的使用效率是解决停车问题的一个有效方式。根据 GTWR 模型结果，通过对比由停车因素引起的汽车出行生成量和出行吸引量，能获得时空停车特性。选取四个有代表性的交通小区进行研究，其中两个位于市中心，两个位于郊区。在四个交通小区中，由停车因素引起的出行生成量和吸引量在一天中的变化情况如图 8-112 所示，在市中心，由停车引起的出行吸引量在一天中几乎一直大于出行生成量，表明市中心一直存在大量的停车需求，在郊区，早高峰期间，停车的出行生成量大于出行吸引量，表明郊区在早高峰期间存在空余停车位。

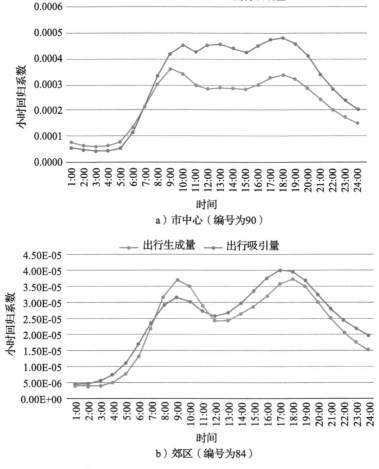

图 8-112　一天中由停车引起的出行生成量和出行吸引量的变化情况（见彩插）

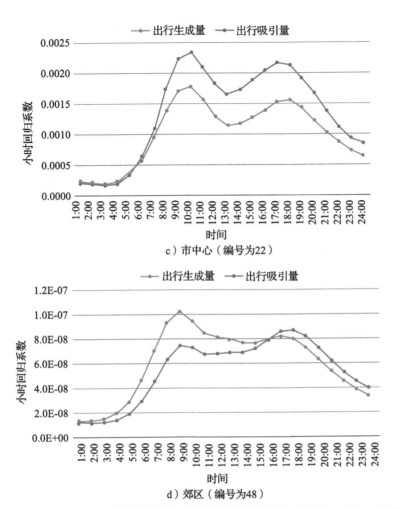

图 8-112 一天中由停车引起的出行生成量和出行吸引量的变化情况（续）（见彩插）

为了更直观地描述交通小区的停车特性，本案例定义了一个"停车指数 $PARK_{i,t}$"，停车指数表示停车供应量与停车需求量的比例，在时间 t 时第 i 个交通小区的停车指数按式（8-120）计算。

$$PARK_{i,t} = \frac{Generation_{i,t}}{Attraction_{i,t}} \qquad (8-120)$$

式中，$Generation_{i,t}$、$Attraction_{i,t}$ 分别为在时间段 t 时第 i 个交通小区的出行生成量和吸引量，停车指数比 1 小，则停车需求较大，停车指数比 1 大，则有剩余停车位。

主要交通小区的停车指数见表 8-79。根据表 8-79 的结果，可以看出位于郊区的交通小区停车指数变化较为明显，早高峰未见有较多的剩余停车位，晚高峰期间的停车需求较大。

表8-79 主要交通小区的停车指数

PARK$_{i,t}$	$t=8:00$	$t=13:00$	$t=18:00$	$t=23:00$
$i=22$（市中心）	0.80	0.69	0.73	0.77
$i=48$（郊区）	1.48	1.15	0.91	0.85

（2）房价对不同类型出行方式的影响 家庭属性尤其是收入水平对居民出行需求有影响，收入水平与居民选择的住房价格息息相关，因此房价对居民出行需求的影响也应纳入本案例的分析中，本部分将从此方面着手，通过分析房价对汽车出行需求和全方式出行需求的影响系数，获取房价与汽车和全方式出行的关系，图8-113展示了晚高峰期间房价对汽车出行需求影响系数与对全方式出行需求影响系数的比值随房价的变化情况。从图8-113可以看出，随着房价的升高，影响系数比值逐渐减小，即对汽车出行需求的影响相对降低，可能由于房价越高，周围配套设施越健全，采取公共交通出行越方便，而杭州经济水平较高，交通拥堵较为严重，居民更倾向于选择公共交通出行方式。

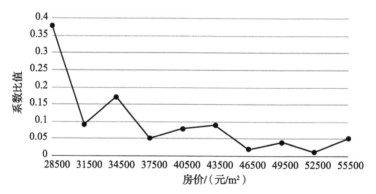

图8-113 影响系数比值随房价的变化情况

附 录

附录 A 路侧终端设备交互数据格式

表 A.1 交通流检测器信息

序号	数据项名称	类型	数据示例	描述及要求
1	进口方向 LaneDirection	字符	0x00	0x00：北 0x01：东 0x02：南 0x03：西 0x04：东北 0x05：东南 0x06：西南 0x07：西北
2	车道数目 LaneNum	整型	4	数字 1~N 表示
3	交通流实时信息 FlowRealtimeInfo	—	—	见表 A.2
4	交通流统计信息 Historical-StatisticsInfo	—	—	见表 A.3

表 A.2 断面检测器交通流实时信息

序号	数据项名称	类型	数据示例	描述及要求
1	车身长度 Length	整型	5	单位：m
2	车辆类型 VehicleType	字符	K	符合 GA/T 16.4—2012《道路交通管理信息代码 第4部分：机动车车辆类型代码》
3	车辆速度 Speed	整型	60	单位：km/h
4	时间占有率 Occupancy	浮点型	10.5	单位：0.5%
5	车头时距 HeadTime	浮点型	2.7	单位：0.1s

表 A.3 断面检测器交通流统计信息

序号	数据项名称	类型	数据示例	描述及要求
1	检测截止时间 DateTime	日期	2020-06-30 12:13:14	精确到秒 yyyy-MM-dd HH24:mi:ss
2	统计时长 Interval	整型	60	单位：s

(续)

序号	数据项名称	类型	数据示例	描述及要求
3	小型车流量 Volume1	整型	50	单位：pcu
4	大型车流量 Volume2	整型	50	单位：pcu
5	摩托车流量 Volume3	整型	50	单位：pcu
6	平均车长 AveLength	整型	5	单位：m
7	平均车头时距 AveHeadtime	浮点型	2.4	单位：0.1s
8	平均占有率 AveOccupancy	整型	15.5	单位：0.5%
9	平均车速 AveSpeed	整型	50	单位：km/h

表 A.4　区域检测器交通流实时信息

序号	数据项名称	类型	数据示例	描述及要求
1	车辆类型 VehicleType	字符	K	符合 GA/T 16.4—2012《道路交通管理信息代码　第4部分：机动车车辆类型代码》
2	车身长度 Length	整型	5	单位：m
3	车辆速度 Speed	整型	60	单位：km/h
4	即时位置	字符	116.407413, 39.904214	单精度浮点型数据，车辆当前位置经纬度符合 GA/T 543.9—2016《公安数据元(9)》DE01120
5	车头时距 HeadTime	浮点型	2.7	单位：0.1s
6	车身间距 HeadWay	整型	10	单位：m

表 A.5　区域检测器交通流统计信息

序号	数据项名称	类型	数据示例	描述及要求
1	检测截止时间 DateTime	日期	2020-06-30 12:13:14	精确到秒 yyyy-MM-dd HH24:mi:ss
2	统计时长 Interval	整型	60	单位：s
3	小型车流量 Volume1	整型	50	单位：pcu

(续)

序号	数据项名称	类型	数据示例	描述及要求
4	大型车流量 Volume2	整型	50	单位：pcu
5	摩托车流量 Volume3	整型	50	单位：pcu
6	平均车长 AveLength	整型	5	单位：m
7	平均车头时距 AveHeadtime	浮点型	2.4	单位：0.1s
8	平均占有率 AveOccupancy	整型	15.5	单位：0.5%
9	平均车速 AveSpeed	整型	50	单位：km/h
10	排队长度 QueueLength	整型	40	单位：m

表 A.6　视频检测器车辆信息

序号	数据项名称	类型	数据示例	描述及要求
1	车牌号码 VehicleID	字符	浙 xxxxxx	符合 GA/T 543.5—2012《公安数据元（5）》DE00307
2	车辆类型 VehicleType	字符	K	符合 GA/T 16.4—2012《道路交通管理信息代码　第4部分：机动车车辆类型代码》
3	车辆速度 Speed	整型	40	单位：km/h

表 A.7　视频检测器交通流统计信息

序号	数据项名称	类型	数据示例	描述及要求
1	统计时长 Interval	整型	2	整型，单位为分钟（min）
2	交通流量 Flow	整型	30	单位：pcu
3	平均车头时距 AveHeadtime	浮点型	1.6	单位：0.1s
4	平均速度 AveSpeed	整型	45	单位：km/h
5	密度 Density	整型	30	单位：pcu/km
6	车道排队长度 QueueLength	整型	26	单位：m

表 A.8 交通事件信息

序号	数据项名称	类型	数据示例	描述及要求
1	事件类型 EventType	字符	0x01	交通事件分类代码 0x01：交通事故 0x02：交通灾难 0x03：交通气象 0x04：路面状况 0x05：道路施工 0x06：交通管制 0x07：重大事件 0x09：其他
2	发生时间 StartTime	日期	2020-06-30 12:13:14	精确到秒 yyyy-MM-dd HH24:mi:ss
3	结束时间 EndTime	日期	2020-06-30 12:13:14	精确到秒 yyyy-MM-dd HH24:mi:ss
4	经度 Longitude	浮点型	116.407413	单精度浮点型数据
5	纬度 Latitude	浮点型	39.904214	单精度浮点型数据

表 A.9 电子警察、卡口车辆信息

序号	数据项名称	类型	数据示例	描述及要求
1	车牌号码 VehicleID	字符	浙xxxxxx	符合 GA/T 543.5—2012《公安数据元（5）》DE00307
2	车牌种类 PlateType	整型	01	符合 GA/T 16.7 与 GA/T 543.5 的要求（如 01-大型汽车，02-小型汽车，25-农机号牌，41-无号牌，42-假号牌，44-无法识别号牌种类，99-其他号牌）
3	车辆类型 VehicleType	字符	K	符合 GA/T 16.4—2012《道路交通管理信息代码 第4部分：机动车车辆类型代码》
4	过车时间 PassTime	日期	2020-06-30 12:13:14	精确到秒 yyyy-MM-dd HH24:mi:ss
5	车道方向 Direction	整型	1	1：左转车道 2：直行车道 3：右转车道
6	速度 Speed	整型	40	单位为千米每时（km/h）

表 A.10 电子警察、卡口交通流统计信息内容

序号	数据项名称	类型	数据示例	描述及要求
1	统计时长 Interval	整型	2	单位：分钟（min）
2	交通流量 VehFlow	整型	36	单位：pcu
3	平均速度 AveSpeed	整型	40	单位：km/h
4	平均车头时距 AveHeadtime	整型	5	单位：s
5	平均排队长度 AveQueueLength	整型	25	单位：m

表 A.11 RFID 射频检测器车辆信息

序号	数据项名称	类型	数据示例	描述及要求
1	当前时间 DateTime	日期	2020-06-30 12:13:14	精确到秒 yyyy-MM-dd HH24:mi:ss
2	车辆位置 VehiclePlace	浮点型	116.407413, 39.904214	检测器所在位置（经、纬度）
3	车辆类型 VehicleType	字符	0x00	0x00：小型客车 0x01：小型货车 0x02：中型货车 0x03：大型货车 0x04：中型货车 0x05：牵引车
4	车辆属性 VehicleAttribute	整型	1	0：非营运 1：营运 2：公共交通
5	车辆 ID VehicleID	字符	E00400002L731602	RFID 内存 ID 码

表 A.12 RFID 射频检测器交通流统计信息内容

序号	数据项名称	类型	数据示例	描述及要求
1	当前时间 DateTime	日期	2020-06-30 12:13:14	精确到秒 yyyy-MM-dd HH24:mi:ss
2	交通流量 Volume	整型	40	统计时段内通过道路某一点或某一断面的交通实体数量，单位：pcu
3	平均车速 AveSpeed	整型	40	某一路段车辆平均速度，单位：km/h
4	车道占有率 Occupancy	整型	20	单位长度路段上行驶的车辆总长占该路段长度的百分比，单位：%
5	平均车头时距 Headtime	整型	3	车辆通过某一断面的时间差，单位：s
6	平均车头间距 Headway	整型	10	单位：m

表 A.13 诱导屏交通运行信息

序号	数据项名称	类型	数据示例	描述及要求
1	当前时间 DATe Time	日期	2020-06-30 12:13:14	精确到秒 yyyy-MM-dd HH24:mi:ss
2	道路名称 RoadName	字符	—	参考 GB 2312 编码
3	车道类型 LaneType	字符	0x11	0x10：左转 0x11：直行 0x12：右转
4	道路拥堵程度 Crowding Degree	字符	0x00	0x00：畅通 0x01：基本畅通 0x02：轻度拥堵 0x03：中度拥堵 0x04：严重拥堵

表 A.14 诱导屏交通控制信息类型

序号	数据项名称	类型	数据示例	描述及要求
1	经度 Longitude	浮点型	116.407413	单精度浮点型数据，道路交通信号控制机经度（路口中间位置）
2	纬度 Latitude	浮点型	39.904214	单精度浮点型数据，道路交通信号控制机纬度（路口中间位置）
3	交通控制信息 Control Information	字符	0x01	0x01：公交优先 0x02：绿波控制 0x03：可变车道
4	控制信息内容	—	—	见表 A.15～表 A.17

表 A.15 诱导屏公交优先信息

序号	数据项名称	类型	数据示例	描述及要求
1	优先方式 PriorityMode	字符	0x01	0x01：绿灯延长 0x02：红灯缩短 0x03：插入相位
2	优先参数 PriorityPara	字符	直行绿灯时间延长 5s	绿灯延长时间或红灯缩短时间或插入相位号
3	公交优先描述字符长度 Describe	字符	给予直行公交车辆优先通行权	限制在 100 以内，至多 50 个汉字

表 A.16 绿波控制信息

序号	数据项名称	类型	数据示例	描述及要求
1	绿波速度 GreenwaveSpeed	整型	50	建议行驶速度，单位：km/h
2	绿波描述字符长度 Length	整型	50	限制在 100 以内，至多 50 个汉字
3	绿波控制描述 Describe	字符	建议绿波速度为 50km/h	文字简述

表 A.17 可变车道信息

序号	数据项名称	类型	数据示例	描述及要求
1	指示方向 Direction	字符	直行/左转	文字简述
2	可变车道描述 字符长度 Length	字符	50	限制在 100 以内，至多 50 个汉字
3	可变车道描述 Describe	字符	该车道在高峰期间为直行车道，在平峰期间为左转车道	文字简述

附录 B 边缘节点设备交互数据格式

表 B.1 交通流检测器信息

序号	数据项名称	类型	数据示例	描述及要求
1	进口方向 LaneDirection	字符	0x00	0x00：北 0x01：东 0x02：南 0x03：西 0x04：东北 0x05：东南 0x06：西南 0x07：西北
2	车道数目 LaneNum	整型	4	数字 $1\sim N$ 表示
3	交通流实时信息 FlowRealtimeInfo	—	—	见表 B.2、表 B.4
4	交通流统计信息 HistoricalStatistics	—	—	见表 B.3、表 B.5

表 B.2 断面检测器实时交通流信息

序号	数据项名称	类型	数据示例	描述及要求
1	车身长度 Length	整型	5	单位：m
2	车辆类型 VehicleType	字符	K	符合 GA/T 16.4—2012《道路交通管理信息代码　第4部分：机动车车辆类型代码》
3	车辆速度 Speed	整型	60	单位：km/h
4	时间占有率 Occupancy	浮点型	10.5	单位：0.5%
5	车头时距 HeadTime	浮点型	2.7	单位：0.1s

表 B.3 断面检测器交通流统计信息

序号	数据项名称	类型	数据示例	描述及要求
1	检测截止时间 DateTime	日期	2020-06-30 12:13:14	精确到秒 yyyy-MM-dd HH24:mi:ss
2	统计时长 Interval	整型	60	单位：s
3	小型车流量 Volume1	整型	50	单位：pcu
4	大型车流量 Volume2	整型	50	单位：pcu

(续)

序号	数据项名称	类型	数据示例	描述及要求
5	摩托车流量 Volume3	整型	50	单位：pcu
6	平均车长 AveLength	整型	5	单位：m
7	平均车头时距 AveHeadtime	浮点型	2.4	单位：0.1s
8	平均占有率 AveOccupancy	整型	15.5	单位：0.5%
9	平均车速 AveSpeed	整型	50	单位：km/h

表 B.4 区域检测器交通流实时信息

序号	数据项名称	类型	数据示例	描述及要求
1	车辆类型 VehicleType	字符	K	符合 GA/T 16.4—2012《道路交通管理信息代码 第4部分：机动车车辆类型代码》
2	车身长度 Length	整型	5	单位：m
3	车辆速度 Speed	整型	60	单位：km/h
4	即时位置	字符	116.407413, 39.904214	单精度浮点型数据，车辆当前位置经纬度符合 GA/T 543.9—2016《公安数据元(9)》DE01120
5	车头时距 HeadTime	浮点型	2.7	单位：0.1s
6	车身间距 HeadWay	整型	10	单位：m

表 B.5 区域检测器交通流统计信息

序号	数据项名称	类型	数据示例	描述及要求
1	检测截止时间 DateTime	日期	2020-06-30 12:13:14	精确到秒 yyyy-MM-dd HH24:mi:ss
2	统计时长 Interval	整型	60	单位：s
3	小型车流量 Volume1	整型	50	单位：pcu
4	大型车流量 Volume2	整型	50	单位：pcu
5	摩托车流量 Volume3	整型	50	单位：pcu
6	平均车长 AveLength	整型	5	单位：m

(续)

序号	数据项名称	类型	数据示例	描述及要求
7	平均车头时距 AveHeadtime	浮点型	2.4	单位：0.1s
8	平均占有率 AveOccupancy	整型	15.5	单位：0.5%
9	平均车速 AveSpeed	整型	50	单位：km/h
10	排队长度 QueueLength	整型	40	单位：m

表 B.6　视频检测器检测区域信息

序号	数据项名称	类型	数据示例	描述及要求
1	交叉口经纬度 Latitude and Longitude	浮点型	116.407413, 39.904214	单精度浮点型数据，路口中心点经纬度符合 GA/T 543.9—2016《公安数据元（9）》DE01120
2	摄像头方位 Camera Direction	字符	0b10000000	Bit [7-0] 该主机下摄像头的方位 0b10000000 西北方位摄像头 0b01000000 西方位摄像头 0b00100000 西南方位摄像头 0b00010000 南方位摄像头 0b00001000 东南方位摄像头 0b00000100 东方位摄像头 0b00000010 东北方位摄像头 0b00000001 北方位摄像头
3	车道数量 LaneNum	整型	3	1~N

表 B.7　机动车运行状态信息

序号	数据项名称	类型	数据示例	描述及要求
1	头部虚拟线圈检测数据 Head Detection Data	整型	1	Bit [0-1] 表示两次0.25s采样的占用状态 Bit [0]：0.25s时刻占有状态 0：无车辆占有头部虚拟线圈 1：有车辆占有头部虚拟线圈 Bit [1]：0.5s时刻占有状态 0：无车辆占有头部虚拟线圈 1：有车辆占有头部虚拟线圈 Bit [2]：固定值0 Bit [3]：固定值0 Bit [4-5]：头部检测区域流量，表示500ms内通过的车辆数 0~2为正常数据范围 3：表示数据溢出 说明：500ms内通过的车辆数是指500ms内，某车道新增的流量值

（续）

序号	数据项名称	类型	数据示例	描述及要求
1	头部虚拟线圈检测数据 Head Detection Data	整型	1	例如： 0 时刻，流量值为 10000，向信号机发送（10000 – 10000）= 0 0.5 时刻，流量值变为 10002，向信号机发送（10002 – 10000）= 2 1.0 时刻，流量值变为 10002，向信号机发送（10002 – 10002）= 0 Bit[6 – 7]：头部检测区域车型 0：无车 1：小型车或有车但算法无法识别或未实现 2：中型车 3：大型车
2	头部检测区域车头时距 HeadArea Headtime	浮点型	5.1	单位：0.1s 0：初始化值或表示统计中，等待下一辆车的进入 1~254：正常数据 255：表示溢出 注： 1. 统计时刻以车辆头部离开头部线圈为起点 2. 系统初始化时，该域填 0，表示等待第一车辆头部离开头部线圈 3. 第 n 辆车头部已离开头部线圈，等待第 $n+1$ 辆车头部已离开头部线圈，等待过程中该域填 0，若等待时间超过 25.4s，该域填 255
3	头部检测区域占有率 HeadArea Occupancy	整型	10	0.5s 内占有率，单位为%
4	尾部检测区域占有状态 TailArea State	整型	0	表示两次 0.25s 采样的占有状态 Bit[0]：0.25s 时刻占有状态 0：无车辆占有尾部虚拟线圈 1：有车辆占有尾部虚拟线圈 Bit[1]：0.5s 时刻占有状态 0：无车辆占有尾部虚拟线圈 1：有车辆占有尾部虚拟线圈 Bit[2 – 7] 固定值 0
5	尾部检测区域车头时距 TailArea Headtime	浮点型	6.8	单位：0.1s 0：初始化值或表示统计中，等待下一辆车的进入 1~254：正常数据 255：表示溢出 注： 1. 统计时刻以车辆头部离开尾部线圈为起点 2. 系统初始化时，该域填 0，表示等待第一辆车进头部离开尾部线圈 3. 第 n 辆车头部已离开尾部线圈，等待第 $n+1$ 辆车头部离开尾部线圈，等待过程中该域填 0，若等待时间超过 25.4s，该域填 255

（续）

序号	数据项名称	类型	数据示例	描述及要求
6	尾部检测区域车头占有率 TailArea Occupancy	整型	14	0.5s 内占有率，单位为%
7	车道排队长度 QueueLength	整型	101	0~253：正常排队长度，单位 m 254：排队溢出 255：排队数据无效
8	平均占有率 AveOccupancy	整型	10	单位：%
9	平均车头时距 AveHeadTime	浮点型	8.8	单位：0.1s
10	车道交通运行状态 State	字符	3	1：畅通 2：基本畅通 3：轻度拥堵 4：中度拥堵 5：严重拥堵

表 B.8 交通事件信息

序号	数据项名称	类型	数据示例	描述及要求
1	事件类型 EventType	字符	0x01	交通事件分类代码 0x01：交通事故 0x02：交通灾难 0x03：交通气象 0x04：路面状况 0x05：道路施工 0x06：交通管制 0x07：重大事件 0x09：其他
2	发生时间 StartTime	日期	2020-06-30 12:13:14	精确到秒 yyyy-MM-dd HH24:mi:ss
3	交通事件状态 Status	字符	1	1. 当交通拥堵时，表示拥堵程度： 0：未拥堵；1：交通拥堵 2. 当交通流溢出时，表示溢出状态： 2：未溢出；3：交通流溢出 3. 当车道异常占道时，表示异常占道状态： 4：未占道；5：异常占道 4. 当车道排队超限时，表示超限状态 6：未超限；7：排队超限
4	经度 Longitude	浮点型	116.407413	单精度浮点型数据
5	纬度 Latitude	浮点型	39.904214	单精度浮点型数据

表 B.9 非机动车检测信息

序号	数据项名称	类型	数据示例	描述及要求
1	非机动车实时检测数据本地时间 DateTime	日期	2020-06-30 12:13:14	精确到秒 yyyy-MM-dd HH24:mi:ss
2	检测区域状态 State	整型	0	0：区域没有非机动车 1：区域内有非机动车[备注：检测区域状态分等待区和过街两种。等待区：设置一个阈值，连续一段时间都超过门限为1(或超过最大忍耐时间为1)，其他为0。过街：当检测区域连续一段时间有非机动车该值为1，没人为0]
3	非机动车占有率 Occupancy	整型	10	检测区域内非机动车占有比率，单位：5%
4	非机动车数数 Num	整型	20	0~255
5	最大等待时间 MaxWaitingTime	整型	50	单位：s。等待区非机动车的最大等待时间，开关量取消后清零。最大等待时间：系统全都后从区域有非机动车开始计时计算，当无非机动车或超过最大忍耐时间或超过车数上限阈值时清零。下一个周期开始计时时刻为：1，如无非机动车，那么从第一辆车进入区域开始计时计算；2，如区域一直有非机动车，通过非机动车方向线统计来确定，在一定时间内没有非机动车经过方向线时，开始计时计算
6	非机动车速度 Speed	整型	15	单位：m/s
7	非机动车方向 Direction	整型	0	进入检测区域：0 离开检测区域：1

表 B.10 行人情况检测信息内容

序号	数据项名称	类型	数据示例	描述及要求
1	行人实时检测数据本地时间 DateTime	日期	2020-06-30 12:13:14	精确到秒 yyyy-MM-dd HH24:mi:ss
2	检测区域状态 State	整型	0	0：区域没有行人 1：区域内有行人[备注：检测区域状态分等待区和行人过街两种。等待区：设置一个阈值，连续一段时间都超过门限为1(或超过最大忍耐时间为1)，其他为0。行人过街：当检测区域连续一段时间有人该值为1，没人为0]
3	占有率	整型	8	范围：0~100%，行人在检测区域的占有量，单位：%
4	检测区域人数 Num	整型	20	0~255

（续）

序号	数据项名称	类型	数据示例	描述及要求
5	最大等待时间 MaxWaitingTime	整型	50	单位：s。等待区行人的最大等待时间，开关量取消后清零。行人过街区域忽略改值。最大等待时间：系统全都后从区域有人开始计时计算，当无人或超过最大忍耐时间或超过人数上限阈值时清零。下一个周期开始计时时刻为：1，如无人，那么从第一个人进入区域开始计时计算。2，如区域一直有人，通过行人方向线统计来确定，在一定时间内没有人经过行人方向线时，开始计时计算
6	行人速度 Speed	整型	3	单位：m/s
7	行人方向 Direction	整型	0	进入检测区域：0 离开检测区域：1

表 B.11 单点控制命令

序号	数据项名称	类型	数据示例	描述及要求
1	交叉口编号 CrossID	字符	2017030116_5178834	标识哪一个交叉口
2	交通流量 Volume	整型	30	单位时段内的交通流量，单位：pcu
3	平均车速 AveSpeed	整型	40	单位：km/h
4	平均车头时距 AveHeadtime	整型	10	单位：s
5	排队长度 QueueLength	整型	50	单位：m
6	控制命令 Control Command			见表 B.12

表 B.12 控制命令

序号	数据项名称	类型	数据示例	描述及要求
1	信号周期 CycleLength	整型	100	1~N 数字表示，单位：s
2	信号相位 PhaseSequence	字符	第一相位：东西进口道左转+直行；第二相位：南北进口道左转+直行	文字简述
3	阶段参数 StageParameter	字符	25，2，2，3	单位：s 一组数字分别表示绿灯时长，红灯时长，黄灯时长，全红时长

表 B.13 交通流参数信息

序号	数据项名称	类型	数据示例	描述及要求
1	截止时间 DateTime	日期	2020-06-30 12:13:14	精确到秒 yyyy-MM-dd HH24:mi:ss
2	统计周期 Interval	整型	50	单位：s
3	交通流量 Volume	整型	20	统计周期内通过的当量小客车数量，单位：辆
4	断面车辆平均速度 SectionAveSpeed	整型	20	单位：km/h
5	区间车辆平均速度 AreaAveSpeed	整型	26	单位：km/h
6	时间占有率 TimeOccupancy	整型	20	统计周期内车流占据车道的时间比率，单位：%
7	空间占有率 SpaceOccupancy	整型	20	统计周期内车辆占据车道空间的比率，单位：%
8	排队长度 QueueLength	整型	30	单位：m

表 B.14 交通运行状态信息

序号	数据项名称	类型	数据示例	描述及要求
1	当前时间	日期	2020-06-30 12:13:14	精确到秒 yyyy-MM-dd HH24:mi:ss
2	车道交通运行状态 LaneState	整型	1	1：畅通 2：基本畅通 3：轻度拥堵 4：中度拥堵 5：严重拥堵
3	进口道交通运行状态 EntranceState	整型	1	1：畅通 2：基本畅通 3：轻度拥堵 4：中度拥堵 5：严重拥堵

表 B.15 交通事件信息

序号	数据项名称	类型	数据示例	描述及要求
1	事件类型 EventType	字符	0x01	交通事件分类代码 0x01：交通事故 0x02：交通灾难 0x03：交通气象 0x04：路面状况 0x05：道路施工 0x06：交通管制 0x07：重大事件 0x09：其他

（续）

序号	数据项名称	类型	数据示例	描述及要求
2	发生时间 StartTime	日期	2020-06-30 12:13:14	精确到秒 yyyy-MM-dd HH24:mi:ss
3	结束时间 EndTime	日期	2020-06-30 12:13:14	精确到秒 yyyy-MM-dd HH24:mi:ss
4	经度 Longitude	浮点型	116.407413	单精度浮点型数据
5	纬度 Latitude	浮点型	39.904214	单精度浮点型数据

表 B.16 行人信息

序号	数据项名称	类型	数据示例	描述及要求
1	当前时间 Datetime	日期	2020-06-30 12:13:14	精确到秒 yyyy-MM-dd HH24:mi:ss
2	统计时长 Interval	整型	2	单位：min
3	占有率 Occupancy	整型	8	范围：0~100%，行人在检测区域的占有量，单位：%
4	检测区域人数 Num	整型	20	0~255
5	最大等待时间 MaxWaitingTime	整型	50	单位：s
6	行人平均速度 AveSpeed	整型	3	单位：m/s

表 B.17 非机动车信息

序号	数据项名称	类型	数据示例	描述及要求
1	当前时间 Datetime	日期	2020-06-30 12:13:14	精确到秒 yyyy-MM-dd HH24:mi:ss
2	统计时长 Interval	整型	2	单位：min
3	占有率 Occupancy	整型	10	检测区域内非机动车占有比率，单位：%
4	非机动车数 Num	整型	20	0~255
5	最大等待时间 MaxWaitingTime	整型	50	单位：s
6	非机动车平均速度 AveSpeed	整型	15	单位：m/s

附录 C 公安交管专网应用系统交互数据格式

表 C.1 信号灯数据格式

序号	名称	类型	数据示例	描述及要求
1	路口编号 CrossID	字符	2017030116_5178834	符合 GB/T 39900—2021
2	信号周期时间 SignalTime	字符	120	单位为秒(s)
3	信号阶段 SignalStage	整型	25	单位为秒(s)
4	路口相位灯态 PhaseLight	字符	红灯	11：灭灯，21：红灯，22：黄灯，23：绿灯，31：红黄
5	信号灯组方向 SignalDirect	整型	0	0：北，1：东北，2：东，3：东南，4：南，5：西南，6：西，7：西北

表 C.2 故障异常数据结构

序号	名称	类型	数据示例	描述及要求
1	故障编号 ErrorID	字符	4251462	符合 GB/T 39900—2021
2	路口编号 CrossID	字符	2017030116_5178834	符合 GB/T 39900—2021
3	联机状态 Offline	整型	1	0：脱机 1：联机
4	发生/清除时间 Occurrence/Clearance Time	日期	2021-06-28	符合 GA/T 543.6—2015《公安数据元(6)》DE00554
5	故障类型 ErrorType	字符	10：灯故障	10：灯故障 20：检测器故障 99：其他
6	故障清除标记 ErrorClearLabel	整型	1	0：未清除 1：已清除

表 C.3 勤务信息数据结构

序号	名称	类型	数据示例	描述及要求
1	勤务 Duty	字符	经十路	描述特殊勤务信息
2	线路名称 LineName	字符	经十路 (纬一路-燕山立交)	线性协调控制路线
3	路口编号 CrossID	字符	2017030116_5125322	干线上所有道路交叉口的唯一编号

（续）

序号	名称	类型	数据示例	描述及要求
4	路口名称 CrossName	字符	经十路-纬一路	干线上所有道路交叉口的名称，由相交的所有路名组成
5	开始时间 StartTime	字符	2021-06-28 08:38:00	yyyy-MM-dd HH:mm:ss
6	结束时间 EndTime	字符	2021-06-28 10:38:00	yyyy-MM-dd HH:mm:ss

表 C.4 事件信息数据结构

序号	名称	类型	数据示例	描述及要求
1	事件类型 EventType	字符	路面损毁	描述事件的类型
2	发生地点id LocationID	字符	2017030116_5125322	描述事故位置
3	发生地点名称 LocationName	字符	经十路-纬一路，	事故位置名称
4	发生时间 OccurenceTime	字符	2017-03-01 10:38:00	yyyy-MM-dd HH:mm:ss

表 C.5 交通状态数据结构

序号	名称	类型	数据示例	描述及要求
1	交通流量 TrafficFlow	整型	734	描述交通流量(pcu/h)
2	平均车速 AverageSpeed	浮点	56.43	小数2位，单位：千米每时(km/h)
3	平均车头时距 AverageHeadway	浮点	2.5	单位：秒/辆(s/辆)
4	平均排队长度 AverageQueueLength	浮点	52.4	单位：米(m)

表 C.6 监视设备状态结构

序号	名称	类型	数据示例	描述及要求
1	设备编号 MonitoringID	字符	3412541	设备编号。取值见GA/T 1043—2013中附录A
2	设备工作状态 Value	整型	11	11：正常在线；12：脱机、断线；13：异常故障

表 C.7 监视设备数据结构

序号	名称	类型	数据示例	描述及要求
1	监视方向 MonitoringDirect	整型	1	0：北 1：东北 2：东 3：东南 4：南 5：西南 6：西 7：西北
2	开始时间 StartTime	字符	08:38:00	录制视频开始时间
3	结束时间 EndTime	字符	23:45:00	录制视频结束时间

表 C.8 监视设备故障数据结构

序号	名称	类型	数据示例	描述及要求
1	故障设备编号 ErrorID	字符	3541275	设备编号。取值见 GA/T 1043—2013 中附录 A
2	故障设备类型 ErrorType	整型	1	1 视频信号丢失(无视频信号) 2 视频质量下降 3 通信故障 4 存储设备故障(硬盘满、硬盘读写错误) 5 PTZ 故障 6 非法访问(如多次使用错误密码尝试登录) 7 自定义故障 8 自定义故障 9 其他故障
3	故障描述 ErrorDescription	整型	3	通信故障
4	故障发生时间 ErrorOccurTime	字符	09:23:15	出现故障的时间

表 C.9 勤务信息数据结构

序号	名称	类型	数据示例	描述及要求
1	勤务信息 Duty	字符	经十路线性协调控制	描述特殊勤务信息
2	线路名称 LineName	字符	经十路 (纬一路-燕山立交)	线性协调控制路线
3	路口编号 CrossID	字符	2017030116_5125322	干线上所有道路交叉口的唯一编号
4	路口名称 CrossName	字符	经十路-纬一路	干线上所有道路交叉口的名称，由相交的所有路名组成
5	开始时间 StartTime	字符	2017-03-01 08:38:00	yyyy-MM-dd HH:mm:ss
6	结束时间 EndTime	字符	2017-03-01 10:38:00	yyyy-MM-dd HH:mm:ss

表 C.10 预案信息数据结构

序号	名称	类型	数据示例	描述及要求
1	预案信息 EventType	字符	追尾事故	描述预案信息
2	线路名称 LineName	字符	经十路（纬一路－燕山立交）	出警控制路线
3	路口编号 CrossID	字符	2017030116_5125322,	描述事故位置编号
4	路口名称 CrossName	字符	经十路－纬一路	事故位置
5	开始时间 StartTime	字符	2017-03-01 08:38:00	yyyy-MM-dd HH:mm:ss
6	结束时间 EndTime	字符	2017-03-01 12:49:00	yyyy-MM-dd HH:mm:ss

表 C.11 车道交通流数据

序号	数据项名称	类型	数据示例	描述及要求
1	检测地点编号 LocationID	浮点型	116,39,01	取值见 GA/T 16.33—2012
2	车道序号 LaneNo	整型	1	取值见 GA/T 1049.2—2013 中表 B.11 中的车道序号
3	交通量/交通流量 Volume	整型	540	单位：机动车、非机动车/h
4	流率 FlowRate	整型	150	当量小时流量，单位：辆/h
5	平均速度 Speed	整型	50	单位：km/h
6	平均时间占有率 Occupancy	整型	30	单位：%
7	车头时距 HeadTime	整型	5	单位：s
8	平均车长 Length	整型	8	单位：m
9	空间占有率 Occupancy	整型	30	单位：%
10	小型车辆数 Volume1	整型	50	单位：辆/单位时间
11	大型车辆数 Volume2	整型	50	单位：辆/单位时间
12	摩托车数 Volume3	整型	50	单位：辆/单位时间
13	车辆类型比例 VehicleTypeRatio	整型	1.5	大小车辆类型比例

表 C.12 路段交通流数据

序号	数据项名称	类型	数据示例	描述及要求
1	路段编号 RoadSegID	浮点型	116,39,01	取值见 GA/T 16.33—2012 中的前 9 位编码
2	交通量/交通流量 Volume	整型	540	单位：机动车、非机动车/h
3	流率 FlowRate	整型	150	当量小时流量，单位：辆/h
4	平均速度 Speed	整型	50	单位：km/h
5	平均时间占有率 Occupancy	整型	30	单位:%
6	车头时距 HeadTime	整型	5	单位：s
7	平均车长 Length	整型	8	单位：m
8	空间占有率 Occupancy	整型	30	单位:%
9	小型车辆数 Volume1	整型	50	单位：辆/单位时间
10	大型车辆数 Volume2	整型	50	单位：辆/单位时间
11	摩托车数 Volume3	整型	50	单位：辆/单位时间
12	车辆类型比例 VehicleTypeRatio	整型	1.5	大小车辆类型比例

表 C.13 交叉口交通流数据

序号	数据项名称	类型	数据示例	描述及要求
1	交叉口编号 CrossingsNo	浮点型	116,39,01	取值见 GA/T 16.33—2012 中的前 9 位编码
2	信号相位 SignalPhase	字符	东西直行	东西直行、南北直行、东西左转或掉头、南北左转或掉头、东西右转、南北右转
3	进口道流量 InletVolume	整型	50	各相位方向下的进口道车流量，单位：机动车、非机动车/h
4	进口道车辆比例 InletVehicleTypeRatio	整型	1.5	大小车辆类型比例
5	行人流量 PedVolume	整型	50	各信号相位下的行人流量，单位：人/h
6	非机动车流向 Non-motoDirection	整型	东南，西北	取值见 GA/T 1049.2—2013 附录 B 中表 B.8
7	自行车数 Volume1	整型	20	单位：辆/单位时间
8	三轮车数 Volume2	整型	20	单位：辆/单位时间
9	非机动车类型比例 Non-motoTypeRatio	整型	1.4	各种非机动车辆类型比例

表 C.14 违法监控点信息

序号	数据项名称	类型	数据示例	描述及要求
1	监控点编号 MonitorSiteID	浮点型	116,39,01	区域编号+5位数字
2	监控点名称 MonitorSiteName	字符	区间测速	监控点名称
3	监控点类型 MonitorSiteType	字符	测速	取值见 GA/T 16.41
4	位置描述 LocationDesc	浮点型	116,34,01	位置描述
5	地点编号 LocationID	浮点型	116,39,02	取值见 GA/T 16.33—2012
6	方向代码 Direction	浮点型	东,西,南,北	指路口进口道的方向,或路段车辆行驶方向。取值见 GA/T 1049.2—2013 中表 B.8 方向取值表

表 C.15 违法行为记录信息

序号	数据项名称	类型	数据示例	描述及要求
1	设备编号 FieldDeviceID	浮点型	116,39,01	取值见表 B.5 中道路交通技术监控设备编号
2	违法时间 DateTime	日期	2021-07-06 10:24:30	格式:yyyy-MM-dd HH:mm:ss
3	违法地点 Location	浮点型	116,35,01	取值见 GA/T 16.33—2012
4	违法类型 ViolationType	字符	6045	取值见 GA/T 16.31
5	车牌号码 LicenseNumber	字符	渝 xxxxxx	车牌号码
6	车牌种类 LicenseType	字符	2045	取值见 GA/T 16.7

表 C.16 交通路况信息

序号	数据项名称	类型	数据示例	描述及要求
1	节目编号 ProgramID	字符	124523313221457	由交通信息发布系统给出
2	交叉口或路段编号 LocationID	字符	2017030116_5178834	交叉口或路段编号
3	交叉口或路段名称 LocationName	字符	纬二路-经一路	交叉口或路段名称
4	方向 Direction	字符	1	交叉口或路段所在方向
5	通行状态 RoadStatus	字符	1	0:无数据;1:拥堵;2:缓慢;3:畅通
6	平均车速 Speed	整型	50	单位:km/h
7	检测时间 DetectTime	日期	2020-06-30 12:13:14	精确到秒 yyyy-MM-dd HH24:mi:ss
8	文件URL FileURL	字符	http://www.mca.gov.cn.html	文件URL

表 C.17 交通管制信息

序号	数据项名称	类型	数据示例	描述及要求
1	节目编号 ProgramID	字符	124523313221457	由交通信息发布系统给出
2	管制类型 ManagementType	字符	禁行	交通管制的类型。如禁行，限车型，单行
3	管制原因 Reason	字符	道路过于拥挤	交通管制的原因。文字简述
4	管制内容 Content	字符	实行单向通行	交通管制的具体内容。文字简述
5	开始时间 StartTime	日期	2020-06-30 12:13:14	精确到秒 yyyy-MM-dd HH24:mi:ss
6	结束时间 EndTime	日期	2020-06-30 12:13:14	精确到秒 yyyy-MM-dd HH24:mi:ss
7	文件URL FileURL	字符	http://www.mca.gov.cn.html	文件 URL

表 C.18 道路施工信息

序号	数据项名称	类型	数据示例	描述及要求
1	节目编号 ProgramID	字符	124523313221457	由交通信息发布系统给出
2	施工内容 Content	字符	路基防护与加固	道路的施工内容。文字简述
3	影响范围 Affect	字符	116.99717, 36.66904; 117.17454, 38.24254	影响范围，由一组坐标点经纬度组成的闭合区域，经纬信息用逗号分隔，多个位置坐标用分号分隔，符合 GA/T 543.9—2016《公安数据元(9)》DE01119、DE01120。文字简述
4	开始时间 StartTime	日期	2020-06-30 12:13:14	精确到秒 yyyy-MM-dd HH24:mi:ss
5	结束时间 EndTime	日期	2020-06-30 12:13:14	精确到秒 yyyy-MM-dd HH24:mi:ss
6	文件URL FileURL	字符	http://www.mca.gov.cn.html	文件 URL

表 C.19 交通事故信息

序号	数据项名称	类型	数据示例	描述及要求
1	节目编号 ProgramID	字符	124523313221457	由交通信息发布系统给出
2	事故类型 AlramType	字符	01	交通事故的类型
3	事故内容 Content	字符	发生两车相撞事故	交通事故内容简述，文字简单描述事故情况

（续）

序号	数据项名称	类型	数据示例	描述及要求
4	发生时间 OccurTime	日期	2020-06-30 12:13:14	精确到秒 yyyy-MM-dd HH24:mi:ss
5	发生地点 Location	字符	纬二路-经一路	交通事故的发生地点，文字简述
6	影响范围 Affect	字符	116.99717,36.66904; 117.17454,38.24254	影响范围，由一组坐标点经纬度组成的闭合区域，经纬信息用逗号分隔，多个位置坐标用分号分隔，符合 GA/T 543.9—2016《公安数据元(9)》DE01119、DE01120。文字简述
7	经度 Longitude	浮点型	116.407413	单精度浮点型数据
8	纬度 Latitude	浮点型	39.904214	单精度浮点型数据
9	文件URL FileURL	字符	http://www.mca.gov.cn.html	文件URL

表C.20 交通事件信息

序号	数据项名称	类型	数据示例	描述及要求
1	节目编号 ProgramID	字符	124523313221457	由交通信息发布系统给出
2	事件类型 EventType	字符	01	取值见表C.21，除编号01以外的类型
3	事件内容 Content	字符	因路面结冰导致交通事故	交通事件内容简述，文字简单描述事件情况
4	发生时间 OccurTime	日期	2020-06-30 12:13:14	精确到秒 yyyy-MM-dd HH24:mi:ss
5	发生地点 Location	字符	纬二路-经一路	交通事件的发生地点。文字简述
6	影响范围 Affect	字符	116.99717,36.66904; 117.17454,38.24254	影响范围，由一组坐标点经纬度组成的闭合区域，经纬信息用逗号分隔，多个位置坐标用分号分隔，符合 GA/T 543.9—2016《公安数据元(9)》DE01119、DE01120。文字简述
7	经度 Longitude	浮点型	116.407413	单精度浮点型数据
8	纬度 Latitude	浮点型	39.904214	单精度浮点型数据
9	文件URL FileURL	字符	http://www.mca.gov.cn.html	文件URL

表 C.21 事件类型

序号	值	说明
1	01	交通事故
2	02	车辆抛锚
3	03	货物散落
4	04	路面积水
5	05	路面积雪
6	06	路面结冰
7	07	路面损毁
8	08	煤气管爆裂
9	09	自来水管爆裂
10	10	道路施工
11	11	雾
12	12	雪
13	13	雨
14	14	大风
15	15	路边火警
16	16	沙尘暴
17	99	其他

表 C.22 停车场位信息

序号	数据项名称	类型	数据示例	描述及要求
1	节目编号 ProgramID	字符	124523313221457	由交通信息发布系统给出
2	停车场编号 ID	字符	53488	停车场的编号
3	停车场名称 Name	字符	华清嘉园地下停车场	停车场的名称
4	停车场方位信息 Location	字符	成府路与中关村东路交叉口	停车场方位信息
5	停车场类型 Type	字符	1	停车场类型。1：路内；2：地面；3：地下；4：高层
6	当前空余车位 CurrentPort	整型	100	当前空余车位数量
7	总车位 TotalPort	整型	200	总车位数量
8	检测时间 DetectTime	日期	2020-06-30 12:13:14	精确到秒 yyyy-MM-dd HH24:mi:ss
9	文件URL FileURL	字符	http://www.mca.gov.cn.html	文件 URL

表 C.23 其他信息

序号	数据项名称	类型	数据示例	描述及要求
1	节目编号 ProgramID	字符	124523313221457	由交通信息发布系统给出
2	内容描述 Content	字符	交通诱导可变标志信息	其他发布信息的内容描述
3	文件URL FileURL	字符	http://www.mca.gov.cn.html	文件 URL

表 C.24 交通事件检测设备信息

序号	数据项名称	类型	数据示例	描述及要求
1	设备编号 DeviceID	字符	3412541	设备编号
2	设备类型 DeviceType	字符	1	检测设备类型。0：视频，1：线圈，2：地磁，3：微波，4：超声波，5：红外检测器，9：其他
3	区域编号 RegionID	字符	370103001	检测设备所属区域编号
4	地点名称 LocationDesc	字符	纬二路－经一路	交通事件检测设备所在地点的简称
5	交叉口或路段编号 LocationID	字符	2017030116_5178834	交叉口或路段编号
6	方向 Direction	字符	1	检测方向

表 C.25 交通事件信息

序号	数据项名称	类型	数据示例	描述及要求
1	事件编号 EventID	字符	370103210701000001	18位唯一值编号，前6位为行政区划代码（按GB/T 2260），中间6位为日期代码（年月日，yy-MM-dd），后6位为数字顺序号
2	事件来源 EventSource	字符	1	1：接处警系统；2：交通事件检测设备
3	事件类型 EventType	整型	1	取值见表 C.26
4	发生时间 OccurTime	日期	2020-06-30 12:13:14	精确到秒 yyyy-MM-dd HH24:mi:ss
5	发生地点 OccurAddress	字符	纬二路－经一路	取值见 GA/T 16.33—2012
6	行政区划 AdminDivision	字符	370103	所属行政区划

（续）

序号	数据项名称	类型	数据示例	描述及要求
7	接警单编号 AlarmListID	字符	12514541234	在事件来源取值为2时为空
8	报警时间 AlarmTime	日期	2020-06-30 12:13:14	精确到秒 yyyy-MM-dd HH24:mi:ss 在事件来源取值为2时为空
9	报警电话 AlarmPhone	字符	0579-13012345678	在事件来源取值为2时为空
10	报警人 AlarmPerson	字符	王××	在事件来源取值为2时为空
11	警情级别 AlarmLevel	整型	1	1：一般；2：重大；3：特别重大。在事件来源取值为2时为空
12	报警内容 AlarmContent	字符	纬二路-经一路口发生交通事故	在事件来源取值为2时为空

表 C.26 交通事件类型取值表

序号	值	说明
1	1	交通事故
2	2	自然灾害
3	3	恶劣天气
4	4	严重违法行为
5	5	路面损毁
6	6	交通拥堵
7	7	货物散落
8	20	特殊事件
9	99	其他事件

表 C.27 接处警处置信息

序号	数据项名称	类型	数据示例	描述及要求
1	事件编号 EventID	字符	0124545122	唯一
2	处警单编号 HandleListID	字符	2345457412	唯一
3	处警单位代码 PoliceDept	字符	00002888X	唯一
4	处警警员警号 PoliceID	字符	XX0123	唯一
5	处置时间 HandleTime	日期	2020-06-30 12:13:14	精确到秒 yyyy-MM-dd HH24:mi:ss
6	上报时间 ReportTime	日期	2020-06-30 12:13:14	精确到秒 yyyy-MM-dd HH24:mi:ss
7	处置状态 HandleStatus	整型	1	取值1：正在处置；2：处置完成
8	处置内容 HandleContent	字符	现场事故处理	文字简单描述处置内容

附录 D 跨领域应用系统平台交互数据格式

表 D.1 公交车辆信息

序号	数据项名称	类型	数据示例	描述及要求
1	车辆 BusID	字符	012976	车辆的唯一识别代码
2	座位数 SeatCount	整型	35	单位：座
3	车牌号码 LicenseNumber	字符	渝×××××	车牌号码
4	车牌种类 LicenseType	字符	2045	取值见 GA/T 16.7

表 D.2 公交线路信息

序号	数据项名称	类型	数据示例	描述及要求
1	线路 ID RouteID	字符	303	线路的唯一识别代码
2	线路名称 RouteName	字符	交大－工商	线路的名称
3	班次类型 SeqType	整型	0/1	0：固定间隔；1：灵活间隔

表 D.3 公交站点信息

序号	数据项名称	类型	数据示例	描述及要求
1	站点 ID StationID	字符	116.26，34.56，01	站点 ID
2	站点名称 StationIName	字符	七公里	各站公交站点名称
3	站点位置 StationIPosition	浮点型	116.26，34.56	站点的经纬度
4	所属区域 RegionLevel	字符	0/1	0：主城区；1：近郊区

表 D.4 公交运行信息

序号	数据项名称	类型	数据示例	描述及要求
1	载客数 LeftPNum	整型	45	单位：人
2	公交到站时间 ArrivalDate	字符	10:35	时间
3	公交离站时间 DepartureDate	字符	10:36	时间

表 D.5 公交实时定位信息

序号	数据项名称	类型	数据示例	描述及要求
1	记录时间 RecDateTime	字符	2021-07-06 10:35:35	记录时间
2	经度 Longtude	浮点型	116.25	经度
3	纬度 Latitude	浮点型	35.12	纬度
4	GPS速度 GPS Speed	整型	35	公交的GPS速度
5	方向角 RotationAngle	整型	30°	公交的方向角

表 D.6 交通运行信息

序号	数据项名称	类型	数据示例	描述及要求
1	时间戳 DateTime	日期	2021-06-24 12:10:00	格式：yyyy-MM-dd HH:mm:ss
2	路段名称 RoadName	字符	余杭塘路-丰潭路	常规描述字符
3	路段起点 StartPositon	字符	116.453632, 39.912532	路段起点位置坐标。经纬信息用逗号分隔
4	路段终点 EndPositon	字符	116.407413, 39.904214	路段终点位置坐标。经纬信息用逗号分隔
5	实时速度 Speed	整型	50	路段上实时平均速度，单位：km/h
6	交通状态 State	字符	1	0：畅通 1：缓行 2：拥堵 3：严重拥堵

表 D.7 交通事件信息

序号	数据项名称	类型	数据示例	描述及要求
1	事件开始时间 StartTime	日期	2021-06-24 12:10:00	格式：yyyy-MM-dd HH:mm:ss
2	事件结束时间 EndTime	日期	2021-06-24 12:10:00	格式：yyyy-MM-dd HH:mm:ss
3	事件类型 Type	字符	0x01	0x00：交通事故 0x01：交通灾难 0x02：交通气象 0x03：路面状况 0x04：道路施工 0x05：交通管制 0x06：重大事件 0x09：其他
4	事件发生位置 AreaPoint	字符	116.407413, 39.904214	经纬度信息用逗号分隔

表 D.8 公交优先交叉口信息

序号	数据项名称	类型	数据示例	描述及要求
1	交叉口编号 CrossID	字符	2017030116_5178834	符合 GB/T 39900—2021
2	交叉口名称 CrossName	字符	文一路－教工路	公交优先的交叉名称
3	交叉口中心位置坐标 Position	浮点型	116.34，39.56	取值见 GA/T 16.33—2012 中的前 9 位编码
4	公交优先时段 Bus Priority Time	字符	06:00～09:00	公交优先的时间段，早中晚时间段

表 D.9 路段速度管控

序号	数据项名称	类型	数据示例	描述及要求
1	路段名称 SectionName	字符	文一路	常规描述字符
2	管控速度 ControlSpeed	整型	60	单位：km/h
3	管控类型 ControlType	字符	1	0：静态限速 1：动态限速 2：协调推荐车速
4	开始时间 StartTime	日期	2021-06-24 12:10:00	格式：yyyy-MM-dd HH:mm:ss
5	路段经过点位置坐标 Position	字符	4	经纬度信息用逗号分隔

表 D.10 行驶轨迹数据结构

序号	数据项名称	类型	数据示例	描述及要求
1	时间戳 Timestamp	数值型	1501584540	UNIX 时间戳，单位：s
2	推送频率 PushFrequency	数值型	10	按周期推送
3	经度 Longitude	数值型	118.86061822	GCJ-02 坐标系
4	纬度 Latitude	数值型	32.01803168	GCJ-02 坐标系
5	速度 Speed	数值型	40	单位：km/h
6	当前所在 Link 上 LinkID	数值型	5958875911 808884835	按一定规则为编制的代码
7	当前 Link 上已通过距离 LinkDistance	数值型	1000	单位：m

表 D.11 区域运行数据结构

序号	数据项名称	类型	数据示例	描述及要求
1	时间戳 Timestamp	数值型	1501584540	UNIX 时间戳,单位:s
2	时间段 Period	数值型	10	统计周期,单位:s
3	推送频率 PushFrequency	数值型	10	按周期推送
4	经度 Longitude	数值型	118.86061822	GCJ-02 坐标系
5	纬度 Latitude	数值型	32.01803168	GCJ-02 坐标系
6	当前所在 link LinkID	数值型	5958875911 808884835	按一定规则为编制的代码
7	流量 Flow	数值型	1000	统计周期内过车数,单位:辆
8	密度 Density	数值型	500	单位:辆/km
9	点速度 PointSpeed	数值型	40	单位:km/h
10	线速度 LineSpeed	数值型	40	单位:km/h

表 D.12 订单信息数据结构

序号	数据项名称	类型	数据示例	描述及要求
1	开始时间 StartTime	字符型	2017-09-20 07:29:42	开始时间,格式 yyyy-MM-dd HH:mm:ss
2	结束时间 EndTime	字符型	2017-09-20 07:44:52	预计结束时间,格式 yyyy-MM-dd HH:mm:ss
3	上车位置经度 OriginLong	数值型	104.11225	GCJ-02 坐标系
4	上车位置纬度 OriginLat	数值型	30.66703	GCJ-02 坐标系
5	下车位置经度 DestinationLong	数值型	104.07403	GCJ-02 坐标系
6	下车位置纬度 DestinationLat	数值型	30.6863	GCJ-02 坐标系

表 D.13 运行状态数据结构

序号	数据项名称	类型	数据示例	描述及要求
1	开始时间 StartTime	字符型	2017-09-20 07:29:42	开始时间,格式 yyyy-MM-dd HH:mm:ss
2	结束时间 EndTime	字符型	2017-09-20 07:44:52	预计结束时间,格式 yyyy-MM-dd HH:mm:ss
3	经度 Longitude	数值型	118.86061822	GCJ-02 坐标系
4	纬度 Latitude	数值型	32.01803168	GCJ-02 坐标系
5	速度 Speed	数值型	40	单位:km/h
6	当前所在 link LinkID	数值型	5958875911 808884835	按一定规则为编制的代码
7	事件类型 EventType	字符型	0101	长度 4,取值参见 GB/T 29100
8	事件描述 EventDescription	字符型	交通事故 车辆故障	常规描述字符,最大长度 1000
9	延误时间 DelayTime	数值型	100	单位:s
10	停车次数 StopNumber	数值型	2	单位:次

表 D.14 实时报警数据结构

序号	数据项名称	类型	数据示例	描述及要求
1	开始时间 StartTime	字符型	2017-09-20 07:29:42	开始时间,格式 yyyy-MM-dd HH:mm:ss
2	结束时间 EndTime	字符型	2017-09-20 07:44:52	预计结束时间,格式 yyyy-MM-dd HH:mm:ss
3	经度 Longitude	数值型	118.86061822	GCJ-02 坐标系
4	纬度 Latitude	数值型	32.01803168	GCJ-02 坐标系
5	当前所在 link LinkID	数值型	5958875911 808884835	按一定规则编制的代码
6	人员信息 PersonnelInfo	字符型	glox.jrrlltBMvCh8 nxqktdr2dtopmlH	人员基本信息
7	车辆信息 VehicleInfo	字符型	jkkt8kxniovIFuns9 bninn2oninnoniL	车辆基本信息
8	报警类型 AlarmType	字符型	1 碰撞	类型 KEY
9	报警描述 AlarmDescription	字符型	交通事故	常规描述字符

表 D.15　交通路况数据结构

序号	数据项名称	类型	数据示例	描述及要求
1	时间戳 Timestamp	字符型	2021-06-24 12:10:00	格式：yyyy-MM-dd HH:mm:ss
2	路段名称 RoadName	字符型	余杭塘路-丰潭路	常规描述字符
3	路段起点 StartPositon	字符型	116.453632, 39.912532	路段起点位置坐标。经纬信息用逗号分隔
4	路段终点 EndPositon	字符型	116.407413, 39.904214	路段终点位置坐标。经纬信息用逗号分隔
5	实时速度 Speed	数值型	50	路段上实时平均速度，单位：km/h
6	交通状态 State	字符型	1	0：畅通 1：缓行 2：拥堵 3：严重拥堵

表 D.16　交通事件信息数据结构

序号	数据项名称	类型	数据示例	描述及要求
1	事件开始时间 StartTime	字符型	2021-06-24 12:10:00	格式：yyyy-MM-dd HH:mm:ss
2	事件结束时间 EndTime	字符型	2021-06-24 12:10:00	格式：yyyy-MM-dd HH:mm:ss
3	事件类型 EventType	字符型	0x01	0x00：交通事故 0x01：交通灾难 0x02：交通气象 0x03：路面状况 0x04：道路施工 0x05：交通管制 0x06：重大事件 0x09：其他
4	事件发生位置 EventPoint	字符型	116.407413, 39.904214	经纬度信息用逗号分隔

表 D.17　交通管控信息数据结构

序号	数据项名称	类型	数据示例	描述及要求
1	交叉口编号 CrossID	字符型	2017030116_5178834	符合 GB/T 39900—2021
2	交叉口名称 CrossName	字符型	文一路-教工路	常规描述字符
3	交叉口中心位置坐标 IntersectionPosition	字符型	116.407413, 39.904214	经纬度信息用逗号分隔
4	灯组灯态信息集合 LampStatusList	—	—	符合 GB/T 39900—2021
5	路段速度管控信息集合 SpeedControlList	—	—	符合 GB/T 39900—2021
6	交通管制信息集合 TrafficControlList	—	—	符合 GB/T 39900—2021

表 D.18　灯组灯态信息数据结构

序号	数据项名称	类型	数据示例	描述及要求
1	进口方向 CrossDir	字符型	2	0：北方向 1：东北方向 2：东方向 3：东南方向 4：南方向 5：西南方向 6：西方向 7：西北方向
2	信号灯类型 LampType	字符型	21	10：机动车主灯(前照灯，非箭头灯，一般的红黄绿) 21：机动车直行箭头灯 22：机动车左转箭头灯 23：机动车右转箭头灯 24：机动车掉头信号灯 30：非机动车灯 31：直行非机动车灯 32：左转非机动车灯 40：行人灯(行人过街不分段) 41：行人灯-进口(机动车进口道—侧行人灯) 42：行人灯-出口(机动车出口道—侧行人灯) 50：车道信号灯 61：有轨电车信号灯-直行 62：有轨电车信号灯-左转 63：有轨电车信号灯-右转 70：公交信号灯 80：道口信号灯 90：闪光警告信号灯 99：其他
3	灯态 LampStatus	字符型	1	0：灭灯 1：红灯 2：绿灯 3：黄灯 5：绿灯闪 6：黄灯闪 9：其他

表 D.19　路段速度管控信息数据结构

序号	数据项名称	类型	数据示例	描述及要求
1	路段名称 SectionName	字符型	文一路	常规描述字符
2	管控速度 ControlSpeed	数值型	60	单位：km/h
3	管控类型 ControlType	字符型	1	0：静态限速 1：动态限速 2：协调推荐车速
4	开始时间 StartTime	字符型	2021-06-24 12:10:00	格式：yyyy-MM-dd HH:mm:ss
5	路段连线经过点位置坐标 Position	字符型	116.407413, 39.904214	经纬度信息用逗号分隔

表 D.20 交通管制信息数据结构

序号	数据项名称	类型	数据示例	描述及要求
1	管制开始时间 StratTime	字符型	2021-06-24 12:10:00	格式：yyyy-MM-dd HH:mm:ss
2	管制结束时间 EndTime	字符型	2021-06-24 13:10:00	格式：yyyy-MM-dd HH:mm:ss
3	管制方式 Mode	字符型	1	1：禁止通行 2：禁止转弯 3：限制速度 4：入口匝道关闭 5：收费站关闭
4	管制车辆类型 VehType	字符型	1	1：机动车 2：大型载客车辆 3：危化品运输车辆 4：大型载货车辆
5	管制路径连线经过点位置坐标 Positions	字符型	116.407413, 39.904214	经纬度信息用逗号分隔

表 D.21 交通事故多发点段信息对象数据结构

序号	数据项名称	类型	数据示例	描述及要求
1	交通事故多发点名称 SectionName	字符型	丰潭路、萍水街－丰潭路交叉口	交通事故多发地点的道路点、段具体名称，包含道路名称、交叉路口名称、路侧及参照点等信息，最大长度50
2	事故多发起点 SectionDesc	字符型	丰潭路、城西银泰西门20m处	事故多发起点(描述)，道路名称＋路侧＋参照点＋相对参照点方位＋距离，最大长度300
3	经纬度位置 Position	字符型	116.407413, 39.904214	位置坐标点集合，经纬度信息用逗号分隔，单位：°，多个坐标用分号分隔，符合GA/T 543.9—2016《公安数据元（9）》DE01119、DE01120
4	多发事故类型 AccType	字符型	A01001	A01001：驶出路外 A01002：撞击护栏 A01003：正面相撞 A01004：车辆追尾 A01005：交叉口事故 A01006：接入口事故 A01007：撞击非机动车、行人 A01008：其他
5	预警信息 AlertInfo	字符型	请注意避让	预警提示信息，最大长度300

表 D.22　交通违法多发点段对象数据结构

序号	数据项名称	类型	数据示例	描述及要求
1	交通违法多发点名称 SectionName	字符型	丰潭路、萍水街－丰潭路交叉口	交通违法多发地点的道路点、段具体名称，包含道路名称、交叉路口名称、路侧及参照点等信息，最大长度50
2	违法多发起点 SectionDesc	字符型	丰潭路、城西银泰西门20m处	违法多发起点（描述），道路名称＋路侧＋参照点＋相对参照点方位＋距离，最大长度300
3	经纬度位置 Position	字符型	116.407413,39.904214	位置坐标点集合。经纬度信息用逗号分隔，单位为°，多个坐标用分号分隔，符合GA/T 543.9—2016《公安数据元（9）》DE01119、DE01120
4	多发违法类型 VioType	字符型	超速	多发违法类型描述，最大长度50
5	预警信息 AlertInfo	字符型	请谨慎驾驶	预警提示信息，最大长度300

表 D.23　共享单车订单数据结构

序号	数据项名称	类型	数据示例	描述及要求
1	订单信息 OrderInfo	字符型	2n9bxvj8z	订单编号
2	车辆信息 VehicleInfo	字符型	123456789	车辆编号
3	骑行开始时间 RideStartTime	字符型	2017-09-20 07:29:42	开始时间，格式yyyy-MM-dd HH:mm:ss
4	骑行结束时间 RideEndTime	字符型	2017-09-20 07:44:52	结束时间，格式yyyy-MM-dd HH:mm:ss
5	骑行时间 RideTime	数值型	370	骑行持续的时间（s）
6	上车位置经度 OriginLong	数值型	118.86061822	GCJ-02坐标系
7	上车位置纬度 OriginLat	数值型	32.01803168	GCJ-02坐标系
8	下车位置经度 DestinationLong	数值型	118.86393202	GCJ-02坐标系
9	下车位置纬度 DestinationLat	数值型	32.03651177	GCJ-02坐标系

表 D.24　共享单车轨迹数据结构

序号	数据项名称	类型	数据示例	描述及要求
1	订单信息 OrderInfo	字符型	2n9bxvj8z	订单编号
2	车辆信息 VehicleInfo	字符型	123456789	车辆编号
3	骑行过程 GPS 位置数据经度 GPSLong	数值型	118.86061822	GCJ-02 坐标系
4	骑行过程 GPS 位置数据纬度 GPSLat	数值型	32.01803168	GCJ-02 坐标系
5	采集时间信息 CollectionTimeInfo	字符型	1617083340	上传位置信息的时间戳

表 D.25　共享单车停放数据结构

序号	数据项名称	类型	数据示例	描述及要求
1	车辆信息 VehicleInfo	字符型	123456789	车辆编号
2	停车开始时间 ParkingStartTime	字符型	2017-09-20 07:29:42	开始时间，格式 yyyy-MM-dd HH:mm:ss
3	停车结束时间 ParkingEndTime	字符型	2017-09-20 07:44:52	结束时间，格式 yyyy-MM-dd HH:mm:ss
4	停车位置经度 ParkingLong	数值型	118.86061822	GCJ-02 坐标系
5	停车位置纬度 ParkingLat	数值型	32.01803168	GCJ-02 坐标系
6	停车位置边界经度 ParkingBoundaryLong	数值型	118.86061822	GCJ-02 坐标系
7	停车位置边界纬度 ParkingBoundaryLat	数值型	32.01803168	GCJ-02 坐标系

表 D.26　交通事件数据结构

序号	数据项名称	类型	数据示例	描述及要求
1	事件开始时间 StartTime	字符型	2021-06-24 12:10:00	格式：yyyy-MM-dd HH:mm:ss
2	事件结束时间 EndTime	字符型	2021-06-24 12:10:00	格式：yyyy-MM-dd HH:mm:ss
3	事件类型 EventType	字符型	0x01	0x00：交通事故 0x01：交通灾难 0x02：交通气象 0x03：路面状况 0x04：道路施工 0x05：交通管制 0x06：重大事件 0x09：其他
4	事件发生位置 EventPoint	字符型	116.407413, 39.904214	经纬度信息用逗号分隔

表 D.27 拥堵预警数据

序号	数据项名称	类型	数据示例	描述及要求
1	城市行政区划代码 Adcodes	数组	370103	城市编码,支持多城市
2	区域 Areas	数组	POINT(6,10)	WKT自定义区域
3	排序 order	整型	1	排序规则:1:最新;2:时长;3:距离
4	当前页 PageNum	整型	1	当前页,默认为1
5	每页条数 PageSize	整型	30	每页条数,默认30
6	查询列表 QueryList	列表	[{"congestRate":0.02,"congestRate":0,…}]	包含拥堵概率、拥堵类型等数据项在内的列表
7	拥堵概率 CongestRate	浮点型	0.5	道路拥堵概率值,小于0.02定义为异常拥堵
8	拥堵类型 CongestType	整型	0	拥堵信息类型0:常规拥堵;1:异常拥堵
9	距离 Distance	整型	100	单位:m,拥堵预警距离定义值
10	持续时间 Duration	整型	30	获取指定时长的拥堵信息,单位:min
11	道路类型 RoadType	整型	1	获取指定登记道路的预警信息参数 0:高速公路;1:城市快速路;2:国道;3:主要道路;4:省道;5:次要道路;6:普通道路;7:县道;8:乡村公路;9:县乡村内部道路

表 D.28 道路拥堵指数

序号	数据项名称	类型	数据示例	描述及要求
1	城市行政区划代码 Adcode	整型	370103	城市行政区划代码可参考民政部民政数据"中华人民共和国县以上行政区划代码" http://www.mca.gov.cn/article/sj/xzqh/2022/202201xzqh.html
2	道路类型 Type	整型	2	道路类型,取值 2:道路 5:隧道 6:桥梁 8:高速区间分段 29:自定义道路
3	道路长度 RoadLength	整型	2000	条件过滤参数:返回满足大于取值条件的数据
4	道路等级 RoadClass	整型	43000	条件过滤参数:返回符合满足道路等级条件的数据

(续)

序号	数据项名称	类型	数据示例	描述及要求
5	区县级行政区划代码（三级行政区划）District	整型	110105	条件过滤参数：返回指定三级行政区内道路的数据。例如：想要查询机场高速在北京市朝阳区的指数，则需要指定三级行政区代码值为"110105"可参考民政部民政数据"中华人民共和国县以上行政区划代码" http://www.mca.gov.cn/article/sj/xzqh/2022/202201xzqh.html
6	道路编码 Ids	整型	4692, 100693	条件过滤参数：返回指定道路 id 的数据
7	返回数据条数 Size	整型	10	—

表 D.29 道路历史数据

序号	数据项名称	类型	数据示例	描述及要求
1	时间范围 DateRangeList	字符	2019-12-01@2019-12-19	格式为：startdate1 @ enddate1, startdate2 @ enddate2, 日期格式为 yyyy-MM-dd。当粒度为月或季度时，date 是该月或季度的第一天
2	时间段列表 TimePeriodList	列表	mpeak	mpeak：早高峰（7-9）；epeak：晚高峰（17-19）；non-peak：（6-21）高峰除外；evening：（22-23）；night：（0-5）；多个用","隔开；all：所有时段
3	日期类型 DayType	字符	workday	workday：工作日 weekend：周末 多个用","隔开
4	时间粒度 TimeGrading	字符	quarter	quarter：季度；month：月；day：天；hour：小时；day of week：一周中的某天；hour of day：一天中的某小时；min：分钟；min of day：一天中的某分钟
5	自定义小时 CustomHour	整型	2	多个用","隔开 当 timeGrading 取值为 day 或者 day of week 时，支持此参数
6	聚合 Aggregate	布尔	True	是否聚合，true：是；false：否
7	城市行政区划代码 Adcode	整型	370103	城市行政区划代码
8	道路类型码 Type	整型	1	道路类型码
9	区县级行政区划代码 District	整型	110105	所属区域过滤
10	道路编码 Ids	整型	4692, 100693	道路 id, 多个用","分割

表 D.30　图形信息数据

序号	数据项名称	类型	数据示例	描述及要求
1	城市行政区划代码 Adcode	字符	370103	城市行政区划代码
2	类型 Type	整型	2	Linkstype 0：城市；1：中心城区行政区域；2：道路；3：商圈；4：国家行政区域；5：隧道；6：桥梁；8：高速分段；10：收费站；11：火车站；12：机场；21：自定义道路；22：自定义区域；23：北京交警堵点；30：北京市街道；33：公司；34：医院；35：小区；36：体育休闲；37：大学；38：中小学周边1km；39：幼儿园；40：商场；41：景区周边2km；42：城市内分道路等级；43：交通报告范围行政区域分道路等级；46：国家行政区域分道路等级
3	道路或区域编码 Ids	字符	3439738	对象id(道路或区域)，多个用","分割
4	是否抽稀 IsRarefy	布尔	true	取值：true：是；false：否
5	抽稀参数最小距离 RarefyMeter	整型	100	单位：m
6	抽稀最小点个数 RarefyPointNum	整型	5	点数少于此数值不抽稀
7	抽稀是否保证有效拓扑 ValidTopology	布尔	true	取值：true：是；false：否。为false时速度更快，但有个别区域抽稀结果可能为无效拓扑

表 D.31　交通信号灯静态数据

序号	数据项名称	类型	数据示例	描述及要求
1	交叉口编号 CrossID	字符	100000	交通信号灯所处交叉口编号
2	交叉口名称 CrossName	字符	世昌大道－新威路(大桥岗)	交通信号灯所处交叉口名称
3	经度 Longitude	浮点型	116.407413	交通信号灯的定位坐标经度，WGS84坐标系
4	纬度 Latitude	浮点型	39.904214	交通信号灯的定位坐标纬度，WGS84坐标系
5	交叉口类型 Feature	字符	31	取值详见表D.32 交叉口类型取值表

表 D.32 交叉口类型取值表

值	说明
00	环形交叉口
11	匝道、出入口
21	路段(只有两个方向的交叉口)
31	T 形交叉口
32	Y 形交叉口
33	错位 T 形交叉口
34	错位 Y 形交叉口
41	十字形交叉口
42	斜交交叉口
51	多路交叉口
99	其他

表 D.33 交通信号灯动态数据

序号	数据项名称	类型	数据示例	描述及要求
1	灯组方向 Lamp	整型	1	交通信号灯灯组方向,取值见表 D.34
2	当前状态 Status	整型	21	交通信号灯当前状态,取值见表 D.34
3	倒计时 CountDown	整型	10	交通信号灯倒计时,单位:s
4	绿灯时间 GreenTime	整型	40	交通信号灯绿灯时间,单位:s
5	黄灯时间 YellowTime	整型	3	交通信号灯黄灯时间,单位:s
6	红灯时间 RedTime	整型	40	交通信号灯红灯时间,单位:s
7	全红时间 AllRedTime	整型	3	交通信号灯全红时间,单位:s

表 D.34 灯组方向

取值	说明
1	北向右转(表示由北向南,右转驶入西向的车辆所看到的灯态,下同)
2	北向直行(表示由北向南,直行驶入南向的车辆所看到的灯态,下同)
3	北向左转(表示由北向南,左转驶入东向的车辆所看到的灯态,下同)
4	东向右转
5	东向直行
6	东向左转
7	南向右转
8	南向直行

取值	说明
9	南向左转
10	西向右转
11	西向直行
12	西向左转
17	北向掉头
18	东向掉头
19	南向掉头
20	西向掉头

表 D.35　当前状态

取值	说明
11	灭灯
21	红灯
22	黄灯
23	绿灯
31	红黄

表 D.36　车辆实时状态信息

序号	数据项名称	类型	数据示例	描述及要求
1	当前时间 DateTime	日期	2021-06-24 12:10:00	格式：yyyy-MM-dd HH:mm:ss
2	认证码 Authentication Code	整型	64	汽车电子标识码，取值1-65535
3	车牌号 LicensePlate	字符	A245E2	GB 2312 编码格式
4	当前位置经度 Longitude	浮点型	116.407413	单精度浮点型数据，车辆位置的经度
5	当前位置纬度 Latitude	浮点型	39.904214	单精度浮点型数据，车辆位置的纬度
6	速度 Speed	整型	50	单位：km/h
7	海拔高度 Altitude	整型	20	单位：m

表 D.37　交通运行信息

序号	数据项名称	类型	数据示例	描述及要求
1	时间戳 DateTime	日期	2021-06-24 12:10:00	格式：yyyy-MM-dd HH:mm:ss
2	路段名称 RoadName	字符	余杭塘路-丰潭路	常规描述字符
3	路段起点 StartPositon	字符	116.453632, 39.912532	路段起点位置坐标。经纬度信息用逗号分隔
4	路段终点 EndPositon	字符	116.407413, 39.904214	路段终点位置坐标。经纬度信息用逗号分隔
5	实时速度 Speed	整型	50	路段上实时平均速度，单位：km/h
6	交通状态 State	字符	1	0：畅通 1：缓行 2：拥堵 3：严重拥堵

表 D.38　交通事件信息

序号	数据项名称	类型	数据示例	描述及要求
1	事件开始时间 StartTime	日期	2021-06-24 12:10:00	格式：yyyy-MM-dd HH:mm:ss
2	事件结束时间 EndTime	日期	2021-06-24 12:10:00	格式：yyyy-MM-dd HH:mm:ss
3	事件类型 Type	字符	0x01	0x00：交通事故 0x01：交通灾难 0x02：交通气象 0x03：路面状况 0x04：道路施工 0x05：交通管制 0x06：重大事件 0x09：其他
4	事件发生位置 AreaPoint	字符	116.407413, 39.904214	经纬度信息用逗号分隔

表 D.39　交通管控信息

序号	数据项名称	类型	数据示例	描述及要求
1	交叉口编号 CrossID	字符	2017030116_5178834	符合 GB/T 39900—2021
2	交叉口名称 CrossName	字符	文一路-教工路	常规描述字符
3	交叉口中心位置坐标 Position	字符	116.407413, 39.904214	经纬信息用逗号分隔
4	灯组灯态信息集合 LampStatusList	—	—	应符合表 D.40 的规定
5	路段速度管控信息集合	—	—	应符合表 D.41 的规定
6	交通管制信息集合	—	—	应符合表 D.42 的规定

表 D.40 灯组灯态信息

序号	数据项名称	类型	数据示例	描述及要求
1	进口方向 CrossDir	字符	2	0：北方向 1：东北方向 2：东方向 3：东南方向 4：南方向 5：西南方向 6：西方向 7：西北方向
2	信号灯类型 LampType	字符	21	10：机动车主灯（前照灯，非箭头灯，一般的红黄绿） 21：机动车直行箭头灯 22：机动车左转箭头灯 23：机动车右转箭头灯 24：机动车掉头信号灯 30：非机动车灯 31：直行非机动车灯 32：左转非机动车灯 40：行人灯（行人过街不分段） 41：行人灯 – 进口（机动车进口道一侧行人灯） 42：行人灯 – 出口（机动车出口道一侧行人灯） 50：车道信号灯 61：有轨电车信号灯 – 直行 62：有轨电车信号灯 – 左转 63：有轨电车信号灯 – 右转 70：公交信号灯 80：道口信号灯 90：闪光警告信号灯 99：其他
3	灯态 LampStatus	字符	1	0：灭灯 1：红灯 2：绿灯 3：黄灯 5：绿灯闪 6：黄灯闪 9：其他

表 D.41 路段速度管控信息

序号	数据项名称	类型	数据示例	描述及要求
1	路段名称 SectionName	字符	文一路	常规描述字符
2	管控速度 ControlSpeed	整型	60	单位：km/h
3	管控类型 ControlType	字符	1	0：静态限速 1：动态限速 2：协调推荐车速
4	开始时间 StartTime	日期	2021 – 06 – 24 12：10：00	格式：yyyy – MM – dd HH: mm: ss
5	路段连线经过点位置坐标 Position	字符	4	经纬度信息用逗号分隔

表 D.42 交通管制信息

序号	数据项名称	类型	数据示例	描述及要求
1	管制开始时间 StratTime	日期	2021-06-24 12:10:00	格式：yyyy-MM-dd HH:mm:ss
2	管制结束时间 EndTime	日期	2021-06-24 13:10:00	格式：yyyy-MM-dd HH:mm:ss
3	管制方式 Mode	字符	1	1：禁止通行 2：禁止转弯 3：限制速度 4：入口匝道关闭 5：收费站关闭
4	管制车辆类型 VehType	字符	1	1：机动车 2：大型载客车辆 3：危化品运输车辆 4：大型载货车辆
5	管制路径连线经过点位置坐标 Positions	字符	116.407413, 39.904214	经纬度信息用逗号分隔

表 D.43 交通事故多发点段信息对象

序号	数据项名称	类型	数据示例	描述及要求
1	交通事故多发点段名称 SectionName	字符	丰潭路、萍水街-丰潭路路口	交通事故多发地点的道路点、段具体名称，包含道路名称、交叉路口名称、路侧及参照点等信息。最大长度50
2	事故多发起点 SectionDesc	字符	丰潭路、城西银泰西门20m处	事故多发起点(描述)，道路名称+路侧+参照点+相对参照点方位+距离。最大长度300
3	经纬度位置 Position	字符	116.407413, 39.904214	位置坐标点集合。经纬度信息用逗号分隔，单位为°，多个坐标用分号分隔，符合 GA/T 543.9—2016《公安数据元(9)》DE01119、DE01120
4	多发事故类型 AccType	字符	A01001	多发事故类型。取值应符合表 D.44 的规定
5	预警信息 AlertInfo	字符	请注意避让	预警提示信息。最大长度300

表 D.44 多发事故类型

消息类型 ID	描述
A01001	驶出路外
A01002	撞击护栏
A01003	正面相撞
A01004	车辆追尾
A01005	交叉口事故
A01006	接入口事故
A01007	撞击非机动车、行人
A01008	其他

表 D.45　交通违法多发点段对象

序号	数据项名称	类型	数据示例	描述及要求
1	交通违法多发点段名称 SectionName	字符	丰潭路、萍水街-丰潭路路口	交通违法多发地点的道路点、段具体名称，包含道路名称、交叉路口名称、路侧及参照点等信息。最大长度50
2	违法多发起点 SectionDesc	字符	丰潭路、城西银泰西门20m处	违法多发起点（描述），道路名称+路侧+参照点+相对参照点方位+距离。最大长度300
3	经纬度位置 Position	字符	116.407413，39.904214	位置坐标点集合。经纬度信息用逗号分隔，单位为°，多个坐标用分号分隔，符合 GA/T 543.9—2016《公安数据元(9)》DE01119、DE01120
4	多发违法类型 VioType	字符	超速	多发违法类型描述。最大长度50
5	预警信息 AlertInfo	字符	请谨慎驾驶	预警提示信息。最大长度300

参考文献

[1] AMBUHL L, MENENDEZ M. Data fusion algorithm for macroscopic fundamental diagram estimation [J]. Transportation Research Part C Emerging Technologies, 2016, 71: 184-197.

[2] ANAGNOSTOPOULOS C N E, ANAGNOSTOPOULOS I E, LOUMOS V, et al. A license plate-recognition algorithm for intelligent transportation system applications [J]. IEEE Transactions on Intelligent transportation systems, 2006, 7(3): 377-392.

[3] ANSELIN L, GRIFFITH D A. Do spatial effects really matter in regression analysis [J]. Papers in Regional Science, 1988, 65(1): 11-34.

[4] BALL G H, HALL D J. ISODATA, A novel method of data analysis and pattern classification [Z]. 1965.

[5] BAYIR M A, DEMIRBAS M, EAGLE N. Mobility profiler: a framework for discovering mobility profiles of cell phone users[J]. Pervasive & Mobile Computing, 2010, 6(4): 435-454.

[6] BECKER J, TEAL R, MOSSIGE R. Metropolitan transit agency's experience operating general-public demand-responsive transit[J]. Transportation research record, 2013, 2352(1): 136-145.

[7] BEIRÃO G, CABRAL J A S. Understanding attitudes towards public transport and private car: A qualitative study[J]. Transport policy, 2007, 14(6): 478-489.

[8] BILLINGS D, YANG J S. Application of the ARIMA models to urban roadway travel time prediction-a case study[C]//IEEE International Conference on Systems, Man and Cybernetics. New York: IEEE Press, 2006.

[9] BISHOP C M, NASRABADI N M. Pattern recognition and machine learning [M]. New York: Springer, 2006.

[10] BRONSVOORT K, ALONSO-GONZÁLEZ M, VAN OORT N, et al. Preferences toward bus alternatives in rural areas of the Netherlands: a stated choice experiment[J]. Transportation Research Record, 2021, 2675(12): 524-533.

[11] BROWN J. Choosing the right number of components or factors in PCA and EFA[J]. JALT Testing & Evaluation SIG Newsletter, 2009, 13(2): 19-23.

[12] BRUNSDON C, FOTHERINGHAM A S, CHARLTON M E. Geographically weighted regression: a method for exploring spatial nonstationarity[J]. Geographical Analysis, 1996, 28(4): 281-298.

[13] BUISSON C, LADIER C. Exploring the impact of homogeneity of traffic measurements on the existence of macroscopic fundamental diagrams[J]. Transportation Research Record Journal of the Transportation Research Board, 2009, 137(2124): 127-136.

[14] BUTTON K, NGOE N, HINE J. Modelling vehicle ownership and use in low income countries[J]. Journal of Transport Economics and Policy, 1993, 27(1): 51-67.

[15] CAI Z, WANG D, CHEN X M. A novel trip coverage index for transit accessibility assessment using mobile phone data[J]. Journal of Advanced Transportation, 2017, 2017: 9754508.1-9754508.14.

[16] CALABRESE F, COLONNA M, LOVISOLO P, et al. Real-time urban monitoring using cell phones: a case study in rome[J]. IEEE Transactions on Intelligent Transportation Systems, 2011, 12(1): 141-151.

[17] CAO P, MIWA T, MORIKAWA T. Modeling distribution of travel time in signalized road section using

truncated distribution[J]. Procedia-Social and Behavioral Sciences, 2014, 138: 137 -147.

[18] CAO X, MOKHTARIAN P L, HANDY S L. Examining the impacts of residential self-selection on travel behaviour: a focus on empirical findings[J]. Transport Reviews, 2009, 29(3): 359 - 395.

[19] CARDOZO O D, GARCÍA-PALOMARES J C, GUTIÉRREZ J. Application of geographically weighted regression to the direct forecasting of transit ridership at station-level[J]. Applied Geography, 2012, 34: 548 - 558.

[20] CAREY M, BOWERS M. A review of properties of flow—density functions[J]. Transport Reviews, 2012, 32(1): 49 - 73.

[21] CASETTI E. Generating models by the expansion method: applications to geographical research[J]. Geographical Analysis, 1972, 4(1): 81 - 91.

[22] CATTELL R. The scientific use of factor analysis in behavioral and life sciences[M]. Berlin: Springer Science & Business Media, 2012.

[23] CERVERO R, KOCKELMAN K. Travel demand and the 3Ds: density, diversity, and design[J]. Transportation Research Part D: Transport and environment, 1997, 2(3): 199 - 219.

[24] CHANDRA S, QUADRIFOGLIO L. A model for estimating the optimal cycle length of demand responsive feeder transit services[J]. Transportation Research Part B: Methodological, 2013, 51: 1 - 16.

[25] CHANG S K, LEE C J. Welfare comparison of fixed-and flexible-route bus systems[J]. Transportation Research Record, 1993, (1390): 16 - 22.

[26] CHANG Y, DUAN Z, YANG D. Using ALPR data to understand the vehicle use behaviour under TDM measures[J]. IET Intelligent Transport Systems, 2018, 12(10): 1264 - 1270.

[27] CHEN C, BIAN L, MA J. From traces to trajectories: How well can we guess activity locations from mobile phone traces[J]. Transportation Research Part C: Emerging Technologies, 2014, 46: 326 - 337.

[28] CHEN C, GONG H, PAASWELL R. Role of the built environment on mode choice decisions: additional evidence on the impact of density[J]. Transportation, 2008, 35(3): 285 - 299.

[29] CHEN H, YANG C, XU X. Clustering vehicle temporal and spatial travel behavior using license plate recognition data[J]. Journal of Advanced Transportation, 2017, 2017: 1738085. 1 - 1738085. 14.

[30] CHEN P, LIU H, QI H, et al. Analysis of delay variability at isolated signalized intersections[J]. Journal of Zhejiang University SCIENCE A, 2013, 14(10): 691 - 704.

[31] CHEN P, SUN J, QI H. Estimation of delay variability at signalized intersections for urban arterial performance evaluation[J]. Journal of Intelligent Transportation Systems, 2017, 21(2): 94 - 110.

[32] CHEN P, YIN K, SUN J. Application of finite mixture of regression model with varying mixing probabilities to estimation of urban arterial travel times[J]. Transportation Research Record, 2014, 2442(1): 96 - 105.

[33] CI Y, WU L, PEI Y. Proceedings of the sixth international conference on traffic and transportation studies[C]. Virginia: ASCE Press, 2008: 862 - 869.

[34] COIFMAN B. Estimating travel times and vehicle trajectories on freeways using dual loop detectors[J]. Transportation Research Part A: Policy and Practice, 2002, 36(4): 351 - 364.

[35] DAGANZO C F. A variational formulation of kinematic waves: basic theory and complex boundary conditions[J]. Transportation Research Part B: Methodological, 2005, 39(2): 187 - 196.

[36] DAGANZO C F. The cell transmission model, part II: network traffic[J]. Transportation Research Part B: Methodological, 1995, 29(2): 79 - 93.

[37] DARGAY J, GATELY D. Income's effect on car and vehicle ownership, worldwide: 1960 -- 2015[J]. Transportation Research Part A: Policy and Practice, 1999, 33(2): 101 - 138.

[38] DAZIANO R A, BOLDUC D. Incorporating pro-environmental preferences towards green automobile

technologies through a Bayesian hybrid choice model[J]. Transportmetrica A: Transport Science, 2013, 9(1): 74-106.

[39] DE MONTJOYE Y A, HIDALGO C A, VERLEYSEN M, et al. Unique in the crowd: The privacy bounds of human mobility[J]. Scientific reports, 2013, 3(1): 1-5.

[40] DEMPSTER A P, LAIRD N M, RUBIN D B. Maximum likelihood from incomplete data via the EM algorithm[J]. Journal of the Royal Statistical Society: Series B (Methodological), 1977, 39(1): 1-22.

[41] DERVISOGLU G, GOMES G, KWON J, et al. Automatic calibration of the fundamental diagram and empirical observations on capacity [C]//Transportation Research Board 88th Annual Meeting, Washington DC: The National Academies Press, 2009.

[42] DEY P P, CHANDRA S, GANGOPADHAYA S. Speed distribution curves under mixed traffic conditions[J]. Journal of Transportation Engineering, 2006, 132(6): 475-481.

[43] DION F, RAKHA H, KANG Y S. Comparison of delay estimates at under-saturated and over-saturated pre-timed signalized intersections[J]. Transportation Research Part B: Methodological, 2004, 38(2): 99-122.

[44] DONG Y, WANG S, LI L, et al. An empirical study on travel patterns of internet based ride-sharing [J]. Transportation Research Part C: Emerging Technologies, 2018, 86(1): 1-22.

[45] DRAKE J, SCHOFER J, MAY A. A statistical analysis of speed-density hypotheses[Z]. 1965.

[46] EL-ASSI W, SALAH M M, NURUL H K. Effects of built environment and weather on bike sharing demand: a station level analysis of commercial bike sharing in Toronto[J]. Transportation, 2017, 44 (3): 589-613.

[47] ESTER M, KRIEGEL H P, SANDER J, et al. A density-based algorithm for discovering clusters in large spatial databases with noise[C]//KDD. Cambridge: AAAI PRESS, 1996.

[48] EWING R, CERVERO R. Travel and the built environment: A meta-analysis[J]. Journal of the American Planning Association, 2010, 76(3): 265-294.

[49] EWING R, CERVERO R. Travel and the built environment: a synthesis[J]. Transportation Research Record, 2001, 1780(1): 87-114.

[50] FITTANTE S R, LUBIN A. Adapting the Swedish service route model to suburban transit in the United States[J]. Transportation Research Record, 2015, 2563(1): 52-59.

[51] FOELL, STEFAN, PHITHAKKITNUKOON, et al. Regularity of public transport usage: a case study of bus rides in Lisbon, Portugal[J]. Journal of Public Transportation, 2016, 19(4): 10.

[52] FOTHERINGHAM A S, CHARLTON M E, BRUNSDON C. Geographically weighted regression: a natural evolution of the expansion method for spatial data analysis[J]. Environment and Planning A, 1998, 30(11): 1905-1927.

[53] FOTHERINGHAM A S, CRESPO R, YAO J. Geographical and temporal weighted regression (GTWR) [J]. Geographical Analysis, 2015, 47(4): 431-452.

[54] FRALEY C, RAFTERY A E. Bayesian regularization for normal mixture estimation and model-based clustering[J]. Journal of Classification, 2007, 24(2): 155-181.

[55] FRUCHTER B. Introduction to factor analysis[Z]. 1954.

[56] FU L. Planning and design of flex-route transit services[J]. Transportation Research Record, 2002, 1791(1): 59-66.

[57] GAYAH V V, DIXIT V V. Using mobile probe data and the macroscopic fundamental diagram to estimate network densities[J]. Transportation Research Record Journal of the Transportation Research Board, 2013, 2390: 76-86.

[58] GERLOUGH D L, HUBER M J. Special report 165: Traffic flow theory[Z]. 1975.

[59] GEROLIMINIS N, DAGANZO C F. Existence of urban-scale macroscopic fundamental diagrams: Some

experimental findings[J]. Transportation Research Part B Methodological, 2008, 42(9): 759 - 770.

[60] GEROLIMINIS N, DAGANZO C F. Macroscopic modeling of traffic in cities [C]//Transportation Research Board 86th Annual Meeting. Washington DC: The National Academies Press, 2007.

[61] GREENBERG H. An analysis of traffic flow[J]. Operations Research, 1959, 7(1): 79 - 85.

[62] GREENSHIELDS B D. A study in highway capacity[J]. Highway Research Board Proc., 1935, 1935: 448 - 477.

[63] GUAN X, WANG D, CAO X J. The role of residential self-selection in land use-travel research: a review of recent findings[J]. Transport Reviews, 2020, 40(3): 267 - 287.

[64] GUIN A. Travel time prediction using a seasonal autoregressive integrated moving average time series model[C]//2006 IEEE Intelligent Transportation Systems Conference. New York: IEEE Press, 2006.

[65] GUO H, JIN J. Travel time estimation with correlation analysis of single loop detector data [J]. Transportation Research Record, 2006, 1968(1): 10 - 19.

[66] GUO Y, HE S Y. Built environment effects on the integration of dockless bike-sharing and the metro [J]. Transportation Research Part D: Transport and Environment, 2020, 83: 102335.

[67] GUTIÉRREZ J, CARDOZO O D, GARCÍA-PALOMARES J C. Transit ridership forecasting at station level: an approach based on distance-decay weighted regression[J]. Journal of Transport Geography, 2011, 19(6): 1081 - 1092.

[68] GUTIERREZ M, HURTUBIA R, DE DIOS ORTUZAR J. The role of habit and the built environment in the willingness to commute by bicycle[J]. Travel behaviour and Society, 2020, 20: 62 - 73.

[69] HALL F L, ALLEN B L, GUNTER M A. Empirical analysis of freeway flow-density relationships[J]. Transportation Research Part A: General, 1986, 20(3): 197 - 210.

[70] HARIHARAN R, TOYAMA K. Project Lachesis: Parsing and Modeling Location Histories[C]//3rd International Conference on Geographic Information Science, New York: Springer, 2004.

[71] HELBING D, HENNECKE A, TREIBER M. Phase diagram of traffic states in the presence of inhomogeneities[J]. Physical Review Letters, 1999, 82(21): 4360.

[72] HOLTZCLAW J. Using residential patterns and transit to decrease auto dependence and costs[M]. San Francisco: Natural Resources Defense Council, 1994.

[73] HONG J, SHEN Q, ZHANG L. How do built-environment factors affect travel behavior? A spatial analysis at different geographic scales[J]. Transportation, 2014, 41(3): 419 - 440.

[74] HU L, SCHNEIDER R J. Shifts between automobile, bus, and bicycle commuting in an urban setting [J]. Journal of Urban Planning and Development, 2015, 141(2): 04014025.

[75] HUANG B, WU B, BARRY M. Geographically and temporally weighted regression for modeling spatio-temporal variation in house prices[J]. International Journal of Geographical Information Science, 2010, 24(3): 383 - 401.

[76] HUANG J, LEVINSO D, WANG J, et al. Job-worker spatial dynamics in Beijing: Insights from smart card data[J]. Cities, 2019, 86: 83 - 93.

[77] ISHIOKA, TSUNENORI. Extended K-means with an Efficient Estimation of the Number of Clusters + [C]//Data Mining, Financial Engineering, and Intelligent Agents. Berlin, Heidelberg: Springer Berlin Heidelberg, 2000.

[78] JABARI S E, LIU H X. A stochastic model of traffic flow: Theoretical foundations[J]. Transportation Research Part B: Methodological, 2012, 46(1): 156 - 174.

[79] JÄPPINEN S, TOIVONEN T, SALONEN M. Modelling the potential effect of shared bicycles on public transport travel times in Greater Helsinki: An open data approach[J]. Applied Geography, 2013, 43: 13 - 24.

[80] JAYAKRISHNAN R, TSAI W K, CHEN A. A dynamic traffic assignment model with traffic-flow relationships[J]. Transportation Research Part C: Emerging Technologies, 1995, 3(1): 51-72.

[81] JENELIUS E, KOUTSOPOULOS H N. Travel time estimation for urban road networks using low frequency probe vehicle data[J]. Transportation Research Part B: Methodological, 2013, 53: 64-81.

[82] JIA N, LI L, LING S, et al. Influence of attitudinal and low-carbon factors on behavioral intention of commuting mode choice—A cross-city study in China[J]. Transportation Research Part A: Policy and Practice, 2018, 111: 108-118.

[83] JIN S, LUO X, MA D. Determining the breakpoints of fundamental diagrams[J]. IEEE Intelligent Transportation Systems Magazine, 2018, 12(1): 74-90.

[84] JIN S, QU X, ZHOU D, et al. Estimating cycleway capacity and bicycle equivalent unit for electric bicycles[J]. Transportation Research Part A: Policy and Practice, 2015, 77: 225-248.

[85] JIN S, WANG D, MA D. Empirical analysis of traffic bottleneck at Beijing expressways[J]. Mathematical Problems in Engineering, 2013, 2013(11): 5002-5058.

[86] WEI J. Research of Dynamic Origin-Destination Matrix Estimation Based on Video Vehicle License plate recognition [D]. Shanghai: Tongji University, 2008.

[87] KANG J H, WELBOURNE W, STEWART B, et al. Extracting places from traces of locations[J]. ACM SIGMOBILE Mobile Computing and Communications Review, 2005, 9(3): 58-68.

[88] KAZAGLI E, KOUTSOPOULOS H N. Estimation of arterial travel time from automatic number plate recognition data[J]. Transportation Research Record, 2013, 2391(1): 22-31.

[89] KE J, ZHENG H, YANG H, et al. Short-term forecasting of passenger demand under on-demand ride services: A spatio-temporal deep learning approach[J]. Transportation Research Part C: Emerging Technologies, 2017, 85: 591-608.

[90] KERNER B S, KLENOV S L. A microscopic model for phase transitions in traffic flow[J]. Journal of Physics A: Mathematical and General, 2002, 35(3): 31.

[91] KIDANDO E, MOSES R, OZGUVEN E E, et al. Bayesian nonparametric model for estimating multistate travel time distribution[J]. Journal of Advanced Transportation, 2017, 2017: 5069824.1-5069824.9.

[92] KIEU L M, BHASKAR A, CHUNG E. A modified density-based scanning algorithm with noise for spatial travel pattern analysis from smart card AFC data[J]. Transportation Research Part C: Emerging Technologies, 2015, 58: 193-207.

[93] KIM M E, SCHONFELD P. Integrating bus services with mixed fleets[J]. Transportation Research Part B: Methodological, 2013, 55: 227-244.

[94] KIM M E, SCHONFELD P. Integration of conventional and flexible bus services with timed transfers [J]. Transportation Research Part B: Methodological, 2014, 68: 76-97.

[95] KIM M E, SCHONFELD P. Maximizing net benefits for conventional and flexible bus services[J]. Transportation Research Part A: Policy and Practice, 2015, 80: 116-133.

[96] KIM M, SCHONFELD P. Conventional, flexible, and variable-type bus services[J]. Journal of Transportation Engineering, 2012, 138(3): 263.

[97] KIRCHLER D, CALVO R W. A granular tabu search algorithm for the dial-a-ride problem[J]. Transportation Research Part B: Methodological, 2013, 56: 120-135.

[98] KNOOP V L, HOOGENDOOM S P. Empirics of a generalized macroscopic fundamental diagram for urban freeways[J]. Transportation Research Record, 2013, 2391(1): 133-141.

[99] KO J, GUENSLER R L. Characterization of congestion based on speed distribution: a statistical approach using Gaussian mixture model[C]//Transportation Research Board Annual Meeting. Citeseer,

Washington DC: The National Academies Press, 2005.

[100] KONG H, JIN S T, SUI D Z. Deciphering the relationship between bikesharing and public transit: Modal substitution, integration, and complementation[J]. Transportation Research Part D: Transport and Environment, 2020, 85: 102392.

[101] KUNG K S, GRECO K, SOBOLEVSKY S, et al. Exploring universal patterns in human home-work commuting from mobile phone data[J]. PLOS One, 2014, 9(6): e96180.

[102] KWONG K, KAVALER R, RAJAGOPAL R, et al. Arterial travel time estimation based on vehicle re-identification using wireless magnetic sensors [J]. Transportation Research Part C: Emerging Technologies, 2009, 17(6): 586 – 606.

[103] LEE J K, HOU J C. Modeling Steady-State and Transient Behaviors of User Mobility: Formulation, Analysis, and Application[C]//Conti M, Palazzo S, Sivakumar R. Proceedings of the 7th Acm International Symposium on Mobile Ad Hoc Networking & Computing. New York: ACM Press, 2006: 85 – 96.

[104] LEE S G, HICKMAN M. Trip purpose inference using automated fare collection data[J]. Public Transport, 2014, 6(1): 1 – 20.

[105] LI G, LIANG Y, NG W S, et al. Predicting Home and Work Locations Using Public Transport Smart Card Data by Spectral Analysis [C]//2015 IEEE 18th International Conference on Intelligent Transportation Systems. Canary Islands, Spain. New York: IEEE Press, 2015.

[106] LI J, ZHANG H M. Fundamental diagram of traffic flow: new identification scheme and further evidence from empirical data[J]. Transportation Research Record, 2011, 2260(1): 50 – 59.

[107] LI L, CHEN X, LI Z, et al. Freeway travel-time estimation based on temporal-spatial queueing model [J]. IEEE Transactions on Intelligent Transportation Systems, 2013, 14(3): 1536 – 1541.

[108] LI R, QIAN X, WU H. Gaussian mixture model for urban link travel time analysis[J]. Journal of Transportation Systems Engineering & Information Technology, 2016, 16(4): 178 – 184.

[109] LI X, QUADRIFOGLIO L. Optimal zone design for feeder transit services[J]. Transportation Research Record, 2009, 2111(1): 100 – 108.

[110] LI Y, GUO Y, LU J, et al. Impacts of congestion pricing and reward strategies on automobile travelers' morning commute mode shift decisions [J]. Transportation Research Part A: Policy and Practice, 2019, 125: 72 – 88.

[111] LIN J J, SHIN T Y. Does transit-oriented development affect metro ridership? [J]. Transportation Research Record, 2008, 2063(1): 149 – 158.

[112] LIU H X, MA W, WU X, et al. Real-time estimation of arterial travel time under congested conditions [J]. Transportmetrica, 2012, 8(2): 87 – 104.

[113] LIU Z, LI R, WANG X C, et al. Effects of vehicle restriction policies: Analysis using license plate recognition data in Langfang, China[J]. Transportation Research Part A: Policy and Practice, 2018, 118: 89 – 103.

[114] LOH W Y. Classification and regression trees[J]. Wiley Interdisciplinary Reviews: Data Mining and Knowledge Discovery, 2011, 1(1): 14 – 23.

[115] LUO T, ZHENG X, XU G, et al. An Improved DBSCAN Algorithm to Detect Stops in Individual Trajectories[J]. ISPRS International Journal of Geo-Information, 2017, 6(3): 63.

[116] LUO X, MA D, JIN S, et al. Queue length estimation for signalized intersections using license plate recognition data[J]. IEEE Intelligent Transportation Systems Magazine, 2019, 11(3): 209 – 220.

[117] LUO X, WANG D, MA D, et al. Grouped travel time estimation in signalized arterials using point-to-point detectors[J]. Transportation Research Part B: Methodological, 2019, 130: 130 – 151.

[118] LV M, CHEN L, XU Z, et al. The discovery of personally semantic places based on trajectory data mining[J]. Neurocomputing, 2016, 173(3): 1142-1153.

[119] MA C J. Study on methods of analyzing the floating population trip characteristics based on phone signaling data[D]. Nanjing: Southeast University, 2016.

[120] MA D, LUO X, JIN S, et al. Lane-based saturation degree estimation for signalized intersections using travel time data[J]. IEEE Intelligent Transportation Systems Magazine, 2017, 9(3): 136-148.

[121] MA X, LIU C, WEN H, et al. Understanding commuting patterns using transit smart card data[J]. Journal of Transport Geography, 2017, 58: 135-145.

[122] MA X, WANG Y, CHEN F, et al. Transit smart card data mining for passenger origin information extraction[J]. Journal of Zhejiang University Science C, 2012, 13(10): 750-760.

[123] MA X, WU Y J, WANG Y, et al. Mining smart card data for transit riders' travel patterns[J]. Transportation Research Part C: Emerging Technologies, 2013, 36: 1-12.

[124] MA X, ZHANG J, DING C, et al. A geographically and temporally weighted regression model to explore the spatiotemporal influence of built environment on transit ridership[J]. Computers, Environment and Urban Systems, 2018, 70: 113-124.

[125] MA Z, KOUTSOPOULOS H N, FERREIRA L, et al. Estimation of trip travel time distribution using a generalized Markov chain approach[J]. Transportation Research Part C: Emerging Technologies, 2017, 74: 1-21.

[126] MACQUEEN J. Classification and analysis of multivariate observations[Z]. 1967.

[127] MANUAL H C. Highway capacity manual [M]. Washington, DC: Transportation Research Board, 2000.

[128] MARKOVI N, NAIR R, SCHONFELD P, et al. Optimizing dial-a-ride services in Maryland: benefits of computerized routing and scheduling[J]. Transportation Research Part C: Emerging Technologies, 2015, 55: 156-165.

[129] MARTIN E W, SHAHEEN S A. Evaluating public transit modal shift dynamics in response to bikesharing: a tale of two US cities[J]. Journal of Transport Geography, 2014, 41: 315-324.

[130] MASMOUDI M A, BRAEKERS K, MASMOUDI M, et al. A hybrid genetic algorithm for the heterogeneous dial-a-ride problem[J]. Computers & Operations Research, 2017, 81: 1-13.

[131] MAY A D. Traffic flow fundamentals[Z]. 1990.

[132] MEDLOCK K B, SOLIGO R. Car ownership and economic development with forecasts to the year 2015[J]. Journal of Transport Economics and Policy, 2002, 36(2): 163-188.

[133] MEHRAN B, YANG Y, MISHRA S. Analytical models for comparing operational costs of regular bus and semi-flexible transit services[J]. Public Transport, 2020, 12(1): 147-169.

[134] MEMARSADEGHI N, MOUNT D M, NETANYAHU N S, et al. A fast implementation of the ISODATA clustering algorithm[J]. International Journal of Computational Geometry & Applications, 2007, 17(1): 71-103.

[135] MO B, LI R, ZHAN X. Speed profile estimation using license plate recognition data[J]. Transportation Research Part C: Emerging Technologies, 2017, 82: 358-378.

[136] MUNIZAGA M A, PALMA C. Estimation of a disaggregate multimodal public transport Origin—Destination matrix from passive smartcard data from Santiago, Chile[J]. Transportation Research Part C: Emerging Technologies, 2012, 24: 9-18.

[137] NAKANISHI Y J, WESTERN J. Ensuring the security of transportation facilities: evaluation of advanced vehicle identification technologies[J]. Transportation Research Record, 2005, 1938(1): 9-16.

[138] NANTES A, NGODUY D, MISKA M, et al. Probabilistic travel time progression and its application to

automatic vehicle identification data[J]. Transportation Research Part B: Methodological, 2015, 81: 131-145.

[139] NEWELL G F. A simplified theory of kinematic waves in highway traffic, part I: General theory[J]. Transportation Research Part B: Methodological, 1993, 27(4): 281-287.

[140] NEWELL G F. A simplified theory of kinematic waves in highway traffic, part II: Queueing at freeway bottlenecks[J]. Transportation Research Part B: Methodological, 1993, 27(4): 289-303.

[141] NEWELL G F. A simplified theory of kinematic waves in highway traffic, part III: Multi-destination flows[J]. Transportation Research Part B: Methodological, 1993, 27(4): 305-313.

[142] NI L, WANG X C, CHEN X M. A spatial econometric model for travel flow analysis and real-world applications with massive mobile phone data [J]. Transportation Research Part C: Emerging Technologies, 2018, 86: 510-526.

[143] PAPAGEORGIOU M, HADJ-SALEM H, BLOSSEVILLE J M. ALINEA: A local feedback control law for on-ramp metering[J]. Transportation Research Record, 1991, 1320(1): 58-67.

[144] PARK B J, ZHANG Y, LORD D. Bayesian mixture modeling approach to account for heterogeneity in speed data[J]. Transportation Research Part B: Methodological, 2010, 44(5): 662-673.

[145] PARK H, HAGHANI A. Optimal number and location of Bluetooth sensors considering stochastic travel time prediction[J]. Transportation Research Part C: Emerging Technologies, 2015, 55: 203-216.

[146] PARK S, RAKHA H, GUO F. Multi-state travel time reliability model: Model calibration issues[J]. Transportation Research Board, 2010, 2188(6): 46-54.

[147] PAULSSEN M, TEMME D, VIJ A, et al. Values, attitudes and travel behavior: a hierarchical latent variable mixed logit model of travel mode choice[J]. Transportation, 2014, 41(4): 873-888.

[148] PELLETIER M P, TRÉPANIER M, MORENCY C. Smart card data use in public transit: A literature review[J]. Transportation Research Part C: Emerging Technologies, 2011, 19(4): 557-568.

[149] PIPES L A. An operational analysis of traffic dynamics[J]. Journal of Applied Physics, 1953, 24(3): 274-281.

[150] PIRC J, TURK G, ŽURA M. Highway travel time estimation using multiple data sources[J]. IET Intelligent Transport Systems, 2016, 10(10): 649-657.

[151] QIAN X, UKKUSURI S V. Spatial variation of the urban taxi ridership using GPS data[J]. Applied Geography, 2015, 59: 31-42.

[152] QIU G, SONG R, HE S, et al. Clustering passenger trip data for the potential passenger investigation and line design of customized commuter bus[J]. IEEE Transactions on Intelligent Transportation Systems, 2018, 20(9): 3351-3360.

[153] QU X, WANG S, ZHANG J. On the fundamental diagram for freeway traffic: A novel calibration approach for single-regime models[J]. Transportation Research Part B: Methodological, 2015, 73: 91-102.

[154] QU X, ZHANG J, WANG S. On the stochastic fundamental diagram for freeway traffic: model development, analytical properties, validation, and extensive applications [J]. Transportation Research Part B: Methodological, 2017, 104: 256-271.

[155] QUADRIFOGLIO L, DESSOUKY M M, PALMER K. An insertion heuristic for scheduling mobility allowance shuttle transit (MAST) services[J]. Journal of Scheduling, 2007, 10(1): 25-40.

[156] RAO W, WU Y J, XIA J, et al. Origin-destination pattern estimation based on trajectory reconstruction using automatic license plate recognition data[J]. Transportation Research Part C: Emerging Technologies, 2018, 95: 29-46.

[157] RATROUT N T. Subtractive clustering-based k-means technique for determining optimum time-of-day breakpoints[J]. Journal of Computing in Civil Engineering, 2011, 25(5): 380-387.

[158] REDNER R A, WALKER H F. Mixture densities, maximum likelihood and the EM algorithm[J]. SIAM Review, 1984, 26(2): 195-239.

[159] ROBINSON S, POLAK J W. Modeling urban link travel time with inductive loop detector data by using the k-NN method[J]. Transportation Research Record, 2005, 1935(1): 47-56.

[160] RODRIGUEZ A, LAIO A. Clustering by fast search and find of density peaks[J]. Science, 2014, 344(6191): 1492-1496.

[161] ROUSSEEUW P J. Silhouettes: a graphical aid to the interpretation and validation of cluster analysis[J]. Journal of Computational and Applied Mathematics, 1987, 20: 53-65.

[162] SAEED K, KURAUCHI F. Enhancing the service quality of transit systems in rural areas by flexible transport services[J]. Transportation Research Procedia, 2015, 10: 514-523.

[163] SANTOYO S. A brief overview of outlier detection techniques[Z]. 2017.

[164] SARAFIS I, ZALZALA A M S, TRINDER P W. A Genetic Rule-based Data Clustering Toolkit[C]. New York: IEEE Press, 2002.

[165] SCHAFER A, VICTOR D G. The future mobility of the world population[J]. Transportation Research Part A: Policy and Practice, 2000, 34(3): 171-205.

[166] SCHIMEK P. Household motor vehicle ownership and use: how much does residential density matter? [J]. Transportation Research Record, 1996, 1552(1): 120-125.

[167] SHAO W, CHEN L. License plate recognition data-based traffic volume estimation using collaborative tensor decomposition[J]. IEEE Transactions on Intelligent Transportation Systems, 2018, 19(11): 3439-3448.

[168] SHEN X, ZHOU Y, JIN S, et al. Spatiotemporal influence of land use and household properties on automobile travel demand[J]. Transportation Research Part D: Transport and Environment, 2020, 84: 102359.

[169] SHIN J H, JUN H B. A study on smart parking guidance algorithm[J]. Transportation Research Part C: Emerging Technologies, 2014, 44: 299-317.

[170] SKABARDONIS A, GEROLIMINIS N. Real-time estimation of travel times on signalized arterials [C]//Proceedings of the 16th International Symposium on Transportation and Traffic Theory. Amesterdam: Elsevier Science Ltd, 2005: 387-406.

[171] SMARAGDIS E, PAPAGEORGIOU M, KOSMATOPOULOS E. A flow-maximizing adaptive local ramp metering strategy[J]. Transportation Research Part B: Methodological, 2004, 38(3): 251-270.

[172] STRATHMAN J G, KIMPEL T J, BROACH J, et al. Leverage ITS Data for Transit Market Research: A Practitioner's Guidebook. TCRP Report 126[Z]. 2008.

[173] SUN L, PAN Y, GU W. Data mining using regularized adaptive B-splines regression with penalization for multi—regime traffic stream models[J]. Journal of Advanced Transportation, 2014, 48(7): 876-890.

[174] SUN S, YANG D. Identification of transit commuters based on naïve bayesian classifier[J]. Journal of Transportation Systems Engineering and Information Technology, 2015, 15(6): 46-53.

[175] SUN Y, MOBASHERI A, HU X, et al. Investigating impacts of environmental factors on the cycling behavior of bicycle-sharing users[J]. Sustainability, 2017, 9(6): 1060.

[176] TAK-CHUNG F. A review on time serious data mining[J]. Engineering Application of Artifical Intelligence, 2011, 24(1): 164-181.

[177] TAO T, WU X, CAO J, et al. Exploring the nonlinear relationship between the built environment and active travel in the twin cities[J]. Journal of Planning Education and Research, 2020, 48(57): 1-16.

[178] TIBSHIRANI R, WALTHER G, HASTIE T. Estimating the number of clusters in a data set via the

gap statistic[J]. Journal of the Royal Statistical Society: Series B (Statistical Methodology), 2001, 63 (2): 411-423.

[179] TONG L C, ZHOU L, LIU J, et al. Customized bus service design for jointly optimizing passenger-to-vehicle assignment and vehicle routing[J]. Transportation Research Part C: Emerging Technologies, 2017, 85: 451-475.

[180] TOOLE J L, COLAK S, STURT B, et al. The path most traveled: Travel demand estimation using big data resources[J]. Transportation Research Part C: Emerging Technologies, 2015, 58: 162-177.

[181] TREIBER M, KESTING A, HELBING D. Three-phase traffic theory and two-phase models with a fundamental diagram in the light of empirical stylized facts [J]. Transportation Research Part B: Methodological, 2010, 44(8-9): 983-1000.

[182] UNDERWOOD R T. Speed, volume, and density relationships[Z]. 1960.

[183] VAN LEEUWAARDEN J S H. Delay analysis for the fixed-cycle traffic-light queue[J]. Transportation Science, 2006, 40(2): 189-199.

[184] VAN LINT J W C, HOOGENDOORN S P, VAN ZUYLEN H J. Accurate freeway travel time prediction with state-space neural networks under missing data[J]. Transportation Research Part C: Emerging Technologies, 2005, 13(5-6): 347-369.

[185] VITI F, VAN ZUYLEN H J. Probabilistic models for queues at fixed control signals [J]. Transportation Research Part B: Methodological, 2010, 44(1): 120-135.

[186] WANG D, FU F, LUO X, et al. Travel time estimation method for urban road based on traffic stream directions[J]. Transportmetrica A Transport Science, 2016, 12(6): 479-503.

[187] WANG H, LI J, CHEN Q Y, et al. Logistic modeling of the equilibrium speed—density relationship [J]. Transportation Research Part A: Policy and Practice, 2011, 45(6): 554-566.

[188] WANG Y, ZHENG Y, XUE Y. Travel time estimation of a path using sparse trajectories[C]// Proceedings of the 20th ACM SIGKDD international conference on Knowledge discovery and data mining. New York: ACM Press, 2014: 25-34.

[189] WARNE R T, LARSEN R. Evaluating a proposed modification of the Guttman rule for determining the number of factors in an exploratory factor analysis[J]. Psychological Test and Assessment Modeling, 2014, 56(1): 104.

[190] WENG X, LV P. Subway IC card commuter crowd identification based on GBDT algorithm[J]. Journal of Chongqing Jiaotong University, 2019, 38(5): 8-12.

[191] WICKHAM H, STRYJEWSKI L. 40 years of boxplots[Z]. 2011.

[192] WING G C K, Wong S C. A multi-class traffic flow model—an extension of LWR model with heterogeneous drivers[J]. Transportation Research Part A: Policy and Practice, 2002, 36(9): 827-841.

[193] XIA J, CHEN M, HUANG W. A multistep corridor travel-time prediction method using presence-type vehicle detector data[J]. Journal of Intelligent Transportation Systems, 2011, 15(2): 104-113.

[194] YAN Q, SUN Z, GAN Q, et al. Automatic near-stationary traffic state identification based on PELT changepoint detection[R]. 2016.

[195] YANG Q, WU G, BORIBOONSOMSIN K, et al. Arterial roadway travel time distribution estimation and vehicle movement classification using a modified Gaussian mixture model[C]//16th International IEEE Conference on Intelligent Transportation Systems (ITSC 2013). [S. l.]. New York: IEEE Press, 2013.

[196] YANG X H, CHENG Z, CHEN G, et al. The impact of a public bicycle-sharing system on urban public transport networks[J]. Transportation research part A: policy and practice, 2018, 107: 246-256.

[197] YAO J, RAKHA H, TENG H, et al. Estimating highway capacity considering two-regime models[J]. Journal of transportation engineering, 2009, 135(9): 670-676.

[198] YAO W, DING Y, XU F, et al. Analysis of cars' commuting behavior under license plate restriction policy: a case study in Hangzhou, China[C]//2018 21st International Conference on Intelligent Transportation Systems (ITSC). [S.l.]. New York: IEEE Press, 2018: 236-241.

[199] YE R, DE VOS J, MA L. Analysing the association of dissonance between actual and ideal commute time and commute satisfaction[J]. Transportation Research Part A: Policy and Practice, 2020, 132: 47-60.

[200] YE R, TITHERIDGE H. Satisfaction with the commute: The role of travel mode choice, built environment and attitudes[J]. Transportation Research Part D: Transport and Environment, 2017, 52: 535-547.

[201] YEON J, ELEFTERIADOU L, LAWPHONGPANICH S. Travel time estimation on a freeway using Discrete Time Markov Chains[J]. Transportation Research Part B: Methodological, 2008, 42(4): 325-338.

[202] YOUNG S E, SHARIFI E, DAY C M, et al. Visualizations of Travel Time Performance Based on Vehicle Reidentification Data[J]. Transportation Research Record, 2017, 2646(1): 84-92.

[203] ZAHAVI Y. The TT-relationship: a unified approach to transportation planning[J]. Traffic Engineering & Control, 1973, 15(5): 205-212.

[204] ZHAN X, LI R, UKKUSURI S V. Lane-based real-time queue length estimation using license plate recognition data[J]. Transportation Research Part C: Emerging Technologies, 2015, 57: 85-102.

[205] ZHANG B. Generalized K-Harmonic Means—Dynamic Weighting of Data in Unsupervised Learning [Z]. 2001.

[206] ZHANG H M. A mathematical theory of traffic hysteresis[J]. Transportation Research Part B: Methodological, 1999, 33(1): 1-23.

[207] ZHANG N Y, CHEN H J, CHEN X, et al. Forecasting public transit use crowdsensing and semantic trajectory mining: case studies[J]. International Journal of Geo-information, 2016, 5(10): 180.

[208] ZHENG F, VAN ZUYLEN H, LIU X. A methodological framework of travel time distribution estimation for urban signalized arterial roads[J]. Transportation Science, 2017, 51(3): 893-917.

[209] ZHENG F, VAN ZUYLEN H. The development and calibration of a model for urban travel time distributions[J]. Journal of Intelligent Transportation Systems, 2014, 18(1): 81-94.

[210] ZHENG S, ZHANG X, XU Y, et al. Urban spatial mismatch and traffic congestion-empirical study on jobs-housing unbalance and over-concentration of public service in Beijing[J]. Reform Econ Syst, 2016, 3: 50-55.

[211] ZHENG Y, LI W, QIU F, et al. The benefits of introducing meeting points into flex-route transit services[J]. Transportation Research Part C: Emerging Technologies, 2019, 106: 98-112.

[212] ZHENG Y, LI W, QIU F. A slack arrival strategy to promote flex-route transit services[J]. Transportation Research Part C: Emerging Technologies, 2018, 92: 442-455.

[213] ZHONG G, YIN T, ZHANG J, et al. Characteristics analysis for travel behavior of transportation hub passengers using mobile phone data[J]. Transportation, 2018, 46(5): 1713-1736.

[214] ZHOU H, ZHANG C, LI H. Influencing factors on the coopetition relationship between public bus and bike sharing based on traveler's choice[J]. Journal of Chang'an University, 2020, 22: 48-61.

[215] ZHOU J, MURPHY E, LONG Y. Commuting efficiency in the Beijing metropolitan area: An exploration combining smartcard and travel survey data[J]. Journal of Transport Geography, 2014, 41: 175-183.

[216] ZHU H, KENNEDY T, MA H, et al. A simulation system for flexible transit services based on E-CARGO[C]//2018 IEEE 15th International Conference on Networking, Sensing and Control (ICNSC). [S.l.]. New York：IEEE Press, 2018.

[217] ZHU Z, YANG C. Visco-elastic traffic flow model[J]. Journal of Advanced Transportation, 2013, 47(7)：635-649.

[218] ZOU Y, ZHANG Y. Use of skew-normal and skew-t distributions for mixture modeling of freeway speed data[J]. Transportation Research Record, 2011, 2260(1)：67-75.

[219] 蔡文学,陈广文,罗传海.基于多源数据的精确公交出行时间自动计算[J].重庆交通大学学报（自然科学版）,2015,34(3)：122-126.

[220] 曹晨,甄峰,汪侠,等.基于结构方程模型的南京市就业者通勤行为特征对健康的影响研究[J].地理科学进展,2020,39(12)：2043-2053.

[221] 曾红月,姚敏.时序数据挖掘方法研究[J].计算机工程与设计,2004,25(11)：1999-2001.

[222] 滴滴出行科技有限公司. OpenApi·滴滴开放平台[EB/OL]. (2019-07-16)[2022-12-16]. https：//developer.xiaojukeji.com/doc/openapi.html.

[223] 公安部道路交通管理标准化技术委员会. LED道路交通诱导可变信息标志：GA/T 484—2018[S]. 北京：中国标准出版社,2018.

[224] 公安部道路交通管理标准化技术委员会. LED道路交通诱导可变信息标志通信协议：GA/T 1055—2013[S]. 北京：中国标准出版社,2013.

[225] 公安部道路交通管理标准化技术委员会. 道路交通技术监控设备运行维护规范：GA/T 1043—2013[S]. 北京：中国标准出版社,2013.

[226] 公安部道路交通管理标准化技术委员会. 道路交通信号控制方式：第5部分 可变导向车道通行控制规则：GA/T 527.5—2016[S]. 北京：中国标准出版社,2016.

[227] 公安部道路交通管理标准化技术委员会. 公安交通集成指挥平台通信协议：第1部分 总则：GA/T 1049.1—2013[S]. 北京：中国标准出版社,2013.

[228] 公安部道路交通管理标准化技术委员会. 公安交通集成指挥平台通信协议：第2部分 交通信号控制系统：GA/T 1049.2—2013[S]. 北京：中国标准出版社,2013.

[229] 公安部道路交通管理标准化技术委员会. 公安交通集成指挥平台通信协议：第3部分 交通视频监视系统：GA/T 1049.3—2013[S]. 北京：中国标准出版社,2014.

[230] 公安部交通管理科学研究所. 道路车辆智能监测记录系统通用技术条件：GA/T 497—2016[S]. 北京：中国标准出版社,2017.

[231] 公安部交通管理科学研究所. 关于实施《道路交通信号控制机信息发布接口规范》行业标准的通知[EB/OL]. (2020-11-05)[2022-12-16]. http：//www.tmri.cn/detail.aspx?id=10388319.

[232] 公安部交通管理科学研究所. 关于征求《道路交通信号配时运行管理规范》等4项行业标准修改意见的通知（交标委[2020]10号）[EB/OL]. (2020-04-16)[2022-12-16]. http：//www.tmri.cn/detail.aspx?id=10388192.

[233] 公安部治安管理局. 公安数据元(21)：GA/T 543.21—2021[S]. 北京：中国标准出版社,2021.

[234] 贺正冰,关伟,樊玲玲,等.北京市快速环路宏观基本图特征研究[J].交通运输系统工程与信息,2014,14(2)：199-205.

[235] 姬杨蓓蓓,WINNIE D. 阿姆斯特丹城市道路线圈检测器布设方法研究[J].重庆交通大学学报（自然科学版）,2010,29(5)：754-757.

[236] 李莹.公交乘客出行特征及其图谱分析[D].广州：华南理工大学,2017.

[237] 梁泉,翁剑成,林鹏飞,等.基于个体出行图谱的公共交通通勤行为辨别方法研究[J].交通运输系统工程与信息,2018,18(2):100-107.

[238] 刘大有,陈慧灵,齐红,等.时空数据挖掘研究进展[J].计算机研究与发展,2013,50(2):225-239.

[239] 卢守峰,王杰,刘改红,等.基于流量和出租车GPS数据的城市道路网络宏观基本图[J].公路交通科技,2014,31(9):138-144.

[240] 罗霞,李树超,刘硕智,等.基于AVL和IC卡数据的公交通勤特性研究[J].计算机仿真,2020,37(6):111-116.

[241] 吕攀龙.基于多源数据的公交通勤出行特征挖掘与分析[D].广州:华南理工大学,2019.

[242] 马春景.基于手机信令数据的流动人口出行特性分析方法研究[D].南京:东南大学,2016.

[243] 苗壮.基于手机信令数据的数据清洗挖掘与居民职住空间分析[D].成都:西南交通大学,2017.

[244] 钱琨.基于蜂窝信令数据的移动轨迹清洗和预测方法研究与实现[D].成都:西南交通大学,2016.

[245] 全国安全防范报警系统标准化技术委员会(SAC/TC 100).视频安防监控系统前端设备控制协议V1.0:GA/T 647—2006[S].北京:中国标准出版社,2007.

[246] 全国道路交通管理标准化技术委员会(SAC/TC 576).道路交通信号控制机信息发布接口规范:GA/T 1743—2020[S].北京:中国标准出版社,2021.

[247] 全国信息安全标准化技术委员会(SAC/TC 260).信息安全技术网络安全等级保护基本要求:GB/T 22239—2019[S].北京:中国标准出版社,2019.

[248] 全国智能运输系统标准化技术委员会(SAC/TC 268).道路交通管理数据字典交通信号控制:GB/T 29098—2012[S].北京:中国标准出版社,2013.

[249] 全国智能运输系统标准化技术委员会(SAC/TC 268).交通信号控制机与上位机间的数据通信协议:GB/T 20999—2017[S].北京:中国标准出版社,2017.

[250] 全国智能运输系统标准化技术委员会(SAC/TC 268).交通信号控制机与上位机间的数据通信协议:GB/T 20999—2017[S].北京:中国标准出版社,2017.

[251] 全国智能运输系统标准化技术委员会(SAC/TC 268).视频交通事件检测器:GB/T 28789—2012[S].北京:中国标准出版社,2013.

[252] 唐杰.基于手机信令的出行方式识别方法研究[D].重庆:重庆邮电大学,2019.

[253] 王福建,韦薇,王殿海,等.基于宏观基本图的城市路网交通状态判别与监控[C].北京:电子工业出版社,2012.

[254] 王月玥.基于多源数据的公共交通通勤出行特征提取方法研究[D].北京:北京工业大学,2014.

[255] 文婧,王星,连欣.北京市居民通勤特征研究——基于千余份问卷调查的分析[J].人文地理,2012,27(5):62-68.

[256] 翁小雄,吕攀龙.基于GBDT算法的地铁IC卡通勤人群识别[J].重庆交通大学学报(自然科学版),2019,38(5):8-12.

[257] 吴子啸.基于手机数据的出行链推演算法[J].城市交通,2019(3):11-18.

[258] 许菲菲,何兆成,沙志仁.交通管理措施对路网宏观基本图的影响分析[J].交通运输系统工程与信息,2013,13(2):185-190.

[259] 许梦菲.单线公交发车频率优化及行车时刻表编制研究[D].武汉:华中科技大学,2013.

[260] 杨雨晴.基于密度函数NMAST的轨迹聚类分析及应用[D].太原:太原科技大学,2018.

[261] 叶秋君. 灵活式公交的响应站点选址问题研究[D]. 南京：东南大学, 2017.
[262] 于乐乐. 可变线路公交动态站点选取与时刻表编制研究[D]. 南京：东南大学, 2018.
[263] 张维. 基于手机定位数据的城市居民出行特征提取方法研究[D]. 南京：东南大学, 2015.
[264] 张逊逊, 许宏科, 闫茂德. 基于MFD的城市区域路网多子区协调控制策略[J]. 交通运输系统工程与信息, 2017, 17(1)：98-105.
[265] 中华人民共和国公安部. 道路交通信号控制机：GB 25280—2016[S]. 北京：中国标准出版社, 2016.
[266] 中华人民共和国公安部. 道路交通信号控制系统通用技术要求：GB/T 39900—2021[S]. 北京：中国标准出版社, 2021.
[267] 中华人民共和国公安部. 公共安全视频监控联网系统信息传输、交换、控制技术要求：GB/T 28181—2016[S]. 北京：中国标准出版社, 2016.
[268] 中华人民共和国公安部. 机动车电子标识通用规范：第1部分 汽车：GB/T 35789.1—2017[S]. 北京：中国标准出版社, 2018.
[269] 中华人民共和国交通运输部. 城市交通运行状况评价规范：GB/T 33171—2016[S]. 北京：中国标准出版社, 2016.
[270] 周常勇. 基于移动信令数据的城市交通出行轨迹匹配技术[D]. 成都：西南交通大学, 2016.